转型以来的国家、市场与工人

国家社会科学基金青年项目资助
（项目批准号：13CZZ047）

Labour Relations as the Phenomenon of Social Power: State and the Working-class since the Market Transition of China

李锦峰◎著

上海社会科学院出版社
SHANGHAI ACADEMY OF SOCIAL SCIENCES PRESS

图书在版编目(CIP)数据

转型以来的国家、市场与工人 / 李锦峰著 .— 上海 ：
上海社会科学院出版社，2021
ISBN 978 - 7 - 5520 - 3642 - 8

Ⅰ.①转… Ⅱ.①李… Ⅲ.①经济转型期—工人—问
题—研究—中国 Ⅳ.①D412

中国版本图书馆 CIP 数据核字(2021)第 143163 号

转型以来的国家、市场与工人

著　　者：李锦峰
责任编辑：杜颖颖
封面设计：裘幼华
出版发行：上海社会科学院出版社
上海顺昌路 622 号　邮编 200025
电话总机 021 - 63315947　销售热线 021 - 53063735
http://www.sassp.cn　E-mail:sassp@sassp.cn
排　　版：南京展望文化发展有限公司
印　　刷：上海颛辉印刷厂有限公司
开　　本：710 毫米×1010 毫米　1/16
印　　张：14
字　　数：222 千
版　　次：2021 年 9 月第 1 版　　2021 年 9 月第 1 次印刷

ISBN 978 - 7 - 5520 - 3642 - 8/D・625　　定价：59.80 元

目　录

引　言

当一方通过论证利益组织化缺失来否定阶级存在，另一方从社会分层的角度反驳这还是反映社会不平等的重要标准的时候，他们讨论的并不是同一个问题。说工人阶级是利益组织化的基本单位，实际是从工人阶级是否觉悟、有无凝聚的角度来提升它，抽象出某种统一性，解释或引导工人形成利益集团。说工人阶级是社会分层的重要划分标准，实际是从工人阶级所处的社会环境来规定它，以一种符号化的方式，形成技术性的结构理论。

事实上，所谓工人阶级，既不是利益化的集团，也不是技术性的结构，而是通过物联系起来的人与人之间的强制关系，即权力支配关系。首先，工人的阶级状况是资本劳动关系在雇佣劳动者身上的缩影，不取决于个人的意愿和表现。其次，资本劳动关系是特定生产方式的实现形式和社会化结果。再次，法权秩序是资本生产关系的政治表达，意味着商品交换关系的普遍实现，从生产方式到社会关系、政治关系的总体变革。

工人处于一种权力关系中的被支配地位(从属地位)，这一地位是对工人劳动的否定。“否定”不是要表达“是”或“不是”的理解，而是说工人的劳动变换了形态并外在于自身、同自身相对立。通过劳动力市场的交换(或安排)，工人的劳动经过了(政治的或社会的)权力的拣选，而后它们开始实践于一个他人规定的社会场所，被外在于他的社会力量(国家或资本)占有和使用，外化为他者所有的产品，并最终将自己的生活统一到抽象劳动的积累当中。

从物到人的权力支配关系创造着工人阶级，同时也创造着不断否定它的、超越性的社会力量。那些来源于工人阶级自身、来源于工人对所处阶级状况的觉悟，以及由这些觉悟形成的、否定阶级状况的行动构成了工人的阶级活动。不断扩大的雇佣劳动关系使工人阶级状况变成为一种普遍的工作和生活的状况，增加了权力关系双方对立的紧张，提供了更多否定性的基础。与此同时，政治权力始终保持着相对的独立性，随时可以改变权力关系的整体走向。

脱离对权力支配关系的揭露和阐释，必然会形成"阶级去中心化"(the decentring of class)①的理论叙事。这一理论叙事不再追问概念和范畴之所以可能的前提，也不探究它们被发掘和传播的历史条件，而是专注于分析已然的社会现象，从这些社会现象中总结经验和规律，阐发进一步合理化的技术性操作手段。于是，揭示矛盾和冲突的阶级分析失去了存在的基础，人们在一种平和的语调中展开了扁平化的劳动关系叙事。

毫无疑问，信息、服务、金融行业的迅速发展摊薄了制造业在经济中的总体份额。② 快速的职业分化、非体力职业的扩散以及加速的社会流动，都在不断瓦解联合治理经营的结构。③ 产业工人作为城市居民主体的角色逐渐改变，在人口构成上形成相对缩减的趋势。正是在这样的前提下，产业工人被认为经历着越来越边缘化的命运。这一论述探讨了作为社会分层标准的工人阶级正在逐渐发生内部结构的转变，并在事实上影响到它的利益组织化水平。

制造业由于规模的原因尚可能通过职业共同体(例如矿工、造船工人和码头工人等)的形式组织起来，而服务业则倾向于分散化。④ "工业关系"(industrial relations)逐渐被"雇佣关系"(employment relations)取代。后者认为工业关系代表着工业社会的研究内容，也就是研究工会与集体协商为主的劳动关系。随着工联主义在许多国家衰退，越来越多无工会企业相

---

① 弗雷泽认为，分析社会现实的核心变量在"后社会主义"时期发生了根本变化。阶级去中心化的直接后果是政治动员媒介从阶级利益转化为群体认同(Group Identity)。这就是说，文化领域的社会斗争替代了经济领域的社会斗争，根本的非正义形式从剥削转变为文化统治。那么对非正义的纠正和社会斗争的目的就从社会经济再分配转变为文化承认。(参见 Fraser, Nancy. "From Redistribution to Recognition? Dilemmas of Justice in a 'Post-Socialist' Age." *New left review*, 1995. 212(1): p.68 - 93.)

② [日] 成濑龙夫:《当代工人阶级的概念》,载《国外社会科学》,1980 年第 4 期,第 30—35 页;Myles, John, Adnan Turegun. "Comparative Studies in Class Structure." *Annual Review of Sociology*, 1994. pp.103 - 124; Mayer, Karl Ulrich, Glenn R. Carroll. "Jobs and Classes: Structural Constrains on Career Mobility." *European Sociological Review*, 1987. 3(1): pp.14 - 38.

③ Pakulski, Jan. "The Dying of Class or of Marxist Theory?" *International sociology*, 1993. 8(3): pp.279 - 292.

④ Holton, Robert J. "Has Class Analysis a Future? Max Weber and the Challenge of Liberalism to Gemeinschaftlich Accounts of Class." In *Max Weber on Economy and Society*. eds. Holton, Robert J., Bryan S. Turner. London: Routledge & Kegan. 1989. pp.160 - 197.

继出现；雇主人力资源管理策略的实施，改变并丰富了劳动关系的内容；非典型性雇佣形态的劳动关系被广泛运用于各种企业，改变了传统上以全时劳动为主的劳动关系。①

工业关系被世人所普遍接受的内涵面临着越来越多的挑战，而雇佣关系则被认为是一个范围更为全面的概念。它既能包含原有工业关系的含义，同时也可以包含新的劳动关系内容。阶级的语言，以及在阶级的名义下发动的社会运动，曾经是欧洲资本主义工业化所产生的一个基本特征。②但是，在个人主义化浪潮的严重冲刷下，"阶级"的语言学含义被较大程度地扩展和转变了。不平等和剥削的问题或者逐步转变成政治和生产的动员口号，或者同社会冲突以及如何克服已有的社会分化联系起来。

但是，苏联和东欧国家对马克思教条的奉行和对马克思主义的实践努力，在它们倾颓的同时，也瓦解了马克思阶级理论的可信性和马克思主义阶级概念的适用性。转变为分析社会冲突、组织利益群体工具的"阶级"，则面临着成为狭隘"经济现象"（社会关系结构）③的命运。正像沃特斯（Malcolm Waters）解释的那样，在很多情况下，个体的社会回报是由不同于财产所有权的其他因素决定的，包括技能、资历、价值认同等。根据这样的思想，工业社会的历史可以被理解为社会分层秩序之间的竞争和斗争，而不是阶级斗争的历史。④

也就是说，关于社会不平等的关注焦点已经离开了生产领域，而转变到公民社会和消费领域。相应地，作为"经济现象"的阶级也就变成了越来越过时的概念，它既然不再是构成社会分层的主要标准，也就不再具有强大的利益组织化功能，即不再构成社会运动最主要的力量。⑤

---

① Dahrendorf, Ralf. *Class and Class Conflict in Industrial Society*. Stanford California: Stanford University Press. 1959. pp.157 - 206.

② Briggs, Asa. "The Language of 'Class' in Early Nineteenth- Century England." In *Essays in Labour History*, 1 vols. eds. Briggs, Asa, John Saville. London: Macmillan 1976. pp.43 - 74.

③ Westergaard, John. "Class in Britain since 1979: Facts, Theories and Ideologies." *Hitotsubashi journal of social studies*, 1993. 25(1): pp.25 - 62.

④ Waters, Malcolm. "Succession in the Stratification System: A Contribution to the 'Death of Class' debate." *International sociology*, 1994. 3(9): pp.295 - 312.

⑤ Clark, Terry Nicholls, Seymour Martin Lipset. "Are Social Classes Dying?" *International sociology*, 1991. 6(4): pp.397 - 410; Touraine, Alain. *The Voice and the Eye: An Analysis of Social Movement*. Cambridge: Cambridge University Press. 1981; Pahl, Ray E. "Is the Emperor Naked? Some Comments on the Adequacy of Sociological Theory in Urban and Regional Research." *International Journal of Urban and Regional Research*, 1989. 13(4): pp.709 - 720.

伴随社会不平等关注焦点转变而来的，是诸如“地位集团”（status blocs）①、“市民社会”这样的概念。② 一方面，个体正在变成社会产生不平等的单位，构成社会冲突的基本单元。另一方面，他们必须做出不同的抉择，包括选择自己愿意认同的群体和亚文化，即表现为个人追求加入“新的社会—文化共同体”的发展趋势。现代社会正在被个人主义化和社会化这两种过程所包围。③

阿兰·图雷纳（Alain Touraine）和丹尼尔·贝尔（Daniel Bell）用“后工业社会”（Post-industrial Society）④来概括新的社会结构形式。尽管贝尔表示，这种社会只是初露端倪，尚未成熟到能给它明确命名的程度。但是，它的总体趋势是明确的，即，如果工业社会以机器技术为基础，后工业社会则由知识技术形成。如果资本与劳动是工业社会的主要结构特征，那么信息和知识则是后工业社会的主要结构特征。⑤

卢日金内（Jean Lojkine）将这样一种后工业社会理论称为“文化论派”，并认为这种学说假设我们的社会出现了一种从工业社会到信息社会的本质变化；社会的、经济的主要问题（劳资冲突）让位于某些本质上是“文化的”主题。在文化论派看来，工人阶级是探讨劳动主题（工厂与罢工）的核心角色，这种工人阶级已经“终结”。他们强调文化冲突、“社团”冲突（女权主义运动或者另类世界主义斗争的“恶搞”）的多样性。而这些冲突的活力主要来自从事信息处理的脑力劳动职业的新“中产阶级”（教

---

① Turner, Bryan. *Status*. Minnesota: University of Minnesota Press. 1989.

② Cohen, Jean L. *Class and Civil Society: The Limits of Marxian Critical Theory*. Massachusetts: The University of Massachusetts Press. 1982.

③ Beck, Ulrich. *Risk Society: Towards a New Modernity*. London: Sage Publications Limited. 1992. pp.88－90.

④ 后工业理论预测了这样一个社会：在那里，与工业资本主义相比，人们的工作拥有多得多的自我管理权和自由，这表明他们预测纯粹的监督劳动（如不属于经营管理决策机构工作中的社会控制的位置）将相对减少。另一方面，他们预测管理类位置将会随着组织和决策复杂化程度的增加而增加。（参见[美]埃里克·奥林·赖特：《后工业社会中的阶级——阶级分析的比较研究》，陈心想等译，辽宁教育出版社2004年版，第97页）丹尼尔·贝尔等人所谓的“后工业社会”实际指称的是工业社会之后，一种初露端倪，尚未成熟到能够给它明确命名（即定义）的程度的社会形态。（参见[美]丹尼尔·贝尔：《后工业社会的来临——对社会预测的一项探索》，高铦等译，新华出版社1997年版，前言第5—6页；Touraine, Alain. *The Self-Production of Society*. Translated by Coltman, Derek. Chicago and London: The University of Chicago Press. 1977.）

⑤ [美]丹尼尔·贝尔：《后工业社会的来临——对社会预测的一项探索》，高铦等译，新华出版社1997年版，序言第9页。

师、医生、工程师、艺术家等)。[①]

工人阶级曾成功走向前台,通过大规模劳工运动影响政治格局。但同时也为自身的"制度化"、边缘化铺平了道路。正是越来越激烈的阶级冲突,引发了新的权利诉求和"福利国家"压力,降低了阶级划分的显著性。[②] 阶级冲突被正式承认进入政治领域,聚集(引导和集中)到广阔的工会和政党政治的平台。对工人经济权利的尊重与否构成了国家评价的重要标准,它们包括作为工人群体(组织、联合及劳动党)进行集体谈判、罢工、失业保险、社会安全等的权利。[③]

规定公民权的法律制度不断扩大,促成了机会平等的制度化和普遍化。它不再主要应用于产业工人阶级的核心领域,而是容许来自这个核心之外的权利要求。这样,我们便看到了基于性别、年龄、民族、种族、性偏好等形式的集体行动。这些集体行动将生存机会同政治上规定、法律上保护的权利联系起来,明确宣告了传统社会分层模式的破裂和新社会分化、社会冲突的产生。[④] 它们坚决反对以国家为中心的价值范式,通过对价值立场的大众传媒提高意识。[⑤]

实践和保障公民权的一整套规则是理性法权结构的具体表现,后者建立在抽象人格的基础上。正是这一法权结构确认了雇主和工人之间个人主义的契约关系、确认了社会交往商品化的事实,让抽象劳动能够合理地占有和使用活劳动,将一般交换价值对具体劳动的统治变成正义的规则。也就是说,工人的劳动及其产品同自身相对立决定了他们自在为一个阶级,这产生于抽象劳动对活劳动的统治,但确认于规则正义的法权结构。

---

① [法] 让·卢日金内:《信息资本主义社会中的新阶级关系与政治危机》,参见[法] 让·卢日金内等编:《新阶级斗争》,社会科学文献出版社 2009 年版,第 11—25 页。

② Marshall, Thomas H. "Citizenship and Social Class." In *Inequality and Society: Social Science Perspectives on Social Stratification*. eds. Manza, Jeff, Michael Sauder. New York: W. W. Norton and Co. 2009. pp.148 - 154.

③ Arendt, Hannah, AdelbertReif. "Thoughts on Politics and Revolution: A Commentary." In *Crisis of the Republic*. ed. Arendt, Hannah. New York: Harcourt Brace Jovannovich 1972. pp.199 - 233.

④ Turner, Bryan. *Status*. Minnesota: University of Minnesota Press. 1989; Waters, Malcolm. "Citizenship and the Constitution of Structured Social Inequality." *International Journal of Comparative Sociology*, 1989. 30(3 - 4): pp.159 - 180.

⑤ Waters, Malcolm. "Succession in the Stratification System: A Contribution to the 'Death of Class' debate." *International sociology*, 1994. 3(9): pp.295 - 312.

由此形成的认识是：市场为实现机会平等提供了最好的制度环境，它与阶级的不平等是完全可以兼容的。[①] 公民权本身在某些方面已经成为社会不平等合法化的制造者，是民族国家范围内忠诚的主要源泉。[②] 工人阶级的自在状态变得暧昧起来，在很大程度上被制度规训，变得温和了。[③] 起初仅仅作为一种策略来追求的妥协，如今变成了经常性的目的。[④] 帕库斯基(Jan Pakulski)称之为"阶级的国家化"(nationalisation of classes)[⑤]，概况了国内市场调控加上自由主义法律—政治框架约束的国家与工人阶级关系。

但是，文化替代不了社会，控制代替不了对劳动的剥削。毋宁说信息劳动以及信息资本主义社会中劳动关系的新向度，震荡了经济与社会、劳动与社团之间的关联方式。[⑥] 市场的扩张带来的是大量的订单和资本所有者的利益需求，起到了鞭子的作用，而不仅仅是工人挣得更多收入的机会。[⑦] 法律规定的平等和最低保障能够抵制资本所有者相对工人的强势地位，也能够缓解资本所有者对国家的绑架，尽管根本立场的改变还需要国家和工人双方的进一步努力。

经历了"文化大革命"的中国，毛泽东时代的阶级话语体系已经渐行渐远、越来越陌生了。其后的阶级及其斗争作为非理性、政治化、程序化的意识形态成为被批判、被谴责的对象。事实远非如此。阶级话语的消逝、工人阶级的"失语"[⑧]是经济体制改革先行的必然结果，政治、文化上的表现则是

---

① Turner, Bryan S. *Equality*. London: Tavistock Publications. 1986.

② Holton, Robert J., Bryan S. Turner. "Debate and Pseudo-Debate in Class Analysis: Some Unpromising Aspects of Goldthorpe and Marshall's Defence." *Sociology*, 1994. 28(3): pp.799 - 804.

③ Esping-Andersen, Gsta, Ed. *Changing Classes*. London: Sage, 1993. p.225.

④ Westergaard, John. "Class in Britain since 1979: Facts, Theories and Ideologies." *Hitotsubashi journal of social studies*, 1993. 25(1): pp.25 - 62.

⑤ Pakulski, Jan. "The Dying of Class or of Marxist Theory?" *International sociology*, 1993. 8(3): pp.279 - 292.

⑥ [法] 让·卢日金内：《信息资本主义社会中的新阶级关系与政治危机》，参见[法] 让·卢日金内等编：《新阶级斗争》，社会科学文献出版社 2009 年版，第 11—25 页。

⑦ [韩] 具海根：《韩国工人——阶级形成的文化与政治》，梁光严、张静译，科学文献出版社 2004 年版，第 66 页。

⑧ 潘毅、黎婉薇：《失语者的呼声：中国打工妹口述》，三联书店 2006 年版；潘毅、陈敬慈：《阶级话语的消逝》，载《开放时代》2008 年第 5 期，第 52—60 页；潘毅：《阶级的失语与发声——中国打工妹研究的一种理论视角》，载《开放时代》2005 年第 2 期，第 95—107 页；潘毅：《失语与发声：中国打工妹的阶级政治》，香港大学华人社会口述历史工作研讨会，2004 年 11 月 12 日。

适应市场经济发展而做出的调整。20 世纪 80 年代以来的改革开放用另一种国家设计——市场经济，去继续完成追赶现代化的梦想。阶级的命运具有整体性的特征，与“总体的历史趋势”相一致。①

工人被卷入市场原则，成为抽象劳动积累的附属是一个“无产阶级化”的历程，蒂利认为它可能是过去数百年来中西方世界最具深远影响的社会变革之一。② 如果说大规模的无产阶级化已经成为欧洲昨天的经验，那么在亚洲、非洲以及拉丁美洲的工业化国家，它却是正在发生的事实。两个世纪以前发生在欧洲和美国的大规模产业转型过程，正在这些国家上演，只不过其方式和社会后果不同罢了。

当国际社会和经济学家们异口同声地断言中国正在变成一座“世界工厂”的时候，这种断言的意义已被一语道破：世界上最庞大的产业工人阶级正在中国形成。③ 当“中国制造”变成世界性的现象，“美国人脚上的袜子，欧洲孩子手里的玩具，非洲人用的电器，都凝聚着中国工人汗水”④的时候，世界性的产业工人力量正在向中国汇流。中国工人所承担的生产任务和阶级状况不仅仅是本国的，还是他国的、世界的。

在市场经济条件下，劳动关系的运行由国家的行政控制转为市场调节。国家已经不可能也没必要直接控制社会劳动的整个过程，其作用主要是通过劳动标准的制定和劳动争议的处理来对劳动关系的市场运行加以宏观调控。⑤ 此后，人们的生计依靠市场而存在。但是，市场只为有支付能力的人服务，人们的福祉取决于其支付能力。因此，普通工人享有的保障和救济曾经一度越来越少。大规模下岗失业、就学难、就医难等，让千千万万工人感到经济与社会安全的缺乏。在他们看来，市场社会强加于自己的负担过于沉重，难以忍受。⑥

“让一部分人先富起来”，是民族国家现代化建设过程中的阵痛，是以牺

---

① 吕新雨：《〈铁西区〉：历史与阶级意识》，载《读书》2004 年第 1 期，第 3—15 页。

② Tilly, Charles. *As Sociology Meets History*. New York: Academic Press. 1981.

③ 沈原：《社会转型与工人阶级的再形成》，载《社会学研究》2006 年第 2 期，第 13—36 页。

④ 董碧辉：《中国工人上榜背后的悲情自豪》，《钱江晚报》，2009 年 12 月 18 日。

⑤ 常凯编：《劳动关系 · 劳动者 · 劳权——当代中国的劳动问题》，中国劳动出版社 1995 年版，第 43 页。

⑥ 王绍光：《1980 年代以来中国的双向运动》，载《中国社会科学》2008 年第 1 期，第 129—148 页。

牲社会平等、拉大贫富差距为代价的财富积累方式。其目的在于将盘子做大，将国民生产总值和生活水准提高到一个新的水平。由此带来的结果是，国家不但要为民众生活质量的提高负责，同时还不得不取悦国际化的资本。① 时间与数字、效率与收益是优先考虑的目标，处于压倒性的地位。提高人民生活水平、提高劳动者生活福利往往服务于这个总体目标，而不构成经济活动的目的。企业的生产同社会责任是两个分离的部分，不是结合在一起的。

当资本为了寻找更为廉价而驯服的劳动力，大规模转移到中国的时候，它逐渐瓦解了中国计划经济时代的阶级结构。旧的工人阶级逐渐解体，新的工人阶级逐渐形成。过去的、既存的工人群体因为全球经济转型而不断被消解，其抗争行为构成对全球化自律市场扩张的反弹。他们曾经受到过去社会契约的保护，并据此获取相应的权益，而这些契约正被社会不断抛弃。新出现的工人，作为历史资本主义发展的意外结果而得到不断加强，即使在旧的工人阶级不断被消解的情况下也是如此。②

改制后的国企工人，失去的不仅仅是收入的减少、福利的消失，还包括社会地位和政治地位的颠倒。事实上，工人感受到企业管理者的专制是广泛存在的。③ 他们不仅失去了国有企业工人身份带来的全面保障，终身就业和身为工人的社会、政治地位。他们同时要面对以生产效率为基础的工资标准，将自己和劳动本身卷入生产的逻辑当中；也要面对随时可能失业的生活的不确定和不稳定；还有可能在失业、下岗之后，不得不遭遇市场的拒斥，并失去基本的生活保障。④

---

① Markoff, John. *Waves of Democracy: Social Movements and Political Change*. CA: Pine Forge Press. 1996. pp.132 - 135.

② Silver, Beverly J. *Forces of Labor: Workers' Movements and Globalization since 1870*. Cambridge: Cambridge University Press. 2003. p.22.

③ 陈捷：《湘钢梅塞尔：一个非典型工会样本》，载《董事会》2011 年第 9 期，第 54—57 页；龙巨澜：《湘钢梅塞尔设"休息岗"引发旷日诉讼》，《工人日报》，2007 年 7 月 26 日。

④ 李鸿永等人在分析下岗职工问题时表示，中国政府所实行的下岗政策，是"中国式解雇"(Chinese style of layoffs)。它试图说服工人们接受工作的丧失，逐渐改变他们对解雇的态度和预期，以此作为引入市场机制，促进经济增长的代价。"下岗政策作为一种过渡时期的短期措施而存在，既实现了从国家计划向市场导向系统的转向，同时也并不完全拒绝或完全依赖于市场机制。"(参见 Lee, Hong Yung. "Xiagang, the Chinese Style of Laying Off Workers." *Asian Survey*, 2000. 40(6): pp.914 - 937.)

作为目前中国产业工人的主体，农民工群体的形成是旧有的户籍制度、城乡差异的结果。正是人口流动政策的松动，为大批农民进城打工提供了基本条件。而户籍制度和国家的城市保护政策使得他们无法完成农民到工人身份之间的完全转化，滞留在中间形态。"半无产阶级"的农民工在很长一段时间里，甚至不能够享有城市工人基本的市民权利。① 但他们由此形成的低价劳动力供给在大部分时间里支撑了中国改革开放以来的经济进步，使国家在国际贸易中赢得了比较优势。

可以这样说，中国工人阶级状况是政治权力与社会权力并行作用，是国家以发展主义为导向、致力于扩大社会资源总量的结果。同具海根描写的韩国类似，中国采取了一种加速而不是均衡的经济增长战略，试图在经济成绩的基础上宣称政权的合法性。② 以这种增长为导向的政治经济学，鼓励企业采取一种扩张主义的积累战略；他们主要关注的是确定并抓住利润丰厚的投资机会。

与此相适应的是一种国家统合主义（state corporatism）③结构，既包括国家（或地方政府）对厂商，也包括国家对工人集体组织（工会、职代会等）的控制、协作关系。作为国家整合社会资源的核心手段之一，统

① Dongping Han, "The Hukou System and China's Rural Development", *The Journal of Developing Areas*, Vol. 33, No.3 (Spring, 1999), pp.355 - 378; Kam Wing Chan and Li Zhang, "The Hukou System and Rural-urban Migration: Processes and Changes", *The China Quarterly*, Vol.160, No.1(Dec., 1999), pp.818 - 855; Dorothy J. Solinger, *Contesting Citizenship in Urban China: Peasant Migrants, the State, and the Logic of the Market*, Berkeley: University of California Press, 2000.

② ［韩］具海根：《韩国工人——阶级形成的文化与政治》，梁光严、张静译，科学文献出版社2004年版，第24、40页；Zhao, Dingxin. "Ecologies of Socialmovements: Studentmobilizationduring the 1989 prodemocracymovement in Beijing." *The American Journalof Sociology*, 1998. 103(6): pp.1493 - 1529; Lee, Ching Kwan. "The 'Revenge of History': Collective Memories and Labor Protests in Northeastern China." *Ethnography*, 2000. 1(2): pp.217 - 237.

③ 一般认为统合主义分为两种，即"国家统合主义"和"社会统合主义"。在国家统合主义中，国家控制利益团体，他们之间是一种自上而下的关系。在社会统合主义中，社会团体具有更多的自主权，呈现一种代表基层利益的姿态。简而言之，社会统合主义包含一种利益集团政治，国家和统合组织之间的关系更加平衡，是"给予与索取"的关系。理想的国家统合主义结构只承认一个组织为个人、公司或机构利益的单独代表，而那些个人、公司或机构构成了那个组织在一个特定部门里的被指定的支持者。这些基于部门的协会通常涉及了决策过程并且以国家的名义帮助实施国家政策。统合主义的机制强调组织化的共识以及合作。和谐往往是统合型体制的口号，无论这种和谐是否是真的共识抑或只是来自上层的强制性行为。（参见 Schmitter, Philippe C. "Still the Century of Corporatism?" *The Review of Politics*, 1974. pp.85 - 131.）本文也借用来探讨国家对厂商的控制与协作关系，在一种更加宽泛的意义上使用这一概念。

合主义服务于国家与社会的联系。这一解释的框架从结构上表明了工人阶级状况的形成不只是资本拥有者同工人之间的问题，而是整体上国家经济、政治发展战略，国家同经济集团、劳动事务组织相互协调的结果。

国家统合主义和绩效合法性的转变使得工人阶级的政治、社会要求转向呼吁“改善民生”和“寻求正义”的抗争运动。这对抗争主体自身和国家来说，都极大降低了抗争的风险成本，工人的抗争不是超出体制之外指向国家，而是主要定位于国家发展主义的导向，并寻求法理意义上的社会公平；国家权力则由于工人抗争的经济性和法理性，摆脱了来自体制外的政治威胁，从而能够钝化社会抗争，并将其收纳于自身的逻辑结构中。

一方面，中国工人阶级面临的管理者专制和普遍商品化的侵蚀，是上述国家行为的结果；另一方面，国家同时构成了否定工人阶级自在状况、限制抽象劳动统治活劳动的重要力量。这些否定与限制的力量主要体现于国家的法律制度当中，其制定和实行受中国传统儒家思想、社会主义意识形态和政党长期执政的影响。从这个意义上说，国家劳动立法、劳动行政是对劳动者进行倾斜性保护的行为。它在一定程度上平衡了工人和资本所有者之间的不对等关系，削弱了工人生产、生活全面市场化形成的风险。统合主义的工人集体组织也在这个过程中做出了贡献。

但这也决定了工人抗争从源头到过程都变成了法律理性的规制。工人因为资本所有者违反法律规定而起来抗争，或者对法律本身的不公正进行抗争，而不是直接起源于抽象劳动对活劳动的统治。具体来说，法律规定的劳动契约实际试图将个体工人的痛苦引向法律解决的官方体制。虽然劳动合同法确实存在有关工人集体谈判，在最低限度上加强了工会决定工作规范、商谈解雇事宜的条款。但在缺乏工人阶级自我组织的情况下，这些条款不被认为是重要的。它的总体目标是使工人成为个体化、非组织化的社会力量。

对工人阶级自在状况的否定、对抽象劳动统治的抵制仍然需要在他们自身当中寻找。它无法完全依赖国家权力对市场的反向运动，无法在对社会权力的肯定当中完成对它的否定过程。但是，任何产生于社会的和国家的“否定立场”都是令人欢欣鼓舞的，它构成了向工人阶级解放的又一次进步、构成了工人阶级自为的又一次成功。集体权利、工业公民权将带给工人去商品化的地位以对抗市场的力量。①它将工人阶级的意志聚拢起来,通过集体的形式表达出来,使处于弱势地位的工人以集体协商等方式取得同雇主的平衡。

---

① Esping-Andersen, Gøsta. *The Three Worlds of Welfare Capitalism*. Princeton: Princeton University Press. 1990. pp.21 - 22.

第一章　劳动关系的权力本质

从根本上说，工人阶级是一种社会权力结构，表示工人处于抽象劳动占有和使用活劳动、处于抽象劳动积累原则支配其他所有具体和特殊劳动的交往关系中。货币是物化了的社会权力，从衡量社会价值的尺度上升为支配社会的主体。它表现在市场经济的无限扩张，表现在抽象劳动积累原则的普遍化过程中。

价格机制曾经仅仅在经济领域发挥作用，但它跃出了这个牢笼成了无所不在的法则。它通行于整个社会，在经济以外的其他领域，如政治、文化和社会领域，都无一例外地发挥着作用。世间所有的一切，不论有形的还是无形的、物质的还是精神的，都被包装成商品拿到无所不在的市场上进行销售。那些原本不属于商品范畴的土地、劳动力，甚至一只拳头、一只脚都可能被明码标价。

自在工人阶级的阶级状况表达的是抽象劳动对活劳动的统治，而抽象劳动积累原则成为普遍的、社会的支配力量是生产活动不断市场化的结果。但是，使人类社会总体上纳入阶级社会状况，纳入社会权力结构的基础直接来源于后者，即来源于市场的扩张。作为资本人格化的资本所有者依赖对劳动及其产品的支配来实践社会权力、分享社会权力。它在根本上是抽象对具体、形式对内容、一般性对特殊性的统治。

因此，对劳动者来说，资本这种社会权力“和单个人的劳动所能创造的东西根本没有任何关系”，①工人个体不能也不需要为自身的阶级自在状况承担责任；对资本家来说，社会权力的拥有“并不是他的个人的或人的特性，而只是由于它是资本的所有者。他的权力就是他的资本的那种不可抗拒的购买的权力”。②

① 《马克思恩格斯全集》第 25 卷，人民出版社 1974 年版，第 204 页。

② 卡・马克思：《1844 年经济学哲学手稿》，载《马克思恩格斯全集》第 42 卷，人民出版社 1979 年版，第 62 页。

这就是说，工人个人处于自在阶级的状况，只是因为他同其他工人在资本中建立起统一的联系，资本家拥有社会权力只是因为他分有了资本，而不是他自身具有某种力量。

一、劳动关系是一种权力关系

自在工人阶级首先表现为一种生产性的社会关系，即生产关系。工人形成一个阶级，并不是说工人加入某个组织，也不是说他们形成了一个团体，而是他们被抛入了这个阶级。因为他们处于这样一种生产关系之中，它在表面上看起来是人与物的关系，是人以原材料、机器、设备等为劳动对象的活动。但实际上它是一种人与人之间的交往关系，是资本所有者控制劳动力进行生产，并占有劳动的成果。所以说，迄今为止的一切生产关系都不过是权力关系。这种权力关系起始于劳动力的购买，即获得一个人在一定时间范围内的体力和智力支出。也就是说，它首先是经济上的支配关系，即经济权力关系。

"劳动产品和劳动本身的分离，客观劳动条件和主观劳动力的分离，是资本主义生产过程事实上的基础或起点。"①它在实践中表现为活劳动买者和卖者双方的分离和对立，表现在资本所有者对活劳动的占有和使用，以及工人在自己的生活场所之外劳动。正是这种分离导向了劳动力市场的交易。一旦劳动力被购买，购买者也就拥有了一定时期劳动力的使用权，占有了劳动力的使用价值，而劳动力的使用价值即活劳动。这个购买的行为是工资的支付，即支付劳动力的交换价值。

只要存在市场上的交换，劳动就一定要变成必要劳动时间，就会被抽象为价值一般，抽象为货币。货币在过去本来只是一个尺度，起到度量的作用，现在这个尺度突然从一般交换价值上升为主体的力量，它自己要不断增殖，并在自身的增殖中完成抽象劳动对活劳动的统治。

一方面，通过劳动力市场的购买，工人在进入生产过程之前，他的劳动就已经为资本所有者占有，不再是自我所有。生产是工人自身劳动不断消

① 《马克思恩格斯全集》第 23 卷，人民出版社 1972 年版，第 626 页。

耗，并物化为别人产品的过程。这些产品作为别人的财产与工人对立。货币自从购买了劳动力，占有了劳动力的使用价值，即占有了活劳动，它就掩盖了一个事实：它把活劳动看成是货币本身的使用价值，把活劳动增加的财富、活劳动促成的货币增殖当做是自身的增殖，当做货币自身的力量。

也就是说，货币的积累、抽象劳动的不断增殖过程实际上并不来源于自身，而来源于对具体劳动的占有和使用，即对具体劳动的支配。股票、期货等金融产品的交易对象归根结底不过是一个企业当下和未来的生产过程。它的增殖看似来源于交易市场，实质上最终取决于投资的企业是否盈利。也就是说，是企业的生产过程完成了抽象劳动积累，而不是金融产品自身具有增殖的功效。

另一方面，具体劳动产生的结果要实现其价值，必须拿到市场上进行交换。一旦具体劳动结果进入市场领域，就不得不寻求市场的承认，或者说必须按照市场承认的价值进行交换。而市场承认的价值只是一般交换价值、只是必要劳动时间所生产出的商品价值，并不是全部的具体劳动过程及其结果。正如马克思所说："问题在于，最低限度要按照那个会提供平均利润的价格，即生产价格来出售商品。"①

一切社会必要劳动时间之外的具体劳动都变成了无价值的存在，变成了落后生产的标志，变成了个人行为的偏执。"在这种形式上，资本就意识到自己是一种社会权力；每个资本家都按照他在社会总资本中占有的份额来分享这种权力。"②在这里，局限在经济领域的权力支配关系不断扩展到整个社会，转变为具有普遍性的社会权力。它是一般性对特殊性的统治，是类对个体的统治，前者是抽象的、永恒的和普遍的，后者是具体的、历史的和个性的，后者在逻辑上必然要服从前者。

也就是说，市场必然会将具体劳动抽象为一般劳动，即抽象劳动，然后才进入流通领域。既然它只承认社会必要劳动时间的商品价值，那么，生产过程和生产关系的建构只要还追求自身价值的实现，它就不得不遵循市场的这一原则。除非它跳出市场领域，创造一种自给自足的经济形式，例如封闭性的、国家社会主义的计划经济形式。

---

① 《马克思恩格斯全集》第 25 卷，人民出版社 1974 年版，第 218 页。

② 《马克思恩格斯全集》第 25 卷，人民出版社 1974 年版，第 218 页。

如果说工作场所外部的社会关系对社会分层越来越重要。工人阶级在吃饭、穿衣和生活方式上不同于其他群体,他们就更有可能认为自己或行动表现为在政治上具有显著特征的阶级。① 那只是说自在工人阶级状况跃出了生产领域,被市场推向了社会。它在本质上是社会权力逐渐普遍化、作用空间进一步扩大的结果。而越是工人阶级自在状况趋向严重、趋向普遍,他们就越是可能形成对自在状况的觉悟,进行否定自在工人阶级的反向运动。

简单说来,这一观点要表达的是形成工人阶级自为的可能性。抽象劳动统治活劳动的原则支配着生产场所,也支配着商品市场,它变成了对总体人类生活的统治力量,转变为社会权力。工人阶级的自在状况不仅表现在资本对活劳动的占有和使用阶段,更表现在活劳动的出让和劳动产品价值的实现阶段。因此,工人阶级自为状况产生于工作场所之外的几率大大提高了,对工人阶级自在状况的否定可能不只是抵制资本所有者的专制,更是对生活世界全面商品化的抗争。

但是,工人之所以能够在生活世界意识到阶级的差异,根源于他们在生产场所中所处的社会权力结构的位置。商品化原则对生活总体的支配力量是这一社会权力结构的扩展。个人或群体拥有了资本也就分享了商品化原则的统治力量,不但能够主导社会生活,还能够控制政治生活。对于这样一个过程,马克思解释说,“那些使一定的生产力能够得到利用的条件,是一定的社会阶级实行统治的条件,这个阶级的由其财产状况产生的社会权力,每一次都在相应的国家形式中获得实践的观念的表现”。②

也就是说,展开生产力可能性的生产关系、社会阶级结构,以及国家政治形式实际上分享了同样的前提和基础。它们本质上都是抽象劳动对活劳动占有和使用的社会权力关系,而这一关系根源于财产在不同个人和社会力量之间的分配,也就是积累起来的劳动的个人占有的差异。政治权力不过是这一权力关系在国家层面的延伸,是抽象劳动积累及其实现从特定阶级的社会权力上升为普遍意志,成为一般性统治与被统治关系的结果。

从这个意义上说,马克斯·韦伯的阶级分析并不存在另一个基础。在抽象劳动统治活劳动的社会权力结构中,奔向个人自由劳动的努力并不止

---

① Clark, Terry Nicholls, Seymour Martin Lipset. “Are Social Classes Dying?” *International Sociology*, 1991. 6(4): pp.397 - 410.

② 《马克思恩格斯全集》第3卷,人民出版社1960年版,第78页。

于生产领域，因为劳动产品需要实现它的价值以满足财富积累的需要。如果这一价值的实现过程不是通过国家权力操纵价格体系，进行财富的分配，它就需要按照供求规律在市场上进行交换来完成。市场是商品价值得以实现的场所和条件，也是权力结构输出和传递的生态空间，而市场本身也是权力主体之间相互博弈的规则体系。尽管赤裸裸的财产占有本身的结果只是真正"阶级"形成的前兆，它最终表现为个人命运的市场状况，即阶级状况。但正是财产占有实现了抽象劳动对活劳动的购买，并构成了前者对后者进一步支配、使用的基础。

韦伯的论证隐含了这一点，他关于阶级的论述仍然是从产生权力关系的物质财产分配开始的。他指出，物质财产的处置权在市场上相互竞争才能实现它的交换价值，而它在多数人当中分配的方式创造着不同的生存机会(life chances)。这种分配模式会把没有钱的人排除出对高价值货物的竞争，它有利于有钱人，并实际上给了它们获取这种货物的垄断权。它会增强他们在与无财产者进行价格斗争时的权力，后者所能提供的只有自己的劳动力或者直接产品，而且为了维持生存还会贱卖这些产品。①

所以，在这样的历史发展阶段，市场本身是抽象劳动支配活劳动的延续，是一种权力结构。社会权力的目的在于实现资本的积累，而资本积累和社会权力的展开实际是同一过程。这是因为，资本积累的实现必然与市场交换相连，在市场过程中具体产品才转化为价值一般、转化为积累的资本，完成价值的实现。实际上，这就是剩余价值提取，抽象劳动剥夺具体劳动的过程。

如果马克思强调生产中的地位因素，他也必然强调分配的影响作用——这是通过剩余价值的占有和对劳动的剥夺实现的。同样，如果韦伯强调分配中的地位因素，他在论述处于不同阶级中的人们的不平等"生存机会"时，也把这些不平等看做生产中不同地位造成的结果。而且，马克思和韦伯实质上都认同阶级在自在和自为状况的区别。尽管韦伯对这一区分没有提出相应系列的术语，但他和马克思一样采用阶级分析的逻辑，在考察群体形成及其可能的政治影响之前，先通过考察生存条件辨别各种范畴。②

---

① Max, Weber. *Economy and Society*. 2 vols. Edited by Roth, Guenther, Wittich Claus. Berkeley: University of California Press. 1978. p.927.

② Westergaard, John. "Class in Britain since 1979: Facts, Theories and Ideologies." *Hitotsubashi Journal of Social Studies*, 1993. 25(1): pp.25 - 62.

在资本社会的前提下，无论生产领域，还是流通领域，自由劳动者的存在、法律理性规定的财产占有都不过是对权力关系的一种确认。正是在有关财产保护的法律制度中，现存的所有制关系表现为普遍意志的结果。由其构成的法理社会似乎已经完全脱离并不再依赖于共同体的形态。它造成了这样一种幻象：仿佛私有制本身仅仅是以个人意志，即以对物的任意支配为基础的。实际上，这般的对所有权的承认还只是一种契约关系、知识体系，它所规定的并不是个人对物的具体占有，而只是对占有主体的人格的承认，即人格占有外物。

马克思强调说："仅仅从对他的意志的关系来考察的物根本不是物；物只有在交往的过程中并且不以权利（一种关系，哲学家们称之为观念）为转移时，才成为物，即成为真正的财产。这种把权利归结为纯粹意志的法律幻想，在所有制关系进一步发展的情况下，必然会造成这样的现象：某人在法律上可以享有对某物的占有权，但实际上并没有占有某物。"①

这里"所有制关系进一步发展"指的是封建土地所有权的逐渐瓦解，现代生产关系的产生。当资本这种社会权力生长出来，原来被羁绊在庄园土地上的农奴作为小生产者、作为工人，在追求所谓的自由劳动中不断逃亡。当土地上的动产（农奴等）被资本的逻辑卷走，不再能够提供地租，贵族在法律上的土地所有权就变成了一纸空文。封建贵族的社会权力由于无法实现地租剥削的可能，也必将为资本的社会权力所替代。

虽然贵族们依然享有占有的权利以及使用和滥用的权利，他可以继续在土地上打猎、游玩，但却无法构成财富的积累，而仅仅作为纯粹的消耗存在。于是，动产战胜了不动产，资本的社会权力代替了地租的社会权力，贵族们在这种土地所有权的滥用当中越来越穷，逐渐没落下去。因此，这种土地的所有权对他们来说变得毫无用处，如果没有资本介入经营他们的土地，他们最终会一无所有。

《德法年鉴》时期的马克思就已经认识到"法的关系正像国家的形式一样，既不能从它们本身来理解，也不能从所谓人类精神的一般发展来理解，相反，它们根源于物质的生活关系，这种物质的生活关系的总和，黑格尔按照十八世纪的英国人和法国人的先例，称之为'市民社会'，而对市民社会的

---

① 《马克思恩格斯全集》第3卷，人民出版社1960年版，第72页。

解剖应该到政治经济学中去寻求”。[①] 这里所说的“物质生活关系的总和”“市民社会”(bürgerliche gesellschaft,或称为资产阶级社会)即是韦伯和滕尼斯所讲的“法理社会”(gesellschaft)。[②]

法理社会是法律理性的抽象范畴规定下的自由个人及其关系(契约关系),以及社会权力展开劳动剥夺的经济结构(生产和市场)。起源于法语的英语世界中的“公民社会”(civil society)一词,其内涵则更描述性地表达了法权意义上的平等主义。它指涉的是一种公民秩序中的成员与市民,这种公民秩序是从基督教社会秩序中分离出来的,后者建立在“神权”的基础上,是上帝的秩序。[③]

二、工业化以来的社会本质

按照霍尔顿(Robert J. Holton)的说法,在欧洲的社会理论中,阶级这一“习惯用语”出现于19世纪人们对法理社会稳定性和合理性所怀有的悲观主义。阶级及其与之相联的社会主义政治学说,体现了一种对共同体(gemeinschaft,即韦伯所说的礼俗社会),以及对被个人主义秩序破坏了的传统形式的怀旧意识。政治的阶级斗争成为试图改变历史方向的努力,并规定了一种共同体可能再次战胜原子主义的社会条件。[④]

在此处,霍尔顿对“阶级”的理解偏向于探求阶级自为的状况。它构成

---

① 《马克思恩格斯全集》第13卷,人民出版社1962年版,第8页。

② 马克斯·韦伯的“法理社会”与滕尼斯所讲的“社会”无论从概念使用上(《经济与社会》的德文版书名是 *Wirtschaft und Gesellschaft*,而《共同体与社会》的德文版书名是 *Gemeinschaft und Gesellschaft*),还是从具体内容上都具有一致性。他们表述的实际上都是马克思所说的资产阶级社会(bürgerliche gesellschaft)。滕尼斯说,它由具有不同价值观念的异质人口所组成,人们之间是靠分工和契约联系的,重理性而不讲人情。(参见[德]费迪南·滕尼斯:《共同体与社会——纯粹社会学的基本概念》,林荣远译,商务印书馆1999年版,第95—98页。)

③ 到了20世纪晚期,在马克思主义阐释传统之外,这一术语逐渐具有了以下两个方面的含义:一是指一种非政府性的及非营利性的志愿者活动领域;二是指包括自愿性的活动者及政府在内的非商业性活动领域。(参见 Carver, Terrell. “‘Civil Society’ in Japanese Politics: Implications for Contemporary Political Research.” *European Journal of Political Research*, 2000. 37(4): pp.542 - 543.)

④ Holton, Robert J. “Has Class Analysis a Future? Max Weber and the Challenge of Liberalism to Gemeinschaftlich Accounts of Class.” In *Max Weber on Economy and Society*. eds. Holton, Robert J., Bryan S. Turner. London: Routledge & Kegan 1989. pp.160 - 197.

了对阶级自在状况、法理社会、个人主义的反动。之所以把这三个范畴并列在一起，是说它们在根本上是一致的。阶级的自在主要表现为一种雇佣关系，法理社会建立在个人理性的基础上，它们都是个人主义的。正是因为它的个人主义本质，所以自在的阶级划分不是能动性的，它并不构成一个共同体，①而仅仅是社会行动可能的基础。

但它却揭示了法理社会的权力本质。法律理性赋予我们的，不过是知识之对象和知识之规定的生活，而这个知识本身是第三等级感性意识抽象化为一般性、普遍性价值的表现，是第三等级的社会权力上升为政治权力的结果。它是一种权力结构，是一部分人对另一部分人的奴役关系。个人被当做纯粹的客观和质料(factor)，被对象化为孤立的"社会原子"(social atom)。②每个人都同样地被现代技术的本质的统治地位打上了烙印，并包含在个体全部的生命领域，以功能化、技术完善、自动化、信息化等多样的命名呈现出来。③

因为启蒙的过程和第三等级追求自由劳动是同一个过程，而这个过程实际已经发生在封建的等级关系当中。"逃亡农奴仅仅是力求自由地发展和巩固他们现有的生存条件"，④他们只是要将自身已经发展出的感性意识突破封建的桎梏，而不是在逃亡之后去获取新的诉求。这个追求自由劳动的过程，即是人类试图通过自身理性的力量自由支配自然、摆脱封建等级关系束缚的过程。它把人类的理性置于上帝的位置，成为一种绝对的力量，成为能够解决一切问题之能力的绝对存在。

哈维(David Harvey)这样写道："科学对自然的支配使摆脱匮乏、愿望和自然灾害肆虐的自由有了指望。合理的社会组织形式和理性的思维方式的发展，确保了从神话、宗教、迷信的非理性中解放出来，从专横地利用权力

---

① Max, Weber. *Economy and Society*. 2 vols. Edited by Roth, Guenther, Wittich Claus. Berkeley: University of California Press. 1978. p.930.

② Horkheimer, Max, Theodor W. Adorno. *Dialectric of Enlightenment — Philosophical Fragments*. Translated by Jephcott, Edward. Stanford, California: Stanford University Press. 2002. p.211; Adorno, Theodor W. "Sociology and Empirical Research." In *The Positivist Dispute in German Sociology*. ed. Adorno, Theodor W. New York: Heinemann Educational Books 1976. pp.68 - 86.

③ [德]海德格尔：《形而上学的存在—神—逻辑学机制》，载孙周兴编：《海德格尔选集》，上海三联书店1996年版，第820—846页。

④ 《马克思恩格斯全集》第3卷，人民出版社1960年版，第87页。

和我们自己的人类本性黑暗的一面中解放出来。只有通过这样一种规划，全人类普遍的、永恒的和不变的特质才可能被揭示出来。”①

于是，社会的基本构成元素成为一个个理性上具有独立性的个体或个人。人类从原始的自然状态中摆脱出来，从中世纪神学枷锁的束缚中解放出来，意识到自己作为人的存在，把理性、知识当做征服世界、改造世界的武器和力量。人类的理智战胜迷信，去支配已经失去魔力的自然，既不听从造物主的奴役，也不需要对世俗的统治者顺从。如同资本主义在工厂和在战场上所追求的所有目标、技术及其所涉及的经济系统一样，没有出身，只有民主和平等。②

正如托克维尔所言，在这样一个时代，每个人都依靠自己来确定其信念，每个人使其一切感情以自己为中心，个人主义由此生长出来。③ 既然每个人都具有理性的能力，每个人相互之间也就是平等的、独立存在的。被第三等级追求和吹捧的自由劳动由此被理性抽象为一般的真理，能够独立于特殊的社会形式而确定下来。而社会和国家则被视为是回应人们先已有了的目标与目的的建制上的安排。④

但是，当人类按照控制自然的方法，试图找到社会生活的规律，并对生活本身进行控制的时候，二者之间的区别也开始变得越来越明显了。控制自然对人类来说意味着更多的权力，控制人类生活则意味着一群人对另一群人的更多权力。因为对自然的控制意味着控制自然为人类服务，而对人类生活的控制则意味着控制人类自身，由人类自身控制，为人类自身服务(the control of human beings, by human beings, for human beings)。⑤

在这个控制过程当中，所有自我之外的人都成为“他者”的一部分，成了自我控制的质料和自我控制的对象。人们相互之间以及人与自然界被彻底地异化，每个人都成为某种实践的主体或客体，人们可以把他当做处理某事

---

① ［美］戴维·哈维：《后现代状况——对文化变迁之缘起的探究》，阎嘉译，商务印书馆 2003 年版，第 21 页。

② Horkheimer, Max, Theodor W. Adorno. *Dialectric of Enlightenment — Philosophical Fragments*. Translated by Jephcott, Edward. Stanford, California: Stanford University Press. 2002. p.2.

③ Tocqueville, Alexis de. *Democracy in America*. Translated by Schleifer, James T. Indianapoli: Liberty Fund, Inc.2010. p.881.

④ Rawls, John. “Fairness to Goodness.” *Philosophical Review*, 1975. 84(4): pp.536 - 554.

⑤ Bonham-Carter, Mark. “Economic Democracy.” *Ethics*, 1948. 58(4): pp.291 - 296.

的工具，或者不理会他。启蒙在它的后继阶段形成了自我否定的过程，第三等级在推翻封建权力关系之后自身分化为工人和资本所有者，用资本的社会权力取代了地租的社会权力。

资本所有者不再像过去的贵族一样构成一个等级，而是构成一个阶级。他们在世界的范围内组织起来，而不是在一个地区组织起来，他们使自己通常的利益具有了一种普遍的形式。其他一切劳动者，无论是何出身都要为资本所有者、为资本服务。科学技术与法律理性都不过是对这样一种社会权力结构的确认，它们从本质上在为资本的积累开辟道路，通过寻求控制、操纵的方法，对他人劳动进行剥夺以获取更多的资本。

经济生产力的提高，一方面为世界变得更加公正奠定了基础，另一方面又让机器和掌握机器的社会集团对其他人群享有绝对的支配权。在经济权力部门面前，个人变得一钱不值。[①] 机器构成了我们生活的手段，机器自身也具有了某种权力，这种权力的表现并不是机器本身的暴力破坏能力，而在于离开机器我们就没有办法生存。人们必须依附于机器、企业和市场而存在，这是抽象劳动原则普遍化的必然结果。

后工业社会理论所谓“工业关系”为“雇佣关系”所取代、“阶级中心”让位于“文化中心”的论调并不表明资本这种社会权力的消亡，而是表明人类社会生活的全面异化。

我们已经看到，在马克思去世后不到一百年的时间里，资本的增殖方式已经发生了转变。如果说在19世纪机器大工业的生产时代，资本的增殖主要体现在生产领域中对工人剩余价值的榨取，还主要在外部寻找拓展的空间，即通过海外市场和原料产地来吸收资本过度积累的趋势。那么，在20世纪，资本已经开始转向它的内部，即通过工人的日常生活、情感、欲望和需要来寻找空间。在这个过程中，资本主义体系内部的每一个生命个体，都以其丰富的生命情感，为资本积累和吸纳提供给养。于是，工业社会劳动过程的异化形式逐步扩散，走向了社会生活的全面异化。

总之，在人类社会生活全面异化的技术世界中，人本身成为机器，它同自然界一样、同其他的社会事物一样，被当做质料来处理和对待；人的存在

① Horkheimer, Max, Theodor W. Adorno. *Dialectric of Enlightenment — Philosophical Fragments*. Translated by Jephcott, Edward. Stanford, California: Stanford University Press. 2002. preface(1944 and 1947) xvii.

也不再是自由自觉的创造性活动，而表现为受动的和机械的活动。世界构成的基础不再是人的生命情感、感性交往，而是抽象的、理性的范畴。它要把所有世间存在的事物、人的活动通过理性的思考转变为范畴和规定。我们就在这些范畴和规定当中理解着世界的全部事实。

（自在）工人阶级状况不再是他们在生产和交换中的交往形式，不再是赤裸裸的权力结构，而是一个经济或社会学概念，用于解释社会不平等、解释社会分层体系等。

于是，知识成了权力，或者权力本身就是知识，它构成了人与人之间奴役与被奴役的前提。① 知识的侵害越来越明显，承认问题被阐发出来。因为缺乏承认，或者错误的承认被认为对人造成了伤害，成为一种压迫的形式。它把人禁锢在错误的、被扭曲的和被贬损的存在方式中。② 而文化则成了工业社会齐一化的牺牲品，成了文化工业。凭借现代科学技术手段大规模地复制、传播，文化变成了标准化生产的商品，成了不具有创造性和超越性的、肯定性的娱乐工业体系。③

正如马克思早已揭示的那样，人类社会生活的全面异化都不过是资本这种社会权力进行剥削和奴役的后果和变形罢了。整个人类社会奴役与被奴役、统治与被统治、相互之间的冲突和对抗，其根源就在于工人对生产的关系，实际上就是劳动者对劳动的关系。

综上所述，可以概括出三个重要的观点。首先，劳动关系归根结底是一种生产关系，流通领域是生产关系的实现，而迄今为止的一切生产关系体系

---

① ［法］米歇尔·福柯：《求知之志》，载《福柯集》，杜小真编，上海远东出版社 1998 年版，第 289—389、289—389；Gordon，Colin，Ed. *Power/Knowledge Interviews and Other Writings 1972－1977 — Michel Foucault*. New York：Pnatheon Books，1980.

② Taylor，Charles. “The Politics of Recognition.” In *Multiculturalism — Examining the Politics of Recognition*. ed. Gutmann，Amy. Princeton，New Jersey：Princeton University Press 1994. p.25－73. Honneth，Axel. *The Struggle for Recognition — the Moral Grammar of Social Conflicts*. Translated by Anderson，Joel. Cambridge，Massachusetts：the MIT Press. 1995.

③ Horkheimer，Max，Theodor W. Adorno. *Dialectric of Enlightenment — Philosophical Fragments*. Translated by Jephcott，Edward. Stanford，California：Stanford University Press. 2002. pp.94－136；［美］马尔库塞：《反革命和造反》，载《工业社会和新左派》，商务印书馆 1982 年版，第 79—189 页；［美］马尔库塞：《审美之维》，李小兵译，广西师范大学出版社 2001 年版；［德］本杰明：《机械复制时代的艺术作品》，载董学文、荣伟编：《现代美学新维度》，北京大学出版社 1990 年版，第 170—194、170—194；Benjamin，Walter. “The Author as Producer.” *New left review*，1970. 62(1)：pp.1－9.

都不过是权力体系而已。它是抽象劳动对活劳动的统治，表现为经济权力或政治权力通过规范、控制产品生产和流通的过程来实现财富的积累，即抽象劳动的积累。

同时，由于财产占有的不同，生产领域和流通领域本身也构成了一种权力结构。在生产领域，资本所有者以一种专制的形式攫取剩余价值，并构成一种支配与被支配的关系。在流通领域，劳动产品的使用价值服务于交换价值。通过市场的形式，活劳动的结果被抽象化为资本的积累，使得社会权力对劳动的统治过程得以实现和完成。

其次，形成自在工人阶级状况的各种决定因素（包括政治、文化等因素）都是生产领域内资本逻辑的展开，是资本这种权力关系的后果和变形，是人的全面异化在生产和流通领域的表现。所以，如果说社会阶级最终是在工人亲身经历过的体验基础上形成的，那么这些亲身经历过的体验并不仅仅是由生产关系形成的，还由文化和政治权力从外部以及通过内部劳动关系而形成，也就是在说工人阶级状况形成于生产关系当中。

但是生产关系本身的状况却又浓缩了人类异化的各种形式和各个方面，它是资本的权力关系在突破生产领域，扩散到整个人类生活并再次返回劳动过程的反映。政治权力是处于特定生产关系中的社会力量掌握和控制国家机器的结果，是社会权力在政治领域的实践。

第三，自在工人阶级并不是一个先验的范畴，它是一系列实践的工人的物质生活及其条件。这就是说，并不是先有一个关于工人阶级的确定观念和逻辑，工人活动的各种可能性先天包含在这种观念和逻辑当中，而工人阶级的形成不过是其可能性的展开而已；也不是说工人需要实现具有一种统一性的阶级意识，他们的实践活动由阶级意识指引并由此形成集体的革命力量。

实际上，阶级是一种生产关系、是一种权力结构，正是工人处于如此这般的一种生产关系和权力结构当中，才决定了他们自在为一个阶级。不管工人个人在主观上怎样超脱于生产的关系，但他在社会意义上总是这些关系的产物，而不能要求他个人对这些关系负责。那么，所谓的工人阶级状况就是生产状况、市场状况，归根结底是财产占有的不同形成的权力结构。

因此，汤普森（Edward P. Thompson）开辟的工人阶级研究新路径实际是表达和延续了上述三点。正如他在一篇论文中指出的那样，在一定时间节点上，我们走到厂房，就根本不会有什么地方定位或分类一个阶级。我们只能发现一群拥有不同职业、收入、地位等级的人群。因为阶级不是机器的这个部分或那个部分，而是机器一旦开动后的运转方式——不是这个利益或那个利益，而是利益之间的摩擦——是运动本身、热量和雷鸣般的噪声。

阶级是一种文化和社会的形成（通常能够找到制度的表现），不能抽象、孤立地定义，而必须按照与其他阶级的关系来给它下定义；阶级的定义最终是通过时间——就是说，行动和反应、变化和抗争的过程而做出。当我们谈论阶级，我们想到的是一个非常松散的人们的群体，他们具有共同的利益、社会经历、传统和价值体系，他们具有作为阶级而行动的特质，具有在他们的行动和意识（他们的行动和意识以阶级的方式与其他的人类团体相连）中定义自身的特质。但是，阶级自身并不是一件事物，而是一种发生过程。①

三、市场化转型与权力结构变迁

从这个意义上说，市场化转型以来的中国工人阶级研究，将不得不返回到生产关系中重新探讨。返回生产关系，也就是返回到抽象劳动对活劳动实行统治的社会权力结构中。同时，这个返回的过程还必须从国家的范畴实现进一步的深入。这一方面因为工人的阶级状况内在于他们所从事的生产，以及生产所创造的生产关系当中。抽象劳动、一般价值占有并支配劳动力为其服务，获取劳动力使用价值创造的成果，这个基本的前提决定了工人阶级的根本状况。

另一方面是因为在社会主义的中国，组织生产和呈现生产关系的工业化过程首先是国家工业化过程，是国家运用政治权力实现对经济、社会的整体改造，完成中华民族伟大复兴的历史任务。这一政治权力的运行过程，以及支撑其运行的权力结构决定了工人作为阶级存在的生产关系是“国家发展主义”②逻辑的延伸。

---

① Thompson, Edward Palmer. “The Peculiarities of the English.” *Socialist Register*, 1965. 2 (2): pp.311 - 362.

② 许宝强将发展主义（developmentalism）描述为一种意识形态，它以经济增长作为社会进步的先决条件，把工业化、现代化放在经济增长的中心位置。（参见许宝强：《发展主义的迷思》，载《读书》1999年第7期，第19—25页）按照这种理解，中国的改革策略基本上可以被称为发展主义的一种，或者更接近于“以发展为主导的国家”（developmental state）类型。

现代国家构建与工人阶级状况之所以成为一个可以探讨的问题，是因为生产关系的权力结构和规范这种生产关系的政治权力并不是两种不同的东西。后者实际是前者在国家层面的表现，是其在一定阶段和空间的历史形态。它是具有阶级代表性的共产党组织在获取和掌握国家政权之后，将其所代表的社会权力进行的国家化、政治化改造。

从原因上看，1949 年之后建立的国家政权作为后发展的落后国家，面临的最迫切任务是急起直追、赶上西方发达国家，避免继续或再次沦为殖民地、半殖民地的可能。国家要以政治权力在短时间内动员全国的财力、物力、人力，来从事工业化建设。它自然地需要实现抽象劳动积累的生产关系在全国范围内最大化的展开，并实际上将这种生产关系中隐含的社会权力转变为国家层面的、更加合理化的政治权力。计划经济时期的单位体制是这种变化的确定，并以国家政治权力的形式宣布了大规模工业生产对传统手工制造业的取代。

这就是说，国家与工人阶级的研究不是，或不只是充分论证二者之间的相互联系和作用。这个基础当然是存在的，国家的现代化建设要求、政治制度设计决定了基本的工人阶级状况；同时，工人阶级的生产劳动是国家现代化建设的基础，成就了建立和完善工业化体系的目标。

构成相互作用的原因，因为它在这一联系里是原因，所以同时也是效果；而效果因为它在这一联系里是效果，所以同时是原因。但是，这只是表明了二者之间具有相互影响的关系，是由因果关系直接发展出来的真理，还只是“站在概念的门口”，而根本没有进入概念和范畴本身。①

进入决定国家与工人阶级之所以具有相互作用表象的那个前提，进入规范和范畴前的权力关系才能够深入国家与工人阶级这两个概念的内在性。因为作为生产关系本质的权力结构才是联系国家与工人阶级的内在的第三者。二者的相互作用过程不过是权力结构运行的两个环节而已。

但这并不是说国家与工人阶级的相互关系是逻辑和精神的展开过程。因为权力结构本身并不是抽象化的知识体系，毋宁说它是活生生的、存在于工人生命感受中的支配与被支配关系。逻辑和精神反倒是权力结构为了展

---

① ［德］黑格尔：《小逻辑》，贺麟译，商务印书馆 1996 年版，第 321 页。

现自身所需要的规则。

这就决定了中国工人阶级研究的必然转向，从分析和解释国家与工人阶级两个方面所展开的所有具体历史特殊性，转向探询国家与工人阶级相互作用逻辑的前提。中华人民共和国成立以来，国家与工人阶级的相互作用始终是围绕工业生产以及生产关系进行的，而生产关系就是抽象劳动积累的基础。

从计划经济向市场经济的转变首先表现为国家政治权力对劳动依赖，其次表现为社会权力的扩张和政治权力向社会权力的让步。这个过程中诸多庞杂的历史事件并不表明国家工业化、现代化建设目标的转移和间断，而恰恰表明了它的连续性。“大跃进”“文化大革命”等一系列政治运动、政治事件根本上是在为中国的工业化、现代化建设寻找出路，实现“赶英超美”、跨越卡夫丁峡谷的宏伟蓝图。

从1954年开始，实现工业、农业、交通运输业和国防的现代化（四个现代化）被正式确定为国家的工作任务之一。① 其第一步就是建立一个独立的、比较完整的工业体系和国民经济体系，使中国工业大体接近世界先进水平。而国民经济发展的总方针是以农业为基础，以工业为主导。②

现代工业的第一要义是能源和钢铁。因此，石油工人和钢铁工人成为中国工人阶级的光辉典范，就不是偶然的。为国家炼油炼钢的主人翁精神成为对工人阶级主体性的建构，表明中国工人阶级主体性的获得与国家民族工业的实现联系在一起。正是在这样的主体意识中，中国工人阶级获得了自己的国家和在国家建设中的历史主动性，他们的命运是一直内在于国家现代化过程中的。③

计划经济时期单位体制的核心是国家权力安排的生产关系，它是政治

① 1954年召开的全国人民代表大会第一次明确提出要实现工业、农业、交通运输业和国防的四个现代化任务，1956年这一任务被列入党的八大所通过的党章中。1964年12月第三届全国人民代表大会第一次会议上，周恩来根据毛泽东建议，在政府工作报告中首次提出：在20世纪内，把中国建设成为一个具有现代农业、现代工业、现代国防和现代科学技术的社会主义强国，实现四个现代化“两步走”设想。第一步是用15年时间，建立一个独立的、比较完整的工业体系和国民经济体系，使中国工业大体接近世界先进水平；第二步是力争在20世纪末，使中国工业走在世界前列，全面实现农业、工业、国防和科学技术的现代化。

② 周恩来：《发展国民经济的主要任务（一九六四年十二月二十一日）》，载《周恩来选集》（下），人民出版社1984年版，第439—442页。

③ 吕新雨：《〈铁西区〉：历史与阶级意识》，载《读书》2004年第1期，第3—15页。

权力对劳动的依赖。通过社会全面雇佣化的形式完成国家财富的积累，即抽象劳动的原始积累，为实现国家工业化和现代化的目标提供相应的经济基础。但是，受当时社会资源总量不足的困扰，纯粹国家财富的积累不得不从社会的普遍贫困开始。在这样的条件下，计划经济下的工人劳动力再生产维持在相对较低的水平上，利用配额的方式尽量减少浪费，调节资源供给。

它具体表现为两点：由于工业品并不能够直接支持工人的劳动力再生产，这个任务需要农业为工业提供生活资料来完成，它需要农民的劳动成果无偿地或低成本地转移到工业生产；与此同时，国家通过为正式部门中的工人提供相对低成本的各种产品和服务，使工人们能够在较低的工资状况下维持生存，而这种低水平全覆盖的社会保障和长期的低工资状况正是从国家内部实现抽象劳动积累的必然要求。

当大部分人成为国家的雇佣劳动者，他们就整体转变为工资的人格化，成为活劳动这种劳动力使用价值的出让者，成为抽象劳动占有和使用的对象。因此，在国家财富的原始积累未完成之前，他们不得不以普遍较低的劳动力再生产水平供给国家工业体系的形成和完善。但是，建立在工人阶级的普遍贫困基础上的纯粹国家财富积累只能是一个历史现象，因为普遍贫困不会允许自身成为一种长期的生产关系。

计划经济向市场经济转型、雇佣劳动关系取代“社会契约”关系是适应抽象劳动积累方式的转变而产生的。具体来说是从纯粹国家财富积累向国家、社会财富共同积累的转变。单位体制下的国家依赖政治权力通过政治制度设计和政治意识形态从生产关系的外部实现纯粹国家财富的积累。但是，这一外部积累方式必然要服从并适应生产关系的内在权力结构。来源于社会权力的国家政治权力必将从原则上从属于社会权力，原始积累之后的积累必然要从生产关系自身中产生。

因此，国有企业改制标志着抽象劳动的积累开始转向其内部。依赖拥有主体地位的企业和企业管理者直接实现对活劳动的占有，并将企业管理者和工人同时卷入生产关系的权力结构中。它使前者自觉成为抽象劳动的人格化，无限追求更多的盈利；后者自觉成为工资的人格化，希望获得更高的劳动收入。虽然抽象劳动积累的异化是社会性的，但自在工人阶级的异化却更为全面，这不仅体现在他们被制造出来的娱乐和消遣中，更体现在他们自觉融入“超额生产”[1]的原则中。

也就是说，国有企业改制的内在逻辑是权力结构调整，是抽象劳动原始积累成果的重新分配。它表现为国家对国有企业的放权让利，由单纯政治权力对劳动力的占有和使用转向政治和社会权力共同来完成这个过程；国家运用政治权力建立起相对完整的工业化体系并将这个体系本身实行市场化转型，将它们推向社会的领域。

由此造成的结果是社会的普遍贫困被自在工人阶级的阶级贫困所取代。国家不再作为一个抽象的劳动关系主体出现，不再代替资本将工人同他的劳动的关系变成了一切人同劳动的关系。

于是，国有企业的改制变成了一个劳动关系还原的过程，它让社会权力自身成为推动生产发展的内在力量。劳动关系变成了资本以及资本的所有者同工人之间的关系。计划经济时期的政治制度设计和政治意识形态作为抽象劳动积累的外部驱动力量，在一定程度上作为生产方式而存在。市场经济环境下二者则转变为规范社会权力，作为限制资本所有者专制和全面市场化的规范力量而存在。它本身并不破坏社会权力，相反，它是社会权力的确认。

相应地，工人阶级重新回到了社会权力体系中的集体生存状况，从政治制度设计和政治意识形态的外部规定性中脱离出来，变成了纯粹的市场化劳动者。市场化转型打破了组织化的社会生产方式，容纳和吸收了私人生产。因此，国家对社会的全面雇佣也就转变成了现代企业对工人的雇佣。私营资本从这个过程中生长出来，作为直接面对工人的组织具体实践抽象劳动对活劳动的占有和支配。

私营资本的崛起以及资本所有者的专制，背后的逻辑主线是政治权力和社会权力共同作用的生产过程，而其归根结底是社会权力的运作。国家在市场化转型后的行为遵循这一根本的逻辑主线，它继续负担政治秩序的维持和整体的现代化建设，不过政治权力用力的重点和方式发生了转变。它不再通过价格的剪刀差实现农业对工业的哺育，却仍然在实践生产关系当中的权力结构，并决定了工人阶级必然的贫困化命运。

---

① Burawoy, Michael. *Manufacturing Consent: Changes in the Labor Process under Monopoly Capitalism*. Chicago: The University of Chicago Press. 1979. p.65.

既然国家权力是社会权力在政治层面的一般化和抽象化，那么，社会权力自身就很自然地会填补和弥合国家权力从社会中退出留下的权力空白。表面上看起来是国家处于主动地位同厂商、工人集体组织形成统合主义，是国家控制和监管经济、生产的秩序，但实际它们是国家适应社会权力逻辑而做出的调整。国家是要通过这一方式把握并适应社会权力的运行，为社会权力的展开提供政治上的保障，也是为了利用国家的相对自主性对社会权力的自然扩张形成一定的约束。

具体而言，企业层面的“同乡专制”“家庭霸权”以及“失序专制主义”都是表达工人在当前生产关系中所受到的支配。国家的发展主义导向，以及在地方上国家权力同资本的联盟关系是这一生产关系的替代形式。它们自身并没有改变这一关系的性质，也不是这一关系形成的基础和前提。

国家的法制体系是建立在这一生产关系基础上，并对这一生产关系进行一定程度修正的法律理性。它确定无疑地保障了工人最低的生活和生产条件，虽然它并没有总体上否定这一关系，但它在越来越多的局部进行了适度的调整。

它将农民工从流动的、无约束的状态变为相对固定的、抽象化的劳动合同主体；它将国企工人转变为雇佣劳动者，将他们的失业合法化，将抗争非法化。对工业公民权，即工人集体权利的争取构成了对个人主义雇佣关系的一种可能的反动。但从目前来看，现存的工业关系组织（包括职代会、工会等）更多地起了协调企业管理者和工人关系的作用，它们作为形式上的第三者而存在。也就是说，它们在某种程度上是国家权力在生产关系中的进一步延伸。

小　结

劳动关系起始于资本对劳动力使用价值的购买，也就是对活劳动的购买。这种市场交换关系一旦发生，资本就获得了一定时间、地点占有和使用劳动者活劳动的权力。由于活劳动同劳动者无法分离，资本实际上获得的是支配劳动者的权力。与此同时，资本把活劳动看成是自身的使用价值，把活劳动增加的财富当做自身的增殖。在此条件下，活劳动的占有和使用以市场上公平交易的形式出现，不但合理化了资本的增殖过程，也合理化了资本对劳动者的支配。

这还只是表面现象。因为活劳动的占有和使用并不是随意的、纯粹偶然的，而是有选择性的、挑剔的。它只承认或偏爱没有个性、如同机器部件一样廉价而优质的劳动力。劳动力在资本的眼里是一个抽象化的范畴，任何不符合这个抽象规定性的蹩脚的、残缺的、特殊化的个体都是劳动力市场排斥的对象。劳动力所提供的活劳动则必须按照劳动一般、按照社会必要劳动时间进行重新统一。

商品市场如同劳动力市场一样，只承认或偏爱能够为资本高效、无限积累服务的商品(活劳动的结果)。劳动一般、劳动的抽象化代表着对具体、感性劳动的否定。这不仅是说后者需要抽象为劳动一般才能在市场上进行交换，而且是说它否认社会必要劳动时间之外的一切劳动成果。无论劳动者创造的产品多么精致、多么细腻，它都要经过社会必要劳动时间的衡量。衡量的结果是它要么成为小众的消费对象，要么为市场的原则所淘汰。

一家公司如果费时、费工地制造衣服，那么它只能面临两种命运，极少的企业能够成为亨利·普尔(Henry Poole)，①为贵族和有钱人提供奢侈品，多数的企业则面临破产停业、退出市场的残酷命运。

也就是说，工人阶级的自在状况反映的是抽象劳动对具体劳动、普遍性对特殊性、类对个体的统治。它来源于人类理性的能力，以及人类社会对理性的信仰。前者使抽象化成为可能，后者则使抽象化成为普遍认同的原则。在此基础上，以理性担保的法律制度代替了传统礼俗，并进而建构起现代市民社会，即法理社会。

由于每个人都是独立的、具有理性的个体，每个人也就将自身置于上帝的位置，成为绝对的力量。它在外部表现为抽象人格的神圣化和对抽象人格的普遍承认。正是独立、理性个体的存在和抽象人格观念的形成，才使得财产的私人占有获得了法理上的合理化论证。因为人的躯体不能占有劳动产品，正像桌子、椅子不能占有他们一样。但是抽象的人格、法权的主体可以占有他们，能够实现财产的归属。

---

① 亨利·普尔是英国一家奢侈时装定制店，因为世界各地的王公贵族、政要财阀、明星等定制名贵西服而闻名于世，坐落在萨维尔街(Savile Row)。

以此为基础，中国工人阶级在计划经济时期就自在为一个阶级。工人出卖自己劳动力的使用权，换取了最低工资和基本生活保障。他们虽然不处于社会权力结构，但处于政治权力结构。后者致力于国家的工业化、现代化建设，肩负着与社会权力同样的历史使命。市场化转型之后，社会权力从国家政治权力退出的空间中生长出来，成为支配工人活劳动的主要力量。工人被从自身外部、从资本中统一起来，并共同处于抽象劳动积累的从属地位。

这是一个自在工人阶级再形成的过程，也是国家权力改变财富积累方式的过程。工人在社会权力结构中的从属地位迫切要求他们能够产生阶级的自为，依靠自身的力量否定阶级的自在状态。政治权力则同社会权力联合，并行实现抽象劳动的积累、实现社会资源总量的扩张。它要求政治权力改变经济干预的方式，从直接的行政干预转变为间接的法律规范。

第二章　生产关系的构建

共产党建立国家政权时，大规模工业化、现代化在世界各国已经展开或相继实现。这是新中国国家政权建设的背景，也是它的前提。一方面，不及时建立起相对完整的工业化体系，就无法改变国家的命运。工业化、现代化建设是一个迫切的任务，而且是后发展国家的任务。另一方面，中国的实践是世界范围内工业化、现代化建设在特定国家的延伸。它不应该脱离、也不可能脱离这个整体的背景。

苏联的国家经济建设是可供参照的对象、可供学习的经验。不在于它理论上是否得到了充分的论证，也不在于它是否优越于其他资本主义的发展模式。其根本原因在于它短时期内建立起了大规模的工业化体系，取得了巨大而惊人的经济成就。与其说苏联的政治意识形态是马克思主义的合理改造，它推动和促进了其经济的高速发展，在短时期内实现了抽象劳动的原始积累，不如说是后者证明了这一被改造过的意识形态在特定历史阶段的合理性。

但是，国际工人运动发展的背景和社会主义国家建设的视野都是渐行渐远的。中国作为硕果仅存的几个社会主义国家之一，需要在正统、修正还是特色的不同范畴间进行选择和权衡，需要尽可能拓展现代化的实现手段，获得国际生存地位（包括在社会主义阵营中）和进一步的提升空间。中国工人阶级追随国家的现代国际视野，建立起自身阶级状况与社会总体要求的联系，并通过制度化、功能化的方式表达出来。

自在工人阶级本来是财产占有不同导致的生产和市场上的生存状况，是对抽象劳动支配具体劳动的权力结构表达。但是它自出现以来就被各门学科抽象为范畴规定，而不是表达一种生存状况。自为工人阶级是对其自在状况的否定，它包含着工人对自身阶级状况的觉悟，包含着工人的利益组织化过程。但后者至多不过是前者的表现形式，绝对不能替代前者而成为主体。

按照社会分层的理解，阶级是个人同生产资料和劳动市场的关系，是收入、财富和社会地位的重要决定因素，①是与经济权力结构相联系的社会不平等的独特成分。② 它的实践意义在于通过经济生活机会、职业声望等具有差异性的变量划分出不同的社会层级。但是它不一定构成社会冲突的基础。③

按照利益组织化的理解，阶级则被一些人表达为革命性政治的关键性概念。阶级斗争是历史的动力，是社会借以实现变革的工具。④

于是，经济学意义上的阶级往往等同于劳动关系的讨论，是分析劳资冲突、劳资合作的工具；政治学意义上的阶级经常被理解为社会冲突的构成因素之一，是社会变革的构成因素；社会学经常使用阶级来表达一种社会不平等的根源。既然如此，阶级就自然不应该成为一种优先被考虑的解释术语。

经济范畴的劳动关系是作为一种人力资源的使用和管理出现的，它是企业和市场的内部事务。如果劳动关系超出了企业和市场的范围，或者它违反了企业和市场的规则，它也只是对劳动契约关系的破坏，是违反了契约主体之间的平等交易规则而引起的纠纷和冲突。

政治学研究表明，政治激进主义同社会不平等之间的关系受到了越来越多的质疑。澳大利亚一项针对性研究最后得出的结论认为：政治冲突，以及总体上的政治激进主义，只在很小的程度上受阶级位置和阶级认同的影响。⑤ 政治已经较少围绕阶级，而是围绕其他方面的忠诚来组织。⑥ 阶级认同在推论上的显著特征几乎是微不足道的。⑦

---

① Hout, Mike, Clem Brooks, Jeff Manza. "The Persistence of Classes in Post-Industrial Societies." *International sociology*, 1993. 8(3): pp.259 - 277.

② Holton, Robert J. "Has Class Analysis a Future? Max Weber and the Challenge of Liberalism to Gemeinschaftlich Accounts of Class." In *Max Weber on Economy and Society*. eds. Holton, Robert J., Bryan S. Turner. London: Routledge & Kegan 1989. pp.160 - 197.

③ Pakulski, Jan. "The Dying of Class or of Marxist Theory?" *International Sociology*, 1993. 8(3): pp.279 - 292.

④ ［英］戴维·李、［澳大利亚］布莱恩·特纳编：《关于阶级的冲突：晚期工业主义不平等之辩论》，姜辉译，重庆出版社 2005 年版，第 3 页。

⑤ Graetz, Brian. "Inequality and Political Activism in Australia." *Research in Inequality and Social Conflict*, 1992. (2): pp.157 - 177.

⑥ Clark, Terry Nicholls, Seymour Martin Lipset. "Are Social Classes Dying?" *International Sociology*, 1991. 6(4): pp.397 - 410.

⑦ Emmison, Michael, Mark Western. "Social Class and Social Identity: A Comment on Marshall Et Al." *Sociology*, 1990. 24(2): pp.241 - 253.

从社会学的角度来看，阶级只是在19世纪西方资本主义的社会条件才是占主流的分层模式。而从那时起，我们所见证的并不是“阶级的死亡”，而是它服从于别的分层秩序。20世纪的大部分时间里，占优势地位的秩序并不集中于私人所有权和生产，而集中在国家和组织系统上。在当前的社会条件下，占优势地位的分层模式又从国家和组织转移到文化项目及其过程上来，转移到那种集中于生活方式和价值认同的精神性共同体上来。①

一、政治意识形态与工人阶级的历史状况

在这些阶级的范式讨论中，我们看到关于社会交往和生存状况的阶级已经被诸多其他解释框架所淹没。这些后来的解释框架也不断被证伪，逐渐丧失解释能力，从而为其他更新的框架替代。

与此同时，为了提高作为范畴的概念解释力，阶级又无限扩展自身的外延（覆盖范围），变成了无所不包的容器。这又削弱了阶级作为概念的潜在效用。② 萨托利称之为“概念的延展”（conceptual strench）过程。③ 由于被不加选择地应用，同时以牺牲其明晰性和准确性为代价，概念的延展使得研究衰弱和理论分析瘫痪。

它使这些研究和理论分析变成了如同撒网捕鱼一类的事情。延展的概念不加区别地把社会现实中完全不同的方面搅入一个容器，把阶级理论转变为“每样事情的理论”。因此，阶级被认为能够把范围很广的可能的含义或隐义都聚拢而来。它们包括用于分类的方法论应用，用于指称某一具有不同于其他社会群体特质的、内聚性强的社会群体；用于表示社会群体之间

---

① Holton, Robert J. “Has Class Analysis a Future? Max Weber and the Challenge of Liberalism to Gemeinschaftlich Accounts of Class.” In *Max Weber on Economy and Society*. eds. Holton, Robert J., Bryan S. Turner. London: Routledge & Kegan 1989. pp.160 - 197; Waters, Malcolm. “Succession in the Stratification System: A Contribution to the‘Death of Class’debate.” *International sociology*, 1994. 3(9): pp.295 - 312.

② Pahl, Ray E. “Is the Emperor Naked? Some Comments on the Adequacy of Sociological Theory in Urban and Regional Research.” *International Journal of Urban and Regional Research*, 1989. 13(4): pp.709 - 720.

③ Sartori, Giovanni “Concept Misformation in Comparative Politics.” *American Political Science Review*, 1970. 64(4): pp.1033 - 1053.

距离的空间性隐义；用于表示社会和世界历史中存在冲突与变化的组织力量，并以一种更富修辞色彩的政治性隐义进行表达。①

工人阶级概念的延展不仅体现在理论的分析和讨论中，更体现在政治意识形态及其实践中。经济学范畴的阶级已经直接被“人力资源管理”等概念取代，阶级概念的延展过程实际主要是从政治斗争意义转变为偏向社会分层意义，即从一种“强阶级”概念转变为“弱阶级”概念。

这是霍尔顿的提法。他认为，相对于韦伯等人，马克思的阶级理论可以被称为“强阶级”理论。强阶级可用于对权力、不平等和剥削的关系做结构性的阐释，同时也是对意识、群体形成以及对作为解放性社会变革之社会运动的阐释。正像绝大多数传统的阶级分析那样，这些关系源自对所有权基础上生产和交换的经济关系的基本认识。

然而，在强阶级的习惯用法中，这些关系不仅被归属于经济中，而且还充斥在政治、文化以及其他领域。强阶级理论采取整体论的方法，表现为对社会的一元化解释。也就是，在历史变革和社会及其机构的整个运行中，阶级在某种意义上说是主要原因。它侵入每个人的生活，即使他们没有意识到自己的行动就是阶级得以维系的基础。弱阶级理论则拒斥阶级的整体“大于其部分之和”的观点，反对阶级在任何情况下都是独立实体的论断。②

抛弃掉强阶级术语，显然是要限制传统阶级理论的范畴和重要性。③在目前仍然存在的阶级理论研究中，有一种阶级泛化和无害化的趋势。克罗普顿（Rosemary Crompton）将这种趋势的内部争论称为“伪辩论”。④

一些学者从职业集合体中或其他基于职业的特征中建构阶级的范畴，并因此出现了诸如“农业阶级”这样的概念。按照这一逻辑，人们可以将阶级的列举延伸到“服务阶级”“体育阶级”“娱乐阶级”等，同罗列职业没有什

---

① Ossowski, Stanislaw. *Class Structure in the Social Consciousness*. Translated by Patterson, Sheila. New York: Free Press of Glencoe. 1963.

② Holton, Robert J. "Has Class Analysis a Future? Max Weber and the Challenge of Liberalism to Gemeinschaftlich Accounts of Class." In *Max Weber on Economy and Society*. eds. Holton, Robert J., Bryan S. Turner. London: Routledge & Kegan 1989. pp.160 - 197.

③ Holton, Robert J., Bryan S. Turner. "Debate and Pseudo-Debate in Class Analysis: Some Unpromising Aspects of Goldthorpe and Marshall's Defence." *Sociology*, 1994. 28(3): pp.799 - 804.

④ Crompton, Rosemary. *Class and Stratification*. New Jersey: John Wiley & Sons. 1993. p.117.

么区别。由此，关于阶级的辩论被关于就业结构、制度性就业机会和职业地位与态度的辩论取代。

批评家们认为，这些研究至多不过是一种“弱”阶级分析形式，而且与此相联系的“阶级”术语的使用变得越来越多余。同样，人们还可以使用关于收入水平或社会经济分组等话语来代替阶级。这样的分类定位于阶级的经验考察，具有明显可测性的好处。但是它们能否定和无视形成那些经验的前提和基础。社会阶级仍然同职业地位相联系，不过更广泛、更有趣的问题（诸如权力、文化和社会行为等）却被预先排除了。

结果，通过这样一个过程，阶级被下降为统计资料的汇总，同意识、政治和社会行为的联系变得十分不确定、十分脆弱。这种关于职业群体的见解，不存在同基于利益的、不可避免的阶级冲突的联系。他们只是强调，当代社会中还存在严重的不平等，这些不平等围绕各职业群体之间购买力的不同组织起来。①

中国工人阶级一开始就是一个偏重利益组织化的范畴。它主要是传统社会力量渗入生产场所、党派团结群众的手段。在各种不同的社会运动中，工人既是生产的主体也是革命的力量，当生产与否成为斗争的手段，当革命和建设一样依赖动员的时候，工人就会经常性地处于不同政治派别和理论观念的引导之中，总是与他们作为阶级的自在本质若即若离。

在上述情况下，工人往往不是生产劳动者，而是“政治活动家”，不是历史运动的批判者，而是“进步强制的助推器”。他们同时受传统和现代意识形态影响，从过去到现在都处在一种复杂的历史交融中。

同世界其他国家类似，中国工人阶级发轫于传统农业社会的权力结构当中，只不过它表现出了更加丰富的内容和形式。正像裴宜理（Elizabeth J. Perry）的研究指出的那样，中国的产业工人自产生起就受到行帮组织、地缘政治、党派斗争、产业政治的影响，欠缺自组织经历和阶级意识认同。②

那些直接从工匠、小手工业者转变来的机器工厂工人，继承并发展了行会组织中的师傅、学徒关系，同时也就形成了阶级存在状况的复杂性。由于技术性的工作必须要有一个学习和训练的过程，每一个将来的工人事先都

---

① Holton, Robert J., Bryan S. Turner. “Debate and Pseudo-Debate in Class Analysis: Some Unpromising Aspects of Goldthorpe and Marshall’s Defence.” *Sociology*, 1994. 28(3): pp.799 – 804.

② ［美］裴宜理：《上海罢工——中国工人政治研究》，刘平译，江苏人民出版社 2001 年版。

要经过一个时期的学徒生涯，而行会组织则规定着这个过程，并可能规定着生产和销售的过程。

在早期的船坞、兵工厂、机器厂的招工及用工阶段，具有娴熟技艺的南方手工业者总是被优先考虑。他们成为工厂工人之后，行会组织形式也自然相伴而来。从事某个行业的工人如果不想过着朝不保夕的生活，不想被孤立和排斥，他们就必须加入相应的行会，交纳一定数额的会费。相应地，行会则保障其成员的就业机会，并在他们遇到生老病死的时候提供一定的救济补偿。

但是，通过行会实现工作特权和就业保障，普通非技术工人是无法企及的。相对来说，他们更容易被解雇、被其他人取代，尤其是劳动力供给充裕的时期。这些非技术工人大多是因为灾祸逃亡的农民。他们被迫离开赖以生存的土地、保障安全的家族。他们身无长物，没有受过适应城市工作的训练，也无法进入技术工人控制的、排外的行会组织。

因此，他们只能有两种选择，一是从事收入最低、保障最差的非技术工作，二是加入乡帮、会党组织以寻求庇护。工作关系与乡帮、会党身份的重叠使非技术工人的生活同技术工人一样陷入传统的权力结构当中。乡帮、会党组织一般具有严格的师徒等级关系，而这种师徒等级相对行会组织而言，其支配与被支配、依附与庇护关系的色彩更浓。

在这种情况下，单独解释产业政治和地缘政治对工人阶级状况的复杂影响已经意义不大。因为转变为工厂工人的手工业者组成的行会组织，以及非技术工人的乡帮、会党组织都已经体现出了产业和地缘的双重特点。来自南方的技术工人与来自北方的非技术工人在产业分布方面具有巨大的差异。他们在工作的行业，行业内的工种、行政等级等方面都处于截然相反的地位。

构成工人阶级状况复杂化的直接原因并不在于行业和技术，而在于限制和操纵行业出入的传统社会权力。这一同土地、血缘（帮会组织是血缘组织的替代形式，它本质上是一种虚拟的血缘关系）相联系的传统权力结构，在一定程度上模糊了工厂当中企业管理者的专制（包括把头、监工对工人的严厉控制）。需要注意的是，并不是传统社会权力取代了抽象劳动积累，主导并组成了工厂当中的生产关系，而是二者交织在一起。

上述相互交织的现象，使工厂中抽象劳动积累的支配过程被稀释在了复杂的网络结构中，同时也就使工人阶级的阶级状况愈发复杂化，难以从中辨认出它的实质和内容。这就是说，工人们虽然的确处在劳动剥夺的生产关系中，但他们却往往感受不到这个过程。与之相对，他们有深刻感受的是更加直接的，由地缘、血缘（或拟血缘、类血缘）的传统观念引导形成的组织化权力关系。

探讨完工人阶级状况复杂化的传统观念及其表达形式，再来看那些现代政治意识形态在工人阶级状况方面的实践内容及其历史影响。这包括两个主要方面，即工人阶级的政治化和概念化。早期中国工人阶级是一个边缘的社会群体，规模较小、力量薄弱，本身并不是政治运动的决定性力量。同时，传统社会权力依然占据着工人生活的各个领域；抽象劳动对活劳动的支配关系还没有扩展出去，主要限于生产阶段，并同地缘和血缘的组织化权力关系交织在一起。

从一定意义上说，中国工人阶级的形成并不是阶级的自形成过程。不是工人阶级深刻体会到生产中的支配关系，产生改变现状的感性意识，而是他们被政治化、概念化为阶级。也就是说，它主要是一种利益组织化过程，并不是否定自在工人阶级的自为过程。

工人阶级的形成过程是按照先验的共产主义理念，以及被赋予重要政治使命的工人阶级范畴，通过政治动员等方式组织起来的。

对于这个过程，黄纪苏做过一个非常有趣的比喻，他说在中国革命的初期，“工人阶级”基本上就像苏联飞机撒下的一张传单，中国的共产主义知识分子拿着传单上的画像按图索骥，寻找据说是中国革命的主要力量——“工人阶级”。这个阶级中国确实有，但由于规模太小，在中国近代的大舞台上基本上属于那种没两句台词的演员。既然苏俄道路上的“工人阶级”一马当先走在头里，中国革命就延续这种要求将工人阶级作为领导阶级了。①

这就是说，虽然政治意识形态是计划经济时期构建工人阶级并造成工人阶级状况复杂化的重要因素之一，但它并不是新中国成立之后才出现的。

从政治化过程来看，中国工人阶级是被早期共产党人从温情脉脉的传

① 黄纪苏：《中国工人阶级变迁记》（上），载《国企》2012 年第 7 期，第 109—111 页。

统社会权力结构中、从隐性的状态下挖掘出来的，在此之后，它变成了一个显性的社会群体并一直存续下来。正如法国学者谢诺（Jean Chesneaux）指出的那样，在革命的早期，共产党的工人运动理论对工人来说显然是一种舶来品，很难得到工人群众的认同。他们大多生活在自然的、友善的集体环境中，并不关心罢工。①

在工人运动工作刚开展的时候，具体参与到工人运动的组织实践中的共产党人，基本上都是年轻的学生。他们在铁路、矿山、印刷厂等工作场所将工人阶级找了出来。通过社会调查了解工人阶级状况，②通过工人子弟学校、工人夜校、工人补习学校等教育方式深入工人群众中。③

共产党人通过这些方式同工人建立起工作关系，启迪他们的阶级意识，塑造他们的革命行动，为他们提供对地方性的工厂不满与更广阔的、全国性、乃至国际性的目标联系起来的领导、组织、协调和愿景。

尽管早期工人并不构成政治变革的主要力量，但他们在城市革命中自有其天然的优势，包括聚居性、组织性、纪律性等。即便不经过共产党人的挖掘，它的作用仍然不可忽视。无论是共产党人还是国民党人，他们要在城市中组织暴动、起义，维持革命后城市的稳定和秩序，都不能绕过工人阶级。

不过，一旦工人阶级成了革命党人进行政治变革所依靠和动员的力量，成为各个党派争夺和拉拢的对象，工人阶级也就被赋予了许多超越其阶级本来意义的政治理想，其组织化程度也因受到政治动员的制约而成为高度政治化的革命工具。

于是，党派的政治意识上升为普遍意识，并被当做工人阶级的阶级意识得到传播。在这一语境下，对马克思主义革命理论进行阐释的目的，是让理论本身成为工人的内在阶级意识，让工人运用这一理论来理解自己的生活，甚至按照这样一种方式来过自己的生活。工人从这种基本的政治意识形态

---

① Chesneaux, Jean. *The Chinese Labor Movement 1919 - 1927*. Translated by H.M.Wright. Stanford: Stanford University Press. 1968. p.121.

② 包惠僧：《包惠僧回忆录》，人民出版社 1983 年版，第 65 页；朱邦兴、胡林阁、徐声编：《上海产业与上海职工》，上海人民出版社 1984 年版，前言。

③ 罗章龙：《椿园载记》，生活·读书·新知三联书店 1984 年版，第 98、102 页。张国焘：《我的回忆》（第一册），东方出版社 1998 年版，第 102 页；［日］中村三登志：《中国工人运动史》，王玉平译，工人出版社 1989 年版，第 23 页。

教育中获取了自身革命的历史使命。

政党通过这种形式将自身与工人建立起密切的联系，同时避免被工人的政治和文化落后性所淹没、污染和弱化。这就是说，政党通过政治形式将工人组织起来需要保持自身的相对独立性。共产党的青年党员深入工人当中本来就是以一个外来人的身份进入，难以获得认同；而一旦深入，成为其中一员的时候，又面临被同化，削弱革命意识的命运。这是不得不考虑的问题。

在此基础上，正像斯科特(James C. Scott)分析列宁关于阶级意识灌输的观点时所说的那样：政党的“重要的问题在于将存在于群众中无形的、零散的、彼此缺少联系的和地方化的愤怒变成有目的的、有方向的和有组织的力量。正像强大的磁铁可以将大量混乱的铁屑排列起来，人们期望党的领导能将混乱的人群转化为政治军队”。①

不过，就塑造生产关系而言，政治意识形态成为决定性力量是中华人民共和国成立之后的事情。因为中国革命的道路是农村包围城市，革命的主要力量实际是中国广大的农民。革命成功靠的并不是工人阶级，但工人阶级的真正壮大靠的却是中国革命的成功。这个革命开启了大规模工业化的时代，作为现代化核心内容的工业化主体，工人阶级获得了社会生活中的显赫地位。

在物质生活方面，国企职工享受终身就业和全面的社会保障。由于企业的国家或集体所有制，职工和管理者之间并不存在雇佣与被雇佣的关系，“都是给国家干”的感觉缩短了二者在等级中的距离。工人和管理者收入上的差距虽然存在，但跟今天相比几乎可以忽略不计。更重要的是，国家赋予了工人在社会当中的特殊政治地位。工人身份在入团、入党、升学、就业等人生重要关口，意味着更多的机会。整个国家的意识形态、宣传机器都开足马力，给予工人阶级极高的礼遇。

曾经作为政治斗争主要力量之一的工人阶级，服从国家政治目标的需要，转变为社会主义建设者，承担着发展生产、稳定社会的重要责任。大众传媒通过对“我们工人有力量”的构建，把工人与先进性，与社会稳定、国家

---

① [美] 詹姆斯·C.斯科特：《国家的视角：那些试图改善人类状况的项目是如何失败的》，王晓毅译，社会科学文献出版社 2004 年版，第 203—206 页。

发展的主题紧密联系起来。当工人们认同了这种社会定位的时候，充满热情的生产活动就开始了。①

"文化诉苦"的政治动员，学文化、长知识的工人阶级教育，最终转变为一种集体的希望和要求，并同国家的建设联系在一起。也就是，学习文化知识，工人才能更好地履行国家领导阶级职能，不但能够在工作上受益，还能够为国家做更多的事情；对科学知识的掌握，对技术的尊重，将过去工人低贱的工具性身份转换成国家大工厂中的一分子。②

精神上的刺激也是必不可少的。正像苏联一样，中国的"建设成就一直被大力宣传，目的是引起广大劳动群众对劳动成果、牺牲精神以及新成绩的提高产生狂热的自豪感"。③ 政治意识形态使工人们接受这样的认同：工人阶级应该团结起来，与机器结合，为国家的工业化、现代化建设增砖添瓦。

从概念化过程来看，中国工人阶级最初来源于革命运动的理论需要，后者把一个自在的、远远构不成革命主体的工人阶级从隐性状态中挖掘出来，它在实践中与阶级的政治化是同一个过程。中国工人阶级被抽象化为一个符号，并具有一般工人阶级以外的特征。

在战争年代，它是反抗力量的象征，具有坚强的斗争性和彻底的革命性，同农民有着天然的联系，因为地区和行业的集中而便于组织；在建设年代，它是先进生产力的代表者，是国家的领导阶级、工厂的主人。"工人阶级领导一切""工人当家作主"是存在于口头上的一条制度和纪律，是政治的标语，振奋人心的时代进步力量。④

可以说，当恢复国民经济和建设社会主义成了国家的首要任务，作为国家建设主体力量的工人阶级，无论作为一个概念还是作为一种称呼，都自然地融入了主流政治意识形态的话语体系。这在《共同纲领》以及其后的历代《宪法》当中都有相应体现。

概念化的过程不仅仅体现在工人阶级成了一个象征工业化、现代化建设的符号，还体现在它外延的不断扩展方面。首先，由于"工人阶级领导一

---

① 邵旦丹：《大众传媒与上海工人阶级主体性建构及变迁》，复旦大学新闻学院广播电视新闻学专业硕士学位论文，2005 年，第 20 页。

② 袁进、丁云亮、王有富：《身份建构与物质生活》，上海书店出版社 2008 年版，第 243 页；丁云亮：《阶级话语的叙述与表象》，上海大学社会学系博士学位论文，2006 年，第 114 页。

③ ［德］鲁道夫·吕贝尔特：《工业化史》，戴鸣钟等译，上海译文出版社 1983 年版，第 243 页。

④ 蒋子龙：《主仆之惑》，载《唯实》1996 年第 10 期，第 54—55 页。

切”，加入工人阶级行列也就成了对一个社会群体的肯定和褒扬；其次，社会主义国家是一个消灭资本家阶级，实现社会全面雇佣的政治体制，上述两点必然决定了“工人阶级”外延不断扩展这一现象的发生。

1956 年底，国家对私有制的社会主义改造基本完成，社会经济结构趋向单一化。只有全民所有制经济和集体所有制经济。小资产阶级、民族资产阶级逐渐消失，中国只剩下工人和农民两大阶级成分，以及知识分子阶层。这标志着企业管理者不再是资本的人格化，不再是独立的生产关系主体，而同工人一样是国家的雇佣劳动者，成为工人阶级的组成部分。相应地，这一时期的工人阶级内部划分为干部和工人两种政治身份。

早在 1949 年中共七届二中全会后，刘少奇就认为，教员、记者、演员等文化教育工作者都是雇佣劳动者，应该包括在工人阶级行列；工程师、技师等职员是从事脑力劳动的雇佣劳动者，同样是工人阶级的一部分。1956 年 1 月，周恩来在知识分子问题会议上代表中共中央提出了“知识分子的绝大多数已经为社会主义服务，已经是工人阶级一部分”的论断。

此后，形势发生了逆转。随着政治意识形态逐步进入“以阶级斗争为纲”的轨道，知识分子在全国范围内成为教育和改造的对象，在政治上成为社会的底层。

但是，工业化、现代化建设终归脱离不了技术的支撑，需要知识分子发挥他们的重要作用。想要消除妨碍知识分子发挥积极性的障碍，又不影响意识形态的体系，最简单的做法就是把知识分子纳入社会的领导阶级。① 基于这一考虑，1978 年，邓小平在全国科学大会开幕式上的讲话正式确认了知识分子的身份。他们“绝大多数已经是工人阶级和劳动人民自己的知识分子，因此可以说，已经是工人阶级的一部分”。

中国工人阶级与近代中国政治社会史高度融合，被一步步赋予崇高的历史使命、神圣的社会地位。在这样一个政治化和概念化的过程中，工人阶级曾经一度“迷失自我”②，将本质的内涵稀释在复杂的阶级状况当中。在由地域和血缘构成的传统权力网络中，劳动支配的社会权力尚未展开，工人

① 袁进、丁云亮、王有富：《身份建构与物质生活》，上海书店出版社 2008 年版，第 8 页。

② 于建嵘：《安源实录——一个阶级的光荣与梦想》，香港：明镜出版社 2006 年版，第 453 页；于建嵘：《中国工人阶级状况与社会政治发展》，在北京三味书屋的演讲，2006 年 7 月 15 日；潘毅、陈敬慈：《阶级话语的消逝》，载《开放时代》2008 年第 5 期，第 52—60 页。

阶级只能在一种观念当中完成改造，参与到并不属于他们的历史运动当中；在改变现状的政治革命和现代国家建设中，工人阶级的象征符号意义与主体性力量相互融合，社会权力主要以政治权力的形式发挥作用。总之，“工人阶级”在抽象规定和概念延展中，表现力的发挥成为宏大叙事中碎片化的絮语。

不过，工人阶级的迷失恰恰反映了它在国家建设中举足轻重的地位，而且，这种迷失并不能替代真实而具体的工人阶级状况，后者作为现代国家成长的基础，是历史的决定性的力量。作为社会主义国家的建设者，人们的劳动根据分工的不同在各个领域、区域体现国家建设的要求，它们相互配合、相互依赖，处于共同的权力关系中，具有共同的目标和类似的工作制度、工作场景。产业工人是其中的主体部分，也是最重要的部分，但依然作为一个环节发挥作用。与工人阶级相关的国家制度、方针政策具有明确的导向性，是推动工人及其他社会主义建设者融入现代化建设的保障。

二、政治制度设计与生产关系构建的实践

工业化生产的扩大、雇佣劳动的增长，是一种新型生产关系的形成过程。从欧洲的经验来看，这个过程起始于封建商业的发展。商人积累起足够多的抽象劳动，开始通过购买劳动力，占有和使用劳动力的活劳动组织生产；与此同时，封建庄园上的农奴积累起少量的动产和手艺，感受到了封建土地所有制对他们劳动的约束并纷纷逃往，成为小生产者或工厂工人。

以此为前提，商人转变为资本所有者，通过劳动力市场上的劳动购买来维系企业的生产，并通过流通领域实现生产商品的交换价值。

它必然会对人类社会生活的各个领域都产生深刻的影响。它不仅改变了人们的生产、生活方式。从遵循季节更迭、气候变化、日出日落的自然节律，转变为定时定点的上班下班、吃饭睡觉的刻板节奏。它同时还改变了家庭和社区的结构。人类从分散居住、处于从属和血缘关系、依赖于土地的结构，转变为集中居住、拥有独立人格和形式平等、依赖于资本的结构。

这些变化不仅存在于农业生产向工业生产的转变，还存在于分散经营

向规模经营的转变。在大规模工厂化生产时代来临之前，手工业工人被组织在严密的行会体系当中，家庭仍旧是最为重要的生产单位。① 拥有资本这种新型社会权力的商业资本家们，将家庭包工制（putting-out system）②引入那些市场和行会对劳动力控制匮乏或薄弱的地方，并建立起相应的乡村工业，使家庭手工业逐渐沦为工业资本主义的牺牲品。

越来越多的手工业工人被吸收到新型的工厂和工业生产中。他们中的一部分人因为竞争而失业，另一部分人则转变成为小资本家。可以这样说，整个欧洲无产阶级化的历史，就是一部手工业工人与资本主义生产体系发生持续冲突的历史。

按照蒂利（Charles Tilly）的研究，欧洲过去几个世纪的无产阶级化历程的发生场所，主要在农业与乡村工业。尽管城市和大规模的制造业是无产阶级声名远扬的地方，但只是在某些时候它们才成为无产阶级产生的主要场所。③

计划经济的中国，处于世界工业化、现代化进程的末端，这必然决定了它从建立之初就存在绕开上述过程而直接借用其成果的可能。不过，绕开之后所选择的工业化、现代化模式则由具体的国家历史决定。

中国革命的成功得益于借鉴“苏联经验”基础上的创新，而革命的成功也在一定程度上证明了“苏联经验”④的可靠性。于是，革命后的国家政权就自然地采取了国家权力推动的工业化、现代化建设。苏联经验之所以被采用，还因为社会主义体制的确在 20 世纪 30—40 年代创造了巨大的劳动

---

① Sewell, Jr., William. “Artisans, Factory Workers, and the Formation of the French Working Class, 1979 - 1984.” In *Working-Class Formation: Nineteenth-Century Patterns in Western Europe and the United States*. eds. Katznelson, Ira, Aristide Zolberg. Princeton, NJ: Princeton University Press 1986. pp.45 - 70.

② 家庭包工制（putting-out system）是一种盛行于 17 世纪西欧的生产制度，又称包出制、放料制。根据这种制度，商人兼雇主将原料发给农村的手工工人在家里做，制成品交还雇主后，拿到报酬。家庭包工制不同于家庭生产的手工业制，承包工人自己不买进原料，也不出卖产品。这种制度破坏了城市行会的限制性行规，首次在工业中广泛雇佣女工和童工。在产业革命的过程中，这种制度已被雇佣工人入厂工作的制度普遍代替。但在某些行业中，直到 20 世纪还存在这种制度，其中比较显著的例子是瑞士的钟表业、德国的玩具业以及印度和中国的许多行业。

③ Tilly, Charles. *As Sociology Meets History*. New York: Academic Press. 1981. p.183.

④ 苏联经验表现为一种国家社会主义的计划形式，它是为了实现在落后国家发展生产而建立的社会主义原始积累体制。（[巴西] 特奥托尼奥·多斯-桑托斯：《当代资本主义中的结构性危机与中国的作用》，第五届世界中国学论坛（中国现代化：道路与前景），2013 年 3 月 23 日。）

成果，实现了劳动的积累。而这一切无疑对饱尝落后、被动体验的中国革命者来说有着巨大的吸引力。

虽然中国革命的成功不依赖缺乏革命主体性的工人阶级，但是国家的工业化、现代化建设却不能脱离这一建设的主体。而且他们必须在社会主义的建设中成长为强大的、充满活力的社会力量。凭借工人阶级自身的成长显然不能满足这一要求。在此前提下，工人阶级的生活、组织方式就呈现出国家政治权力延伸的特征。

由于人们生产生活资料的活动是创生世界的过程，它间接生产着人类的物质生活本身；而他们如何生产自己的生活资料，则取决于他们得到的现成的和需要再生产的生活资料本身的特性。这种生产的方式不仅是个人肉体的再生产，不仅包含个人进食的活动方式。它在更大程度上是这些个人与个人之间交往的活动方式、表现他们生活的活动方式。

所以马克思才说，人们从事生产的物质条件决定他们是如何交往和活动的，而生产本身又是以个人之间的交往为前提的。① 但这显然不是一个逻辑结构，不是互为因果的无限死循环关系，而是一个历史过程。

从中国的实践来看，1949 年以后新成立的国家面临着社会资源总量严重不足的情况。因此要想依赖社会自身的力量完成现代化的使命，几乎是不可能的。面对这样一种社会资源总量相当贫弱的情况，新政权必须重新构建一种崭新的交往方式以满足社会现代化的逻辑要求。②

至于确保这一要求实现的条件，魏昂德(Andrew G. Walder)在一篇文章中作了这样的描述：中国尽管很贫穷，但是从 50 年代开始它就有一个优于其他发展中国家的特征。它的政府有不同寻常的组织能力，并且能将其政治意志贯彻到最基层，实现其雄心勃勃的发展计划。③

这一崭新的交往方式体现于户籍制度和单位体制当中，它们被认为是同中国社会资源总量的规模相适应的产物。户籍制度和单位体制是实现国家工业化、现代化在城市当中展开，实现农村支援城市建设发展战略的制度

---

① 《马克思恩格斯全集》第 3 卷，人民出版社 1960 年版，第 24 页。

② 刘建军：《微型社会：计划经济下单位的构成》，载《南京社会科学》2000 年第 1 期，第 21—32 页。

③ [美]魏昂德：《1949 年共产主义革命后中国的社会变迁》，载魏昂德编：《改革开放与中国社会》，牛津大学出版社 1999 年版，第 13—34 页。

保障。而两种制度本身又构建了工业化的生产关系。

户籍制度是中华人民共和国立国的基本框架之一。[①] 该制度首先把人民分为城市人口和农村人口两部分。其次，它构成了无数道无形的大小围墙，用行政手段把各地民众固定在一个个户口区后，再分别通过庞大的警察系统来加以阻止和分离，进而加以管理和控制。

在此基础上，户籍制度的运作形成了一种水闸和水泵式控制机制，按照政府的意志来控制和调节人口的流动和流向、城市化进程，以及各种重要资源的地区性吸纳与分配。

可以说，在国家总体资源不足的情况下，户籍制度为政治权力构建一个数量庞大、生活稳定的工人阶级提供了重要的制度保障。它实现了后者对经济、文化和社会资源的垄断性占有。[②] 没有户籍制度，政治意识形态上工人阶级的领导地位、当家作主感觉的形成是不可想象的。

在 20 世纪 60 年代和 70 年代，严格的户籍管理制度和食品配额制度将城市工人与国家的政治权力紧密联系在一起。人事调动的频繁程度虽然难以准确测定，但除了极少数部门外，大多数职工的生活都是固定的、有章可循的。通常，他们会一直待在一个工作单位，直到退休为止。

人口流动的严格控制，使国家权力能够在城市化水平与经济发展水平的落差之间自由的活动。当新的国家刚刚成立，经济形势并不乐观的时候，政治权力可以被用来人为扩大城市化过程，为规模化生产提供充足的劳动力；在经济发展的上升阶段，它又可以尽可能控制城市化过程，使之低于经济发展水平，避免大量城市贫民窟的出现，保障经济、社会发展的有序性。

不过，户籍制度在创立之初并不是为了控制人口的流动，而主要发挥作为人口迁移和流动的检测机制作用。[③] 直到 20 世纪 50 年代末期进城农民不断增加并对围绕城市展开的工业化、现代化建设构成负担时，它才成为控制人口流动的重要手段。

林恩·怀特(Lynn T. White)认为户籍制度是以重工业为导向的发展

---

① 王飞凌：《中国户口制度的转型》，载《二十一世纪》2008 年总第 109 期，第 4—14 页。

② Cheng, Tiejun, Mark Selden. "The Origins and Social Consequences of China's Hukou System." *The China Quarterly*, 1994. 139: pp.644 - 668.

③ Chan, Kam Wing, Li Zhang. "The Hukou System and Rural-Urban Migration: Processes and Changes." *The China Quarterly*, 1999. 160(1): pp.818 - 855.

战略下不可避免的选择。[①] 优先发展重工业，加快推进工业化、现代化建设需要在政策和制度上全面支持工业的扩张。

这个过程需要两个方面的保障：一个是农业部门与工业部门之间的"不等价交换"；另一个是政府承担工业部门城市居民的生活保障，而其他部门的人口在很大程度上得不到政府的支持。在二元经济条件下，为了维持这种人为的失衡状态，国家不得不通过户籍制度阻止资源和人口在工业和农业、城市和农村之间的自由流动。

优先发展重工业、保持工业生产对农业部门的劳动汲取有一套比较完整的理论作支撑。共产党"一国建设社会主义"的工业政策力图建立一个接近自给自足的工业基地，这就需要在生产生产资料的各项工业中进行大规模投资，为实现工业化提供钢、煤、化工原料和机械等基本材料，以便建造基础工业的工厂，并为消费品工业提供装备。工业还必须为提高农业的技术水平而提供必要的拖拉机、农业机械和化肥，这样才能使农业为工业提供更多的粮食和原料。

但是中国工业建设的资金极度缺乏。在这种情况下要实现这一计划，"苏联的实例告诉人们，在相当长的一个时期内，消费品只能让它匮乏，而把重点优先放在生产资料的生产部门"。[②] 中国同苏联一样，都"不是马克思预言的从一个成熟的资本主义工业国家向共产主义过渡，而是一个刚开始工业化的落后的农工业国强行用中央管理经济和国家资本主义的方法仓促实行工业化的过程"。[③]

因此，"生产先于消费"是城市规划的要求，也是国家经济战略的需要。[④] 户籍制度保障了人口在农业部门和工业部门之间的分离，同时也保障了工业成为相对农业优先发展的领域。

---

① White, Lynn T. "Deviance, Modernization, Rations, and Household Register in Urban China." In *Deviance and Social Control in Chinese Society*. eds. Wilson, Amy Auerbacher, Sidney Leonard Greenblatt, Richard Whittingham Wilson. New York: Praeger Publishers 1977. pp.151 - 172.

② [英] 汤姆・肯普：《现代工业化模式——苏、日、发展中国家》，许邦兴、王恩光译，中国展望出版社 1985 年版，第 147 页。

③ [德] 鲁道夫・吕贝尔特：《工业化史》，戴鸣钟等译，上海译文出版社 1983 年版，第 237 页。

④ 陈映芳：《空间与社会：作为社会主义实践的城市改造——上海棚户区的实例（1949—1979）》，载王晓明、蔡翔编：《热风学术》（第一辑），广西师范大学出版社 2008 年版，第 75—98 页；Chan, Kam Wing. "Post - 1949 Urbanization Trends and Policies: An Overview." In *Urbanizing China*. ed. Guldin, Gregory Eliyu. New York: Greenwood Press 1992. pp.41 - 64.

如果没有正式文件，人们很难在他们的户口所在地之外的地方生活下去，但这不是户籍制度本身使然。后者服务于国家利益和经济增长的优先目标（工业化），是维持公共安全（政治稳定）的国家工具，同其他制度一同发挥作用。人们的生活离不开户口所在地，更多地是因为他们的日常生活与工作单位紧密联系在一起。

工作单位通过多元化的组织功能，为人们提供全方位的基本生活保障，覆盖包括工作、家庭、邻里、社会存在（social existence）和政治成员的一系列关系网络。① 路风将“整个社会的运转不得不依靠单位组织形式的结构”定义为“单位体制”。② 它是在劳资关系消除、所有制关系变更、苏联工业模式建立的情况下形成的。

在消费市场消失，人们又具有多方面需求的情况下，封闭性的单位就必须满足其成员的各种需求，而必然成为一个“微型社会”。③ 它把各种本应属于社会和国家的要素都纳入其中，形成一个齐全的内部结构。由此，单位在事实上是国家与工人阶级之间唯一的中介。对于绝大多数生活在国营和集体所有制的社会组织中的工人来说，单位无疑对他们的价值观念、行为规范起到了举足轻重的作用。

对这样一种以单位为中介的国家与工人阶级关系，魏昂德提出了经典的“新传统主义”理论。这一理论认为，城市中的单位制组织形式以其特殊的方式造就了社会的人际关系与政治行为方式。由于单位的管理者掌握着系统奖励政治忠诚的方式（包括职务提升、特殊供应等），因此就形成了资源分配与政治权力的结合。

在此基础上，工人与单位及单位的领导存在严重的依附关系。具体体现为工人对企业在社会和经济方面的依附、工人对工厂领导在政治上的依附，以及工人对直接领导的个人依附。④ 有的学者进一步指出，工人对工作

---

① Yeh, Wen-hsin. “The Republican Origins of the Danwei: The Case of Shanghai's Bank of China.” In *Danwei: The Changing Chinese Workplace in Historical and Comparative Perspective*. eds. Lu, Xiaobo, Elizabeth J. Perry. Armonk, N.Y. and London: ME Sharpe 1997. pp.60－90.

② 路风：《中国单位体制的起源和形成》，载《中国社会科学季刊》1993 年总第 5 期，第 91—134 页；路风：《单位：一种特殊的社会组织形式》，载《中国社会科学》1989 年第 1 期，第 71—88 页。

③ 刘建军：《微型社会：计划经济下单位的构成》，载《南京社会科学》2000 年第 1 期，第 21—32 页。

④ Walder, Andrew G. *Communist Neo-Traditionalism: Work and Authority in Chinese Industry*. Berkeley: University of California Press. 1986. pp.97, 13－22.

场所的全面依附是工人个人对国家的依附。①

另外一些学者将之概括为"社会契约"（social contract 或者 social compact）②关系。他们普遍认为这种社会契约关系的内容是国家与工人阶级之间心照不宣的合意或道义安排。二者通过利益的交换，形成了一定程度上的利益共同体。"社会契约"关系具体表现为单位体制下，政府以分配工作和终身雇佣等方式实现全面就业。尽管企业间薪酬待遇会有所差别，但工人总体收入较为平均；社会福利从摇篮到坟墓的全方位覆盖，以及政府对产品价格的调控与补贴，形成低工资、低物价、高福利的独特分配体系。

为获得上述利益，工人不仅需要接受政府对经济生产的全面广泛干预，也需要服从国家对社会生活的绝对主导。社会契约的制度安排使得维护劳动关系需要相对较少的公开强制。

两种观点都隐含了国家与单位的一体性关系。正如吴晓刚等人指出的：过去，每一个工作单位都是国家组织的延伸。③ 用人单位无权自行招用劳动力，而要由国家下达用工指标，在指标内招工；劳动者无权自择职业，而要由国家统一分配安置就业。劳动关系建立后，工资分配、保险福利等，都由国家统一制定政策，统一进行调整。用人单位的主要任务是协调和监督劳动者以完成政府下达的生产计划而非经营决策。

在这样的情况下，企业经营管理人员和工人并不是真正的劳动关系主体。实际上构成劳动关系主体的是非常抽象的国家与工人之间的关系。劳

---

① 李路路：《论"单位"研究》，载《社会学研究》2002 年第 5 期，第 23—32 页。

② White, Gordon. "Chinese Trade Unions in the Transition from Socialism: Towards Corporatism or Civil Society?" *British Joumal of Industrial Relations*, 1996. 34(3): pp.433 - 457; Chen, Feng. "Subsistence Crises, Managerial Corruption and Labour Protests in China." *The China Journal*, 2000. 44: pp.41 - 63; Friedman, Eli, Ching Kwan Lee. "Remaking the World of Chinese Labour: A 30 - Year Retrospective." *British Journal of Industrial Relations*, 2010. 48(3): pp.507 - 533; Lee, Ching Kwan. "From Organized Dependence to Disorganized Despotism: Changing Labour Regimes in Chinese Factories." *The China Quarterly*, 1999. (157): pp.44 - 71; Lee, Ching Kwan. *Against the Law: Labor Protests in China's Rustbelt and Sunbelt*. Berkeley and Los Angeles: University of California Press. 2007；刘建洲：《传统产业工人阶级的"消解"与"再形成"——一个历史社会学的考察》，载《人文杂志》2009 年第 6 期，第 176—185 页。

③ Wu, Xiaogang. "Work Units and Income Inequality: The Effect of Market Transition in Urban China." *Social Forces*, 2002. 80(3): pp.1069 - 1099；李路路、王奋宇：《当代中国现代化进程中的社会结构及其变革》，浙江人民出版社 1992 年版；李猛、周飞舟、李康：《单位：制度化组织的内部机制》，载《中国社会科学季刊》（香港），1996 年总第 16 期。

动关系各领域都由国家统一计划、统一部署、统一实施。[①] 工人直接面对的是国家计划。单位的管理者是国家计划的代表,单位的组织目标要服务于国家的总体规划。

单位成为中国城市社会的基本细胞,[②]是国家与工人阶级之间的联系的利益组织化中介。[③] 国家面对的不是单个的工人个体,而是一个个的单位。只要实现了对单位的有效控制,社会的整合与秩序的维持也就成为顺理成章的结果。只有单位才能在国家面前得到认可与承认,个人则不能享有这一权利。

所以,工人并不能直接凭借个体的身份同国家对话,而是依靠单位赋予的"单位人"的身份与国家对话。[④] 而工人阶级则在国家与单位的对话中逐渐成形,被塑造于国家—单位的两级体系中。这一体制造就了一个强大、统一的自在工人阶级,也同时限制了工人产生阶级自为的可能性。

但是,工人终究是单位中的工人,他们在单位内部的工作和生活造就了单位一定程度上的独立性。后者使得表面上由国家权力体系创造和构建出来的单位,在客观事实上形成了一个与国家意图并不完全一致的生活和交往形态。[⑤] 也就是说,单位在这种国家与工人阶级的组织化联系中具有关键环节的地位,它可能强化(促进),也可能削弱(分隔)上述联系。[⑥]

单位的"完全性组织制度"(Total Institution)[⑦]特性及其与户籍制度的联系使得工人的工作方式和居住方式的结合程度变得越来越紧密。城市工作单位拥有 30%—40%的中国城市住房,他们是雇员新房的主要提供者。

---

① 乔健:《略论我国劳动关系的转型及当前特征》,载《中国劳动关系学院学报》2007 年第 2 期,第 28—35 页。

② 李汉林:《中国单位现象与城市社区的整合机制》,载《社会学研究》1993 年第 5 期,第 23—32 页;刘建军:《单位中国:社会调控体系重构中的个人、组织与国家》,天津人民出版社 2000 年版,第 43 页;Wu, Xiaogang. "Work Units and Income Inequality: The Effect of Market Transition in Urban China." Social Forces, 2002. 80(3): pp.1069 - 1099.

③ 张静:《阶级政治与单位政治——城市社会的利益组织化结构和社会参与》,载《开放时代》2003 年第 2 期,第 109—119 页。

④ 刘建军:《微型社会:计划经济下单位的构成》,载《南京社会科学》2000 年第 1 期,第 21—32 页。

⑤ 刘建军:《权力、仪式与差异:人类学视野中的单位政治》,载《中国社会科学辑刊》2010 年第 33 期,第 10—25 页。

⑥ 张静:《利益组织化单位——企业职代会案例研究》,中国社会科学出版社 2001 年版,第 7 页。

⑦ Shenkar, Oded. "The Firm as a Total Institution: Reflections on the Chinese State Enterprises." *OrganizationStudies*, 1996. 17: pp.885 - 907.

许多大工厂、医院、学校和政府对单位在物品和服务的分配方面的依赖程度高，以及注重个人忠诚、义务和相互帮助的关系网分布广泛。

在毛泽东的发展模式影响下，社区生活中产生了一种新的、迥然不同于其他现代组织形式的社会组织类型。这种发展类型同城市化理论所描述的随着城市化的发展，城市居民日益分化和孤立的景象完全不同。它也没有印证早期研究所预见的情形——政治制度对基层社会强有力的渗透会将人们分隔成单一个人为基础的大众社会，相反，它看起来是在朝不断增加社区整合的方向发展。①

这一工业化、现代化的发展过程，以消费品的缺失为代价。国家总体社会资源的积累需要无限增长的生产和无限缩小的消费。也就是说，它不但需要农业哺育工业，同时也需要很快壮大起来的工业无产阶级做出巨大牺牲。工人同农民一样，在生产力的再生产方面，维持了几十年的低水平。

在中国共产党的领导下，中国农民能够避免像斯大林时的苏联一样经历政治恐怖和强征暴敛，他们配合国家计划要求，为支持城市工业发展而做出了有组织、有计划的贡献。

相对农民来说，工人的处境要更加优越，从 20 世纪 50 年代中期到 70 年代后期，中国城市里的就业在很大程度上是作为一种福利受益；终身制就业是一种正常现象，不存在劳动力的买卖市场。②

但他们的生活也由于优先投资工业致使长时间不涨工资，不提高消费水平和不改善住房条件。即使以劳动时间论，他们花在消费品上的钱，甚至花在主食上的钱，也比台湾地区、日本甚至苏联的工人要多。③ 国家的工业化使得工人得到充分的重视。但是在国家资源总量短缺的情况下，他们也不得不被迫付出沉重的代价来弥补国家生产能力不足造成的缺口。

突出工人在国家社会生活中的重要性，使工人部分忽视物质生活的损失而获得翻身做主人的荣誉感，为国家在物资匮乏、消费缺失的年代发展工业化提供了充足而优质的劳动者。这同时也满足了共产党社会对工人阶级

---

① Walder, Andrew G. "Social Change in Post-Revolution China." *Annual Review of Sociology*, 1989. 15: pp.405 - 424.

② Davis, Deborah. "Post-Mao Cities: Increases on the Margins." *The China Quarterly*, 1992. 132: pp.1062 - 1085.

③ Walder, Andrew G. "Social Change in Post-Revolution China." *Annual Review of Sociology*, 1989. 15: pp.405 - 424.

基础的意识形态需求。不管共产党是否有意如此，它在事实上形成了这样一种结果。

中华人民共和国成立初期的工人阶级生活状况可以这样描述：20 世纪 50 年代的工人物质生活水平还是非常低下的，相比中华人民共和国成立前很难说有大幅度的提高，但是他们最重要的感受是生老病死有了基本的保障；全国工资水平差距很小，最高工资与最低工资之间，不过相差十几倍，不到二十倍；老板没有了，拿定息的资本家正在接受改造，工人和知识分子收入间的差距，比以前小了；加上报刊连篇累牍地宣传工人阶级是领导阶级，加强对工人的宣传介绍、对工厂情况的报道，社会对工人的看法不再像以前，而有了很大的改变。①

这一切都使工人有了扬眉吐气之感。20 世纪 50 年代后期，有一首歌《我有一个理想》，其中第一个理想就是要当工人。小学规定每一个小学生都要学唱这首歌。当时也确实有许多中小学生以当工人为理想，这与今天相比已经无法同日而语。因此，50 年代工人的翻身感主要还是源于社会政治地位的提高。而这种社会政治地位是国家通过单位供给体系、政治意识形态实现的。

小　　结

工人阶级一词作为概念使用的背景是市民社会的诞生，它对应于形成新精神面貌的商人。布罗代尔称这种精神是仍在彷徨中的西方早期资本主义精神面貌。它包括一整套规则，一系列可能性和计算，同时又代表一种生活和致富的艺术。② 新兴的资本主义用新的商业贵族的权力取代了封建主和行会市民的权力。

这一市民社会生成的背景是世界工人阶级形成，也是中国工人阶级形成的背景。这不是说中国工人阶级伴随着市民社会的形成而产生，而是说

① 袁进、王有富：《略谈 1950 年代工人的物质生活——以某钢铁厂的工人生活为例》，载王晓明、蔡翔编：《热风学术》（第一辑），广西师范大学出版社 2008 年版，第 99—111 页。

② ［法］费尔南・布罗代尔：《15 至 18 世纪的物质文明、经济和资本主义》第一卷，顾良、施康强译，生活・读书・新知三联书店 1992 年版，第 609 页。

市民社会基础上形成的工人阶级(包括自在和自为的两种状况)被安置到了中国的历史实践中。这一安置的实践过程及其变形正是本章讨论的重点。

在中国工人阶级形成的早期,产生于封建土地和血缘关系的传统社会权力并没有被取代。它反倒成了构建组织化工人阶级的主要力量之一。虽然传统社会权力使工人直接面对地缘和血缘的组织暴力,从而替代了生产过程中抽象劳动支配活动的根本权力关系。但是,因为新生产方式的运用,工人和企业管理者之间实质上已经形成了和过去不同的生产和活动的关系。

所以,传统社会权力并不是在行使过去的功能,而是从属于劳动的支配关系,并因为其对工人的感性和直观,也可能最早成为被剔除的权力结构。

当然,这仅仅只是一种可能,它在历史实践当中的消逝来源于政治运动和意识形态的组合。后者同时也对工人阶级的构建形成了决定性的作用。正因为中国并不存在一个工人阶级产生的市民社会基础,不可能有自发的、主体性的社会权力。同时,处于资本主义从外部寻找其增长动力的历史阶段,也使得这一自发的成长逻辑必须服从工业化、现代化建设的迫切要求。所以,政治意识形态成了工人阶级形成的主要推动力量。

但是,革命年代的工人阶级更主要的是作为政治斗争的工具而存在。其目的是成为团结的对象,以夺取国家政权。它只是被当做手段存在,并不是目的本身。但这个过程已经包含着塑造工人的政治意识(通常被称为阶级意识),培养组织化工人团体的早期努力。

政治意识形态成为塑造生产关系的决定性力量,是中华人民共和国成立之后的事情。对革命成功的共产主义者来说,摆脱社会资源总量贫乏的窘境,尽快进行工业化、现代化建设是摆在手头的任务。这个任务离不开强大而团结、同机器紧密相连与合作的工人阶级。它包含两层含义:一个是工人群体的扩大化,一个是团结的工人力量的形成。

政治意识形态及其相应的物质配置使得工人成为了一个拥有优越经济条件和社会地位的团体;同时大众传媒、“文化诉苦”、工人阶级文化教育、技术尊重又让工人阶级自觉将自身发展变成集体的希望和要求,并同国家的建设联系在一起。

政治意识形态作为一种普遍意志要转变为塑造生产关系的实践,还需要具体的政治设计来支撑它。中国工业化、现代化发展的基本逻辑,是促进生产同时抑制消费。这在社会资源总量匮乏的情况下，实现资源积累的一种生产方式。它通过复杂的户籍制度和单位体制来实现。正是因为总体社会资源的积累，需要无限增长的生产和无限缩小的消费，所以农业才要供养工业，然后由工业创造大量可以用于交换和分配的产品。

不过，产品的交换和分配并不是生产的目的，而是满足生产的基本需要。它的目的是产品的积累，即劳动的积累。因此，工人和农民一样都要抑制消费，服务于国家总体社会财富的积累需要，经历长时间的普遍贫困。而这一局面的维持靠的是户籍制度和单位体制。

户籍制度实现了政治权力对人口流动和流向，以及城市化进程的控制和调节，并完成了对各种重要资源的地区性吸纳与分配。而单位体制通过多元化的组织功能，为工人们提供了全方位的基本生活保障。包括广泛的福利待遇、终身就业保障和宽松的工作场所。它使工人部分地忽视了物质生活的损失，获得翻身做主人的荣誉感。这为国家在物资匮乏、消费缺失的年代实现工业化提供了充足而优质的劳动者。

第三章　工业关系的形成及其结构

国家政治权力能够实现社会资源总量的积累，在实践上靠的是单位体制。反过来，后者形成一个相对封闭而又齐全的“完全性组织”，又是国家政治权力向单位分解的产物。它是国家政治权力具体行使的承担者。国有企业不仅要承担社会资源总量扩张的本职任务，履行生产、管理的职能，同时还要承担与本职工作联系并不紧密的其他社会功能，包括动员、教育、安抚、改造等。

也就是说，国有企业实际上成为一个保障工人基本的工作、生活条件，满足工人各项需求的组织，它要为工人提供就业的机会与场所，还要为他们提供一个安身立命的地方，使其生老病死、婚丧嫁娶、衣食住行都有一个坚实的依托。虽然说这是同国家资源总量不足相适应的一种制度形式，但它确实是国家的主动行为，是共产主义革命者在推翻了旧的社会体制之后力图改善人民生活的举措之一。

与此配合，政治权力不但通过单位体制建立了国家与工人阶级之间的联系纽带，弥补了这个曾经薄弱的中间环节，使工人个体不再直接面对国家。① 同时，单位还辅助国家为工人提供了一个满足生产、生活各种需要的场所。这个场所拥有比较高效的运作机制，充满人情氛围的社会环境，以及生产、生活问题的“一揽子”解决方案。

除此之外，工人能够获取这些工作、生活保障的集体权利组织也被保留了下来。职代会是工人实现生产场所民主权利的组织，而工会则是职代会的常设机构。从理论上，它们是工人从零散化状态走向有力量的集体，团结

---

① 学者们一般认为，中国在明清时期曾经有一个生长于社会共同体，又作为国家权力延伸的士绅层级联系着国家与社会个体。晚清、民国时期，士绅层级趋于瓦解，已经无法发挥出过去的功效。新兴的绅商（资产阶级）对社会共同体的认同有限，而又并非国家权力的一部分。他们虽然能够利用各种职业团体、慈善组织等发挥联系功能，但其处于上层结构和下层结构之间地位的脆弱性不足以起到整合上下层结构的作用。（参见冯静：《中间团体与中国现代民族国家的构建（1901—1937）》，复旦大学出版社 2012 年版，第 214 页。）

起来追求自身权利，同企业管理者相平衡的工人阶级的自组织。它起源于分工和标准化生产造成的工人阶级的弱势地位。

因为生产过程不断细化的分工、制造的标准化、大规模机器的运用使得工人个体的可替代性变得越来越强；同时，工人的技术水平在标准化、机械化的生产中被不断弱化，对企业管理者市场交易的影响变得越来越小。因此，企业管理者对生产过程和劳动关系具有了优势的控制权。

一、工业关系的产生与发展

传统劳动关系研究的状况，由西方先进工业国家18世纪以来的工业化历史决定。大量工人阶级首先出现于19世纪的英国，并发展成为事实上的"集体劳动者"。他们通过工会的组织形式来表达集体的意志、采取集体的行动。在当时，各种政权都抵制类似的权利，有时候甚至采取残忍的方式。

直到进入20世纪，在某些事例中，集体的组织权利才得到承认。[①] 在此之后，工会运动在资本主义市场经济发展的过程中站稳了他们的制度性地位，甚至于许多劳工政策、立法都取决于集体劳动关系的结果，个别劳动关系也受到集体劳动关系过程或结果的影响。

与此相对应，劳动关系研究一度偏向于以集体性关系为研究对象，并使后者成为劳动关系研究的主流。而集体劳动过程与结果的研究也就是工业关系的研究。[②] 因此，工业关系这一概念表达的是工人通过集体组织的形态，建立与企业管理者之间的生产关系。从而在规模化生产的工厂当中，工人的意志通过集体组织得以聚拢并表达出来，形成与雇主的集体协商关系，使处于弱势地位的工人得以取得与雇主间的平衡。

不过，这些组织化的工业公民权的获得和维持通常都要经过艰苦的斗争。当工会扩展其活动以规范谈判的程序或通过罢工来保卫其权利的时候，情况也是如此。

---

① ［英］迈克尔·曼：《社会权力的来源》第二卷·下，陈海宏等译，上海世纪出版集团2007年版，第562—566页。

② 潘世伟：《从工业关系到雇用关系——劳动关系研究之变迁与发展》，台湾劳动学会劳动学学术研讨会，2005年6月18—19日。

从一般意义上来讲，工业关系具有三个重要的影响因素，其中最明显的是世界经济形态。随着消费的增长，经济繁荣，雇主为了雇佣工人而相互竞争时，工人为了提高工资而进行的集体谈判更可能成功。在雇主没有满足工人要求的地方可能引发罢工，这种情况下的罢工虽然短促，但很频繁。

当经济萧条的时候，企业不再需要那么多的工人，同时雇主也降低了工资水平。如果雇主降低工资水平的措施没有达成，他就会解雇工人。失业削弱了工会的力量，雇主处于强势的地位。这种情况下罢工虽然较少，一旦发生则可能长久而痛苦。

文化和传统是另一个重要影响因素。当工业文化建立在自由放任主导的价值基础上时，国家不倾向于干预工业关系。因此，这些国家的工业关系处于失序模式中，而工会的结构则比较松散，管理形式唐突而不专业。

在工业化相对较晚，工业技术更加先进，而自由市场的价值相对没有那么盛行的地方，工会可能会被合理建构出来，管理方面则专业而训练有素。工业关系相对来说可能更好，尽管这些地方会有更多对集体谈判和罢工的法律限制。不过，这一因素可能会被夸大。澳大利亚工业化较晚，并有严格规范工业关系的制度，但却是激进工人运动的代名词。

最后，工会同政党的关系可能会影响工业关系。一个政党被认为同雇主相连，而其他政党与工会结盟，工业的冲突就可能反映到政党冲突中。英国存在上述的状况，而美国则没有这方面的顾虑，因为它没有成规模的劳动党派。在意大利和法国，意识形态的差别分裂了工会，并将它们普遍弱化了。法国大部分的雇主并不认为工会是以集体谈判为目标的，这一情况一直到“1968 年事件”①之后才发生改变。②

---

① 此处指 1968 年“五月风暴”。实际上法国当时的运动从 1968 年 1 月到 1969 年 4 月持续了一年多。而 1968 年的 5 月是这次运动的高潮期，当月 28 日，总人口约为 5 000 万的法国有 1 000 万工人罢工，300 多个工厂被工人占领，30 多所大学被学生占领。事件起因于 1964—1965 年法国的经济危机。从数据上看，1965 年 2 月法国失业人数为 15.9 万人，1967 年则猛增到 45 万人。（袁红：《法国 1968 年“五月风暴”述评》，载《北京教育学院学报》2003 年第 4 期，总第 17 期，第 26—29 页。）当时还是学生的奥利维埃·罗兰后来回忆说：“我们在雷诺工厂做工人运动，但我发现，理想与现实之间是有不少差距的。我们很难从道德上说服工人请我们说什么，工人要求很简单，就是要涨工资。”（[法] 奥利维埃·罗兰，石剑锋：《我不会宽恕运动中的暴力》，载《东方早报》，2012 年 9 月 18 日。）声势浩大的工人运动迫使法国政府做出了让步，政府、工会和企业主的代表签署了协议，基本上满足了工人的经济要求。此后，法国政府就须采取了一些改善工人生活的措施，例如确定各行业最低工资标准，工资月薪化，工人参与企业利润分配等。

② Frank, Bealey, Allan G. Johnson, Eds. *The Blackwell Dictionary of Political Science: A User's Guide to Its Terms*. Oxford, UK: Blackwell Publishing Ltd., 1999. pp.164 - 165.

当然，这一关系形成的前提是企业管理者相对工人在资源占有、组织管理等方面的优势地位，而工人如果要获得同这种优势地位相抗衡的力量就必须团结起来，形成组织化的工人团体。工人个体的劣势地位不仅表现在资源占有、组织管理方面，还体现在标准化的劳动过程中。对工人来说，他们在工业生产过程中行为被肢解，动作变成了片段化、程序化的肢体活动，而整个生产过程就是这些单调乏味动作的长时间重复。

生产过程的分割、拆散，使单一个体的行为、技能失去了完整的意义和最终的价值体现，相应地削弱了个体对生命活动的感性体验，以及自我认同的审美情趣。高效率、自动化的生产设备的运用不过加深了这一境况而已，它导致操作者的动作进一步简单化和可替代性；辅助性生产工具、设备的大量使用则使得工人的生产动作、姿态的外界感进一步深化。

前者让个体的工作变得更加乏味，后者则改变了个体自身的动作协调、控制方式，进一步降低了个体行为的自主性。这种工作技能的外在化、特定化，使得个体的生存更加依赖于相对固定的环境条件。所以，工业社会的劳动者很难拥有传统社会的手工业者的那份自信和从容。

组织化的工人力量是削弱上述工人劣势的主要途径。而工人的组织权利得到承认，是对过去工人阶级集体抗争行为的确认。工人的这些集体权利被马歇尔(Thomas H. Marshall)称为工业公民权。他认为，在过去近200年的时间里，资本主义社会存在两种相反的影响力：一是阶级分化，二是公民权。阶级是社会不平等的根本源泉，公民权则正好相反，它指向平等化——因为成为一个国家共同体的公民也就意味着，享有整个共同体成员都能享有的普遍权利。

他将公民权划分为三种形式：第一种是市民社会公民权(civil citizenship)，出现于18世纪的欧洲，主要指法律权利，保障个人财产权、人身自由权和司法的正义，它对应的机构主要是法院；19世纪呈现的则主要是政治公民权(political citizenship)，它是对政府权力行使的参与之权，包括参加普选、组织政党等权利，它对应的机构是议会和地方政府；公民权最高形式的表达是社会公民权(social citizenship)，直到20世纪，这一公民权的完整主张才因为现代福利国家的实践而在欧洲广泛流行起来，它所关注的是每个人都享有某种程度的最低生活标准、经济福利和安全的权利。①

这三种公民权形式前后相继地发生于过去的300多年间,在逻辑上也构成层层递进的关系。首先要有财产权、人身自由权的保护,拥有法律面前人人平等的地位才谈得上分享政治权力,争取政治公民权。而市民社会公民权和政治公民权是通达社会公民权的必要前提,只有获得前两种权力才能具有抗争的依托,争取到更多的权利和利益。社会公民权是同社会资源总量直接相关的消耗性权利,对这种权利的追求、拥有这种权利就意味着争取和获得更多的可供消费的社会资源,包括退休金等各种福利保障。

按照马歇尔的说法,工业公民权(industrial citizenship or industrial rights)包括了组织权、罢工权和集体谈判权,即一般所说的工人的集体权利。它被归为一种特殊的政治公民权。之所以说特殊是因为其他的公民权都是极端个人化的,不是通过集体来行使。以工业公民权为法理基础形成的劳动关系自然就是工业关系,它是行使工业公民权所获得的结果。

从这个意义上说,工业公民权实际是工人参与国家社会资源总量分配的法理依据,工人正是通过组织、罢工和集体谈判的权利向国家施加压力,获得国家对他们利益需求的支持。工业公民权的获得实质上是工人实现自身人格和尊严的扩大版,它是第三等级反对封建传统权力关系的延续。

因为工人集体抗争所推动的并不是劳动解放。它不是要反对财产所有权,而是反对财产所有权相伴而来的社会权力;不是抽象劳动支配活劳动的社会权力,而是与等级秩序相对应的传统社会权力。工人们要求是摆脱契约佣工关系,成为完全雇佣化的劳动者。也就是说,他们追求的是一种平等的、去除等级的社会交往形式,期望能够站在平等的地位上同工厂主对话。

即便是这样一种不彻底的变革,也经历了相当漫长的历史时期,并显示出了其内在的复杂性。它首先要将工作场所独立化、专门化,其次要使工作场所的生产关系从私人领域转变为公共领域。

具体说来,生产过程中的劳动关系曾经是一个家庭与工作场所混合,不

---

① Marshall, Thomas H. "Citizenship and Social Class." In *Inequality and Society: Social Science Perspectives on Social Stratification*. eds. Manza, Jeff, Michael Sauder. New York: W. W. Norton and Co. 2009. pp.148 - 154.

区分私人领域、公共领域的关系。① 后来,家庭逐渐成为个人隐私的空间,将工作从家庭空间当中离析出去。工厂的出现及其发展使得工作场所从混合状态中独立出来,专门化为生产的领域,去除了其他非生产性的功能。但它和工人最初被工厂主当做自己的私人财产,生产关系被认为是私人领域的关系。

由于工人对传统社会权力的反对,由于国家出于社会资源汲取的需要对生产关系进行干预,生产关系才逐渐被重新定位,成为公共领域。这是工人获得工业公民权并利用它来实现自身要求和利益,有机会分享国家政治权力并逐渐同社会资源总量分配发生联系的前提和基础。

在工业生产的早期,生产场所并没有独立化和专门化,它更多地同家庭联系在一起,形成家庭手工业制或家庭包工制。在法国,这一家庭工作形式持续到第一次世界大战以后才被大工厂所取代。② 家庭作为工作场所存在的直接后果就是生活场所和公共场所、私人领域和公共领域混为一体,它既对内部成员开放,也对存在工作关系的陌生人开放,有时候还会成为劳动纠纷的场所。

家庭生产的这一混合结构一方面让支配活劳动的社会权力渗透到了工人工作、生活的各个方面,另一方面它又无法从效益的角度实现对生产各个环节的有效控制。

从这个意义上说,脱离家庭为核心的生产关系进入工厂意味着社会权力作用领域的变化和作用强度的增加,使后者专一作用于纯粹生产的领域。其前提是生产领域的不断公共化和家庭生活的不断私人化,即二者逐渐从混合的状态变成分离、分裂的不同领域。

以家庭为单位的生产之所以逐渐没落是因为它的不经济性,是因为生产的各个环节难于控制,同时也是因为工人们向往更高、更稳定的工酬和更短的工作时间。在工厂工作的时候,他们知道什么时候下班,不用给老板打工的时间就完全是自己的。下班后,不在家工作的工人们可以真正地"在家"休

---

① 这里主要讨论工业革命后劳动关系变迁的历史过程,讨论工业社会的劳动关系。工业革命前的英国东印度公司、荷兰联合东印度公司等并不是现代意义上的公司,它们是重商主义指导下国家对外掠夺财富的代理,是拥有国家特许状,具有地区贸易垄断权的经济组织(具有了行政、司法等权力后更像政治组织)。这些公司是商业发展的产物,而不是生产性组织。

② [法]菲利普·阿利埃斯、乔治·杜比编:《私人生活史》V,宋薇薇、刘琳译,北方文艺出版社 2008 年版,第 10 页。

息，在未完全资本化的时代他们还可以找到一片未被社会权力吞噬的空间。

与此同时，生产领域也在不断重组，机器厂房的设计安排越来越符合生产的要求并取消了所有非生产性功能。20 世纪的城市规划进一步将生产场所聚集起来形成工业区，将之同城市其他部分(包括生活区、商业区等)分离开来。但是，生产场所的独立化、专门化并不等于生产场所就随之走向家庭生活的反面，成为公共的领域。它最初反而被当做家庭的延伸而存在，不管工厂的规模有多大，它都被认为是工厂主的私有财产，工厂的生意被认为是家庭经营领域。

在资本主义自由市场经济时期，古典的自由放任思想认为，私有财产是需要保障的绝对自由。因此，工厂主对其财产的支配，以及他为企业经营需要而对生产关系所做的调整，都是私有财产权保障的自由。这些财产不仅包括工厂的机器厂房，还包括工厂中的工人。

同时期的国家权力支持私有财产的神圣性，并将工厂认定为工厂主的私人财产。国家政治权力因此要保护工厂的经营自由权而不能对工厂内部的事务予以干涉。不仅如此，国家还将任何违反这一财产自由权的行为非法化，视为犯罪活动，例如工人的结社、集体协商以及劳动争议行为。

既然工厂的生产关系脱胎于家庭关系，而不是纯粹经济关系，它必然类似于封建时期农村地主与佃农之间的关系，保留着一层温情脉脉的面纱。有责任感的工厂主秉承父爱主义的做法，要做“家里的好父亲”。工人的孩子出生的时候，通常会收到工厂主的贺礼或红包。在劳动力状况比较稳定的行业里，工厂还会接着雇佣内部工人的孩子。而工人们也会自然地接受这种依附关系，对给他们带来稳定生活的工厂主心存感激。工厂主与工人在这种交往中建立起一种利益共同体的团结关系。

当然，生产关系只是在外表上呈现这般玫瑰色的浪漫，它恰恰反映了伴随财产私有而来的社会权力关系，它以主仆关系的形式表现出来。正是由于机器厂房和工人们被当做工厂主的私人财产，才有了主仆关系的正当性和合理性。

体会到工厂主“有相布施”、①工厂中父爱主义虚假性的工人开始反对

---

① 《金刚经》:“不住色布施，不住声香味触法布施。”布施时没有能布施的我，受布施的人，所布施的物，当然布施后更不存求报的念头，这被称为无相布施。为了求名，为了求利，为了怕堕入恶道，甚至为了求得自身的健康福祉而布施，被称为有相布施，是属有限的功德。

私有财产制度所伴生的主仆关系了。他们认为，公司是私人所有，可工厂是一个许多人共同劳动的领域，它应该是一个公共场所。工厂即便不是集体经营，也应该尊重这个工人集体的人格；工人与工厂主之间的劳动契约内容不应该由单独的工人和雇主之间讨论决定，而应该由工会和管理人员之间的集体谈判决定。

不过，反对主仆关系，主张工人的集体权利及其与工厂主在法律面前的平等性仅仅是反对了主仆关系而已，它并没有反对构成主仆关系的抽象劳动占有和使用活劳动的支配关系，它更没有反对构成这一支配关系的抽象劳动积累的个人占有，即财产的私有制。但它却是造成政治权力侵入社会领域，从社会当中汲取资源，参与抽象劳动支配活劳动过程的原因之一。另一个原因是政治权力来源于社会权力的本性，它继承了社会权力对资源总量积累的渴望。

先让我们来看第一个原因中的劳动冲突与政治权力的介入。在工厂劳动关系被认为是私人领域的前提下，工厂主显然不能容忍工人的抗争，后者被认为是对工厂主个人的攻击，是孩子反对父亲的忘恩负义举动；同时，工人罢工、对工厂的占领也是对私有财产的公然侵犯。而工人们则否认劳动关系的私人性质，否定它是个人事务或家庭事务。由此导致他们也否认自身对工厂主的从属性，更否认他们是工厂主的私有财产。他们主张劳动关系的公共性、平等性。

国家权力作为工厂主和工人二者之外的第三方力量，具有很大的行动自由度。它既可以支持工人，否认劳动关系的私域性质，也可以支持工厂主，反对工人对主仆关系的抗争。要解释国家在这个过程中的选择就必须首先解释政治权力侵入社会领域的第二个原因，将政治权力的社会权力本性予以展开和发挥。它起始于抽象劳动积累成为一种普遍的社会原则，它要在不断的积累当中实现自身的价值，同时，不断积累本身也就是它赖以生存的方式。

政治权力是对抽象劳动不断积累这一原则的确认，它的实现仍然以抽象劳动对活劳动的占有和支配为前提。其外在形式表现为国家通过工业化、现代化建设来实现社会资源总量的增加。所以说政治权力在本质上是社会权力，它是抽象劳动占有和支配活劳动这一原则在国家层面的实现。这是探讨国家政治权力在工人和工厂主冲突过程中立场表现的出发点。

一方面，工厂主固执地拒绝政府当局干涉罢工，因为它干预了工厂主的私有财产。同时，将罢工事件交由法庭裁决，则意味着工厂主和工人处在相同的地位上，这显然违反了父爱主义的等级次序。另一方面，工人的态度恰恰相反，他们强烈要求法庭裁决，因为他们不认为罢工是个人事务或家庭事务。

工人的抗议活动并没有触动抽象劳动支配关系的本质，更没有反对财产的私有制度（尽管工人反对他们自身属于雇主的私有财产，但这仅仅涉及人身自由的问题）。因此它也就没有危及国家实行社会资源总量积累的目标，反倒给政治权力干预社会权力，并从社会权力当中分一杯羹的机会，但这本身并不影响社会权力的实现。

政治权力干预的理由通常包括两种情况：一种情况发生在劳动冲突过程中，主要表现为国家维持生产和社会秩序，为社会资源总量的积累提供环境保障；另一种情况发生在战争或政府资源匮乏的时期，主要表现为政治权力直接干预生产过程，自己代替社会权力直接从事抽象劳动积累的生产过程，或干预企业的生产，按照自身的需求汲取企业积累的社会资源。①

在第一种情况下，工人的抗议、罢工活动影响了社会秩序，政府出面的目的是为了维护社会治安。尤其在罢工期间，警察常常被调来保护工厂主的私人财产，可工厂主的强硬态度却经常威胁到户外治安。政府固然承认劳动契约是私人性质的，但同时也感到的确需要干预，否则私人争端会导致严重的社会后果。

在第二种情况下，政府为了确保危机时期的物资供应会直接干预工厂的生产过程，包括建立国有制的工厂。在这种情况下，生产秩序和生产关系就变成了政治权力直接约束的领域，而不是工厂主私人领域中的问题。工人和工厂主之间的劳动契约或者直接是国家同工人之间订立的契约，或者劳动契约由法律制度来规范，由政治权力来调整工人的工作时间、工资、休假等项目。

---

① 于建嵘在一次演讲中提到了这一理论的中国经验。他指出，在 1956 年前，资本主义生产方式在新民主主义理论下合法地存在着。直到抗美援朝战争期间，资本家为获得超额利益而与政权之间产生了冲突，迫使当时的高层坚定了以革命的方式剥夺和消灭资产阶级的决心。因此，以革命运动的方式开展了社会主义改造运动，建立了以国有制为主体的公有体制。（参见于建嵘：《中国工人阶级状况与社会政治发展》，在北京三味书屋的演讲，2006 年 7 月 15 日。）

于是,国家政治权力借助上述两种情况首先在观念上将工厂从私人领域转变为公共领域,实现了政治权力对社会权力的提升和利用。其次,转变为公共领域的工厂生产使得国家干预获得了法理上的基础,它是借助工人集体抗争这一机会来实现的。当然,工人在这个过程中也使自身的工业公民权得到了工厂主和国家的承认。换句话说,在工人通过集体组织提出利益要求、国家需要干预生产过程实现社会资源总量积累的时候,生产关系逐渐从私人领域转变为公共领域,转变为国家政策问题。

它不再由私人订立,变成了集体合约并得到了强制调解和仲裁程序的支持。薪酬劳动不再被认为是在别人的私人领地内为别人工作。工作关系变得非私人化,受到由集体谈判决定的正式法规的制约。在这种法规中,不仅雇主的权力很明确,工人组织的权力也得到明确规定。

在工厂内部,工会集体组织代表着工人的公共的、集体的发言人,没有他们,工人与管理者之间的问题只能是个人问题。因为工人获得了工业公民权利,他们获得了相对稳定的工作环境,工厂不再能随心所欲地雇佣与解聘工人。不过这并不是工人抗争的结束,而仅仅只是开始,因为工人享有的只是任意选择雇主的自由,不是从劳动支配的权力关系中解放出来的实质自由。

二、中国的工业关系实践

中国工业关系的形成走了一条恰恰完全相反的道路,这不仅源于中国是一个后发展的工业化国家,同时还与中国传统的国家观念相联系。一方面,工业公民权利的形成和发展需要依赖职代会、工会等工人的集体组织,它们作为西方先进工业国家工人运动的既有成果以一种结构化的形式落户中国。不但如此,它在形式上还比同时期的西方国家更加激进和完善。

另一方面,中国国家政治权力的形式 2 000 多年来有一条一以贯之的主线,即政治权力要服务于社会资源总量的积累(尽管在工业化之前,这种积累主要是具体劳动的积累,是“太仓之粟陈陈相因,充溢露积于外”),服务于资源总量分配的社会正义。国家对经济的干预当然服务于自己的政治目的，但“扶持之手”①的干预政策导致社会福利并不是纯粹巧合。因为国家追求社会福利的最大化内在于中国历代王朝的政治目的当中。

正如裴宜理和赵鼎新指出的那样，中国历史上的国家合法性带有很强的绩效色彩，同时注重集体社会经济正义，而不是像英美国家那样强调个人的财产占有和人身自由。如果国家未能供给民众以预期的公共物品，它就失去了天道，民众则有权利反叛这个国家的掌权者。②

在中华人民共和国成立之后这一特征变得更为明显，工人享有社会资源总量的分配正义，拥有全面而系统的社会保障并不是通过集体公民权进行斗争的结果，更不是建立在市民社会公民权和政治公民权的基础上。甚至国家社会资源总量的积累本身也具有了服务于民的道义要求，是为了实现人民和国家的富足，建设社会主义的小康社会。

国家权力要用来实现其成员的最低生活保障，同时负有使其不断增长的责任，这甚至是中国国家政权能够持存的最重要合法性基础。③ 因此，中国的政治权力从传统上就具有干预经济的合乎道义的依据，而生产领域则从工业化开始就是一个相对公共化的空间。与此相应，对国家的成员来说，公民的、政治的权利从来都是国家的恩赏，使他们能够把能量奉献给国家的需要。④

就中国工业化的历史过程来看，生产领域的政治化伴随着自在工人阶级的产生而产生，而公民权的出现与获得则是其后的事情。处在帝国主义入侵这一背景，中国工业化的生产过程自然是同整个国家的命运相联系的。

---

① ［美］安德烈·施莱弗、［美］罗伯特·维什尼编：《掠夺之手：政府病及其治疗》，赵红军译，中信出版社 2004 年版，第 3 页。

② Perry, Elizabeth J. “A New Rights Consciousness?” *Journal of Democracy*, 2009. 20(3): pp.17 - 20; Perry, Elizabeth J. “Chinese Conceptions of ‘Rights’: From Mencius to Mao — and Now.” *Perspectives on Politics*, 2008. 6(1): pp.37 - 50；赵鼎新：《国家·社会与八九北京学运》，香港：香港中文大学出版社 2007 年版，第 4 页。裴宜理在另一篇文章中将这种制度形式称为“毛泽东主义的伦理经济”（Maoist moral economy）。（参见 Perry, Elizabeth J. “Crime, Corruption, and Contention.” In *The Paradox of China's Post-Mao Reforms*. eds. Goldman, Merle, Roderick Macfarquhar. Cambridge, Mass: Harvard University Press 1999. pp.308 - 329.）

③ Perry, Elizabeth J. “Chinese Conceptions of ‘Rights’: From Mencius to Mao — and Now.” *Perspectives on Politics*, 2008. 6(1): pp.37 - 50；冯仕政：《中国国家运动的形成与变异：基于政体的整体性解释》，载《开放时代》2011 年第 1 期，第 73—97 页。

④ Nathan, Andrew J. *Chinese Democracy*. Berkeley: University of California Press. 1985. pp.107 - 111.

早期的产业工人分布在帝国主义的交通运输行业和市政行业，通商的贸易要求促成了辅助性的现代航业工人的诞生，而租借地的城市管理需要又产生了公共部门的工人。正是在这两个行业产生了中国第一批现代产业工人和最早的工人组织。① 在这一条件下，工人及其与生产所形成的关系经常是以民族压迫的方式呈现的。早期工业化的另一个重要形式是官办、官督商办和官商合办的企业，即通常被称为官僚资本主义的生产方式。

由于它们是政治危机之后的产物，直接在国家的推动下成长起来，是迅速而彻底的公共化生产领域。虽然早期清朝政府洋务派特殊的工业化要求造就了国家主导的军事工业，但作为第二次工业化浪潮的资本主义黄金时代，由于世界大战将中国与西方国家、与国际市场隔离开来，使中国在缺乏资金和技术的情况下只能优先发展轻工业，从而形成了以轻工业为主的工人阶级队伍。②

中国的工人阶级不来源于对个体抽象人格的承认，而来源于国家设定的集体性身份，这在计划经济时期体现得尤为明显。正如张静所言，“从一般的社会评价来看，不是身份决定一个人的工作单位，而是工作单位决定他的身份”。③

处于企业单位的工人一方面因为单位体制而获得了工业公民权的结果，即稳定的工作安排、各种社会保障和福利等；另一方面他们也因为这一结果而依附于企业单位。这是因为作为社会管理和资源分配组织信道的单位，是一种集各种职能于一身的总体性组织。它几乎将城市中所有的社会成员都纳入与国家直接相联系的组织体系当中。④

它主要体现于两个方面：一是在市场等替代性渠道不存在的情况下，单位控制了大部分的社会资源，几乎是资源分配的唯一组织；二是个人与单

---

① 咸丰年间(1851—1861 年)广州出现了中国最早的搬运工人的组织——广州打包工人联合会。参见刘立凯、王真：《1919—1927 年的中国工人运动》，工人出版社 1957 年版，第 1 页。

② [法]白吉尔：《中国资产阶级的黄金时代(1911—1937)》，张富强、许世芬译，上海人民出版社 1994 年版，第 8 页。

③ 张静：《利益组织化单位——企业职代会案例研究》，中国社会科学出版社 2011 年版，前言第 4 页。

④ 于泽俊在小说《工人》中写道：“现在的情况和父辈们当年闯关东完全是两回事，所有的人都是在组织系统之内的，连家属工也是通过组织安排的。离开了组织，你想去挣钱养家是不可能的，即使有这样的途径，也属于资本主义道路或资本主义尾巴一类的邪门歪道。”(参见于泽俊：《工人》，文化艺术出版社 2011 年版，第 201—202 页。)

位因为严格的户籍制度、较少的工作调动而形成的稳定联系。虽然计划经济时期的社会是一种高度身份化的社会，但是无论是工人、干部，还是知识分子，他们都首先是单位中的成员，是离开单位就无法生存的单位人。

这也就决定了工人的家庭生活是单位体制的一部分，由单位供应并由单位干预。既然企业承担了非生产性的功能，负责全民所有制企业工人的全部福利，工人的一切都是企业给予的，所以工作场所和生活场所虽然不在一起，但是之间的联系异常密切。他们通常在感情上是一致的，在空间上是相邻的。

工厂就像一个大家庭，每个小家庭是大家庭中的一员。所以说对于全民所有制企业来说，“以厂为家”绝非虚言。直到国企改制前，城市中所有的大中型国有企业和单位往往是工厂区、办事区和该单位的员工住宅区混合在一起，越是历史悠久和规模庞大的企业越是如此。

工人同所工作的单位连接为不可分割的整体，他们将自己视为某一集体的一分子，而不是孤立零散的个体。这一概念强化的时候不仅是工人本身，包括他们的家属、子女都具有强烈的单位归属意识，人与人之间的交往也往往先从认识其单位开始。企业的员工通常数十年与工厂共呼吸共命运，从摇篮到坟墓都可以在工厂内完成，而且不少家庭甚至是两三代人同为一个工厂的职工并以此为傲。①

工人的住房在空间上表现为私人空间的公共化，无论是棚户区还是依照规划建设的工人新村都是如此。棚户区是散落在“都市里的村庄”，由于保留着农业社会传统、建筑造价低廉、私密性有限等原因，各家各户的私人空间很少，家庭内部的事务不仅大部分展现在公众的面前，而且也是公共讨论的话题。② 具有示范意义的工人新村则簇拥在工厂的密集区。它最初因为数量实在太少，大多解决劳动模范和由工人提拔的干部的住房困难，一般工人能够轮到分配住房则是后来的事情。

工人新村在地理上以靠近工业区为原则。在布局和规模上取决于工业区计划，以工业生产而非以居住—商业服务为导向。这使得远离市区的新村工

---

① 作家谭进军从自己的切身体验中指出，在国有企业中，员工的确有归属感，即家的感觉。这种感觉使员工和企业成为一体，甚至与国家成为一体。（参见楚荷：《力量不从歌里来》，载《当代工人》2011 年第 5 期，第 24 页。）

② 袁进、丁云亮、王有富：《身份建构与物质生活》，上海书店出版社 2008 年版，第 40—41 页；陈映芳编：《棚户区——记忆中的生活史》，上海古籍出版社 2006 年版。

人不得不依赖于厂区的服务设施。[①] 居住地点和工作地点的靠近，方便了上下班的通勤，同时也模糊了工作与休闲、集体生活与个人生活之间的界限。[②]

工人新村的住房结构包含着设计者对理想生活的理解，同时在微观上体现了权力控制、分配和空间使用的方式。它不是按照居民实际生活的需要，而是根据国家当时的经济条件和工业化水平而建造的。按照这一原则建造的工人新村不但再造了工人群众的生产、生活环境，还形塑了他们的生产、生活模式。[③]

以上海曹杨新村为例，从 20 世纪 50 年代初到 80 年代，新村从 1 002 户发展到 3 万余户，住房形式是两层立柱式砖木结构、五开间的不断复制。每单元建筑住 4 大户、6 小户。大户居住面积为 20.4 平方米，小户居住面积为 15.3 平方米。每层设有公共厨房，5 户合用。厕所设在底层，为 10 家住户共享。[④] 在新村建设的同时，一系列配套公共设施也同时兴建。有小学、图书馆、公共浴室、老虎灶、菜场、消费合作社、诊疗所、大礼堂和必要的政府管理部门，如房管所、公安派出所等。

为了适应以后的发展，还预留了银行、邮局、托儿所、公园、文化馆等公共设施的建筑基地。缩小的私人住房空间和相对增多的公共设施促进

---

① 毛泽东在 1949 年中共第七届中央委员会第二次全体会议上的报告中指出，“只有将城市的生产恢复起来和发展起来了，将消费的城市变成生产的城市了，人民政权才能巩固起来。”这一提法后来成为新中国城市建设的主要指导原则。（参见毛泽东：《在中国共产党第七届中央委员会第二次全体会议上的报告（一九四九年三月五日）》，载《毛泽东选集》第 4 卷，人民出版社 1991 年版，第 1428 页。）

② 杨辰：《社会主义城市的空间实践——上海工人新村（1949—1978）》，载《人文地理》2011 年第 3 期，第 35—40 页。

③ 罗岗：《空间的生产与空间的转移——上海工人新村与社会主义城市经验》，载《华东师范大学学报（哲学社会科学版）》2007 年第 6 期，第 91—96 页；罗岗，李芸：《作为“社会主义城市”的“上海”与空间的再生产——“城市文本”与“媒介文本”的“互读”》，载王晓明、蔡翔编：《热风学术》第四辑，上海人民出版社 2010 年版，第 57—96 页。

④ 后来建设的工人新村在格局上略有变化。1954 年国家第一个“五年计划”时期城市职工住宅的建造标准相较以前有所提高。主要是内廊单元式住宅，楼层从原先的两层提高到三层或四层。内部分为南北两个部分。南面为居室，北面为一户独用的厨房和卫生间。每一单元一般为两户或三户。1959 年，工人住房在外观上打破了过去一字型的格局，具有越廊式、外廊式、蝴蝶式、凹凸式等多种类型。20 世纪 60 年代到 70 年代中期，工人住宅设计、建设在“解决居住困难，不是锦上添花”“生产从新、生活从简”的指导下进行。住宅的外观几乎全是平顶的多层建筑，布局以机械的多行排列为主。房屋内部仍是传统的大房间、小厨房和小卫生间的格局。厨房和卫生间不再独用，恢复 2—3 户合用的模式。70 年代中期后，恢复独用的厨房和卫生间，但是面积却大为减少。（参见罗岗：《十七年文艺中的上海“工人新村”》，载《艺术评论》2010 年第 6 期，第 21—28 页；罗岗：《空间的生产与空间的转移——上海工人新村与社会主义城市经验》，载《华东师范大学学报（哲学社会科学版）》2007 年第 6 期，第 91—96 页。）

了工人日常生活的集体化趋势，其空间设计就是为了打破“公”与“私”的界限。[①] 在工人新村中，除了基本的生活、生理需要，工人的其他行为一律处在公共的注视之下。一模一样的房型设置，大量的公共空间以及同样的职业，都使得工人新村内部充满了公共性。[②]

在统一格局、整齐划一的住房结构中，在家庭之间大量交织的公共空间中，在步调一致的上下班的人流中，工人被植入了公共性和集体性的工业关系里。不仅如此，受苏联“居住区”规划思想的影响，工人生活区的建设和相应的社会文化教育、生活供应要为人民的社会政治生活服务。

这一规划的原则要求城市居民的日常生活空间同国家的政治生活相适应，在工人新村中体现为工人居住区与基层行政组织相匹配的空间结构。就国家而言，降低住房标准（缩小私人空间）和公共化私人空间，缓解了不断增长的住房需求与供给短缺之间的矛盾。

与此同时，工人个体的生活空间越是被压缩，国家的意志也越能通达至底层。通过对公共服务设施网点系统性的组织，国家把工人日常生活安排在一个以居住区或小区为单元的集体化生活的网络之中。工人睡觉之外的其他生活需求几乎都要借助于公共空间，包括每天必需的日常活动（洗澡、吃饭、上厕所等）。[③]

在工人新村的建造过程中，规划师们十分注意空间和行政等级的关系。工人新村规划设计逐渐地从单纯的技术操作过渡为一种含有制度安排和行政组织的实施手段。工人居住区与基层制度的统一性使得居住区里的任何个人和事件都可以在空间上和组织上找到相关负责人。

正像工业公民权行使所带来的成果被保存下来一样，工人行使这一集体权利的组织结构也被完整地保存下来。尽管它们从建立之初就被赋予了政党政治和国家建设的新内涵。

按照历史的顺序，我们首先需要讨论的是工会组织，它伴随着中国共产党的诞生而逐渐成形。1921 年 7 月，《中国共产党第一个决议》即规定党的

① 唐小兵：《英雄与凡人的时代——解读 20 世纪》，上海文艺出版社 2001 年版，第 144 页。

② 邵旦丹：《大众传媒与上海工人阶级主体性建构及变迁》，复旦大学新闻学院广播电视新闻学专业硕士学位论文，2005 年，第 33—34 页。

③ 丁桂节：《工人新村："永远的幸福生活"——解读上海 50、60 年代的工人新村》，同济大学建筑与城市规划学院建筑系博士学位论文，2007 年，第 187 页。

基本任务是成立产业工会，并要求党员到工会中工作。介入工人群体的工人学校是使工人认识到成立工会必要性的宣传、教育工具，否则这种学校就没有存在的必要。①

中国共产党采取这一措施同上述工业关系形成的思路是一样的，就是通过工会来组织工人运动，形成工人的利益整合，同雇主签订集体契约。因为单独契约有利于雇主对工人阶级的分化利用，通过契约操纵劳动力的卖价打击工人运动，维护自身利益，而工会出面同工头、雇主协定可以避免单独契约的劣势。不过，除了这个短期目标之外，共产党还将共产主义革命设定为工会的长期目标，使工会从属于政党政治并分享了政党的政治性。

在这一意义上的工会不但是通过集体斗争进行劳动立法运动，同时也是使工人的集会、结社成为合法权利，并扩展为相应公民权的组织形式。它还承担着推翻资本主义，取得民族独立，按照共产主义原理改造社会的政治理想。中国的工会起始于政治权力的相互斗争，从属于政党政治的需要并被赋予了政党的政治理想。因此，工会先天获得了突破生产领域进入政治空间的特性，成为共产党各级组织指导和训练广大工人群众的组织形式。②相应地，其反对生产领域支配性社会权力的斗争也成为实现政治理想的手段和工具，成为政党政治的革命力量。

尽管如此，由于中国共产党早期并不占有国家政权，也不能通过政治的手段直接支配工会行动。因此，共产党对工会的组织多以工会小组形式出现，也就是在工会内部建立工会党团，实现党对工会的领导。

按照当时的说法，共产党要求自身不和工会发生直接的关系，不直接命令工会，但是要努力经过工会中的党团和工厂中的支部，相继做党的宣传，使工会与党日渐有事实的接近，使党团和支部成为工会的中心，将党的政策和主张经由工会党团和支部间接在工会组织中执行和指导。③

---

① 《中国共产党第一个决议》(一九二一年七月)，中华全国总工会编：《中共中央关于工人运动文件选编》(上)，档案出版社1985年版，第1—2页。

② 《中共中央第三次扩大执委会职工运动议决案》(一九二六年七月)，中华全国总工会编：《中共中央关于工人运动文件选编》(上)，档案出版社1985年版，第143页。

③ 《中共三届一中会议中央局报告》(一九二三年十一月)，中华全国总工会编：《中共中央关于工人运动文件选编》(上)，档案出版社1985年版，第26—27页；《中共中央执委扩大职工运动议决案》(一九二五年十月)，中华全国总工会编：《中共中央关于工人运动文件选编》(上)，档案出版社1985年版，第95页。

工会作为党联系工人群众的纽带，一直以来构成了中国工会最重要的特征，是政治权力参与生产过程的组织形式。因此，工会活动在不同历史阶段由于政党政治需求的差异而具有不同的侧重。

在革命年代，工会是政党团结群众的战斗性组织，政治斗争的目标处于主要地位。革命成功之后，工会则转变为服务性的组织，具体来说主要服务于政党在工人群众中间开展活动，服务于社会控制和动员的国家目标。①

中国工业关系具有先天的移植性质，缺乏自我成长的环境和基础。这使得工会的阶段性政治目标往往压倒其集体自治组织的本性。后者要求工会旨在维持或增进工人的工作和生活条件，是企业管理者及其组织同工人群众之间的利益均衡组织。② 或者按照强阶级理论被理解为反对企业管理者专制，实现劳动者解放的对抗性组织。

但无论哪种说法，它都要求工会的权力首先来源于工人群众的认同，工会的活动要以这种认同做保障。然后才决定工会利用工人群众授予的权力同企业管理者进行集体谈判，就工资标准、工作条件等问题达成共识，或者是采取政治行动破坏资本和市场本身。

共产党领导下的工会既然是政党联系群众的“传动装置”或“传送带”，③那么，它必然作为联系的中介，具有表达政党意志和代表工人群众利益的双重属性。陈峰将之总结为国家属性和社团属性，前者是工会服从国家的目标，促进生产、稳定生产秩序；后者则要求它对国家表现出一定的自主性，努力代表工人的利益。也就是说，工会既是国家的一部分，同时它又

---

① Hearn, June M. “W (H) Ither the Trade Unions in China?” *Journal of Industrial Relations*, 1977. 19 (2): pp. 158 - 172; Zhang, Yunqiu. “From State Corporatism to Social Representation: Local Trade Unions in Reform Years.” In *Civil Society in China*. eds. Brook, Timothy, B. Michael Frolic. New York: EM Sharpe 1997. pp.124 - 148.

② Bealey, Frank, Allan G. Johnson, Eds. *The Blackwell Dictionary of Political Science : A User's Guide to Its Terms*. Oxford: Blackwell Publishing Ltd., 1999. p.322.

③ Lee, Lai To. *Trade Unions in China, 1949 to the Present : The Organization and Leadership of the All-China Federation of Trade Unions*. Singapore: Singapore University Press. 1986; Unger, Jonathan, Anita Chan. “China, Corporatism, and the East Asian Model.” *The Australian Journal of Chinese Affairs*, 1995. 33: pp. 29 - 53; Chan, Anita. “Revolution or Corporatism? Workers and Trade Unions in Post-Mao China.” *The Australian Journal of Chinese Affairs*, 1993. (29): pp.31 - 61; Harper, Paul. “The Party and the Unions in Communist China.” *The China Quarterly*, 1969. 37: pp.84 - 119.

具有一个真正社会组织的性质。① 这构成了解释工会行为的重要变量，使工会成为一个在国家和工人之间游弋的组织。

由于双重角色之间界限的模糊性，难以弄清楚在既定情形下可被允许的活动标准是什么。工会经常无所适从，一直以来不断在双重属性之间徘徊和摇摆。② 这也是工会广受诟病的主要原因。当它试图代表国家的利益，站在国家的立场上、发挥自上而下的传达作用时，工会就面临脱离工人群众，同其自身作为群众组织的根本特性相背离的困境；当它强调代表和维护职工群众的利益，想要发挥从下往上的传送功能时，往往被指责为试图脱离党的领导，并被认为是对共产党执政的一种威胁，工会与政党之间的关系也会因此而出现危机。

但是，正如包瑞佳(Richard Baum)等人所言，国家保留了理清任何模糊的自由决定权力，能够单方面确定它与其他社会团体交往的内容和条件。③ 因此，中国的工会总体上偏重于国家属性，甚至被认为是国家机构，而不是工会组织。④ 郝秋笛(Jude Howell)等人对历史材料的梳理佐证了这一点，即尽管工会过去就服务于保护工人的利益，并多次试图成为工人的代表组织，但它从未被允许脱离与国家的联系。⑤

尤其在计划经济时期，工会被从深层次上整合进国家和单位的结构中，

---

① Chen, Feng. "Between the State and Labour: The Conflict of Chinese Trade Unions' Double Identity in Market Reform." *The China Quarterly*, 2003. (176): pp.1006 - 1028.

② 张允美：《理顺与冲突：中国工会与党—国家的关系》，载《二十一世纪》2003 年总第 18 期；Lee, Lai To. *Trade Unions in China, 1949 to the Present: The Organization and Leadership of the All-China Federation of Trade Unions. Singapore*: Singapore University Press. 1986.

③ Baum, Richard, Alexei Shevchenko. "The 'State of the State'." In *The Paradox of China's Post-Mao Reforms*. eds. Goldman, Merle, Roderick Macfarquhar. Cambridge, Massachusetts & London, England: Harvard University Press 1999. pp.333 - 362; White, Gordon. "Chinese Trade Unions in the Transition from Socialism: Towards Corporatism or Civil Society?" *British Joumal of Industrial Relations*, 1996. 34(3): pp.433 - 457.

④ Taylor, Bill, Qi Li. "Is the Acftu a Trade Union and Does It Matter." *Journal of Industrial Relations*, 2007. 49(5): pp.701 - 715; Froissart, Chloé. "'Ngos' Defending Migrant Workers' Rights. Semi-Union Organisations Contribute to the Regime's Dynamic Stability." *China perpectives*, 2011. (2): pp.18 - 25.

⑤ Howell, Jude. "Trade Unions in China: The Challenge of Foreign Capital." In *Adjusting to Capitalism: Chinese Workers and the State*. ed. O'leary, Greg. New York: ME Sharpe 1998. pp. 150 - 172; Ng, Sek Hong, Malcolm Warner. *China's Trade Unions and Management*. New York: St. Martin's Press. 1998.；游正林：《60 年来中国工会的三次大改革》，载《社会学研究》2010 年第 4 期，第 76—105 页。

主要服务于现代化的生产需要。具体来说，在国家层面，工会作为政党工人阶级政策的一个重要部门而存在，它被要求配合政党的组织目标，从总体上促进管理和工人之间的利益和谐；在企业层面，工会被整合到管理体系当中，作为管理的辅助而存在，它不但要负责促进生产、参与管理（包括成员雇佣、养老基金管理和福利工作等），还需要负责企业工人的政治教育。①

由此，我们可以对市场化转型之前的中国工会做一个概括。它首先存在一个同企业管理者、同执政国家政权相对抗到相协调，从战斗性组织到服务性组织的转变。其次，转变后的工会通常被认为是一种统合主义组织，其主要作用是降低国家和社会组织之间的冲突。②

工会需要代表其成员利益，有责任将他们的利益诉求传达到决策体制中去；工会同时还具有公共责任，即它应当管理并约束其成员的活动，使之提高理性化和组织化的水平。一方面，它有义务组织并协调自己的成员，将分散的、多样化诉求达成一致；另一方面，工会的代表性地位和权利，将获得国家的确认和保护，使之成为统一的、唯一的特定职业人群代表机构，并被接纳进入有关的决策咨询过程。

工会是一个具有公共责任的组织，国家需要保证他们参与咨询和决策的合法地位，同时又确定工会的代表身份具有垄断性。即对工人集体组织的数量、代表渠道等做出限制，避免在同一职业中出现多个互不承认的代表

---

① 当然，说中国工会主要服务于国家的现代化建设是一种总体性的说法，并不否认它在某些历史时期存在具体的活动原则。例如弗莱彻（Merton D. Fletcher）就认为，各个历史时期工会具有不同的运作模式。他将1963年之前的历史状况分为三个时期，分别是1949—1952、1955—1957和1961—1963年。模式一以工会的多重角色为特点，这些角色包括政治教育、管理工作（成员雇佣、养老基金管理和福利工作）、和党与工人之间的沟通，以上都是围绕生产展开的。模式二集中于生产功能，在第一个五年计划的早期，那时候工厂的领导在工业生产中主导管理。像斯大林时期的苏联一样，工厂的管理交给厂长负责。模式三运用于"大跃进"时期和"文化大革命"的前期。它完全依赖于政治教育来提供生产激励，以实现经济目标，从而导致部分或完全的服从于党的控制，同时，党也安排大多数管理工作由工会来做。（参见 Fletcher，Merton Don. *Workers and Commissars: Trade Union Policy in the People's Republic of China*. Bellingham，Washington：Western Washington State College. 1974.）

② Chan，Anita. "Revolution or Corporatism? Workers and Trade Unions in Post-Mao China." *The Australian Journal of Chinese Affairs*，1993.（29）：pp.31－61；Unger，Jonathan，Anita Chan. "China，Corporatism，and the East Asian Model." *The Australian Journal of Chinese Affairs*，1995. 33：pp.29－53；Chan，Anita. "China's Trade Unions in Corporatist Transition." In *Associations and the Chinese State: Contested Spaces*. ed. Unger，Jonathan. New York：ME Sharpe 2008. pp.69－85；Chan，Anita. "Some Hope for Optimism for Chinese Labor." *New Labor Forum*，2004. 3(13)：pp.67－75.

性组织，出现代表地位的竞争。这种竞争，在统合主义者看来，是制造冲突的结构性原因。所以，在工会组织的领袖选择和利益表达地位方面，国家的角色是监护性的——既是它的保护单位，又是管制单位。①

尽管中国共产党在成立之初就认为："单是工会运动，工人的势力终于站在生产机关的外面，其运动之基础恒不巩固；惟有实现工厂委员会之制度，廓清工头，包工及一切居间人之障碍，才能使工人的势力达到生产机关以内。"②但是职工代表大会（工厂委员会③）需要以掌握工厂为前提，只有工人或政治权力实现了对工厂的领导，它才能决定工厂采取民主管理的方式，实现工人自身对工厂的控制。

职代会作为工人参与工作场所决策制定过程的组织是工业民主的重要形式之一。这一概念最早由韦伯夫妇（Sidney Webb & Beatrice Webb）在《工业民主》（1894）一书中首先提出。他们认为英国的工会具有民主的特点，通过独立的工会组织的集体谈判，能够实现工人对于工厂乃至整个工业的参与和发挥作用。④

由于工业民主是一种可操作的现实的工厂制度形式，它会因为各国传统和历史设想的差异而具有很大的不同。在中欧（包括德国），以及斯堪的纳维亚国家，工业民主是雇主和雇员对工厂事务的共同决定，它由二者之间的集体协议规范，是一项法律事务（始于20世纪70年代）。

在盎格鲁-撒克逊国家，工业民主最通常的表现是生产场所的控制。在

---

① 张静：《"法团主义"模式下的工会角色》，载《工会理论与实践》2001年第2期，第1—6页。

② 《中国共产党对于目前实际问题之计划》（节录）（一九二三年），中华全国总工会编：《中共中央关于工人运动文件选编》（上），档案出版社1985年版，第32页。

③ 《中国共产党对于目前实际问题之计划》中提到的工厂委员会主要是从工人掌握企业管理权力角度论述的，并要求排除企业管理者的影响实现工人的主导性，因此它应该就是后来的职工代表大会制度。需要指出的是这和工厂管理委员会制度是有区别的，后者是"国营、公营工厂企业中的行政组织，'是在上级工厂企业管理机关领导下的工厂企业中统一领导的行政组织'；是以国家委任的代表——厂长（或经理）为首包括副厂长（或副经理）、总工程师（或主要工程师）及其他生产负责人和相当于以上数量之工人、职员、代表组织成的工厂企业管理的权力机关。"（参见陈用文：《工厂管理民主化问题讲话》，工人出版社1950年版，第10页。）工厂职工代表会议则被定位为群众监督的组织机构，由基层工人选举产生，有权听取和讨论管理委员会的报告，检查其管理职能和领导作用，提出建议和批评。1956年，党的第八次全国代表大会提出，为更好地贯彻党的群众路线，将企业职工代表会议改为代表常任制的职工代表大会。1957年4月，中共中央发布《关于研究有关工人阶级几个重要问题的通知》，正式决定把企业中现行的职工代表会议改为职工代表大会，适当扩大职工代表大会的职权；提出职工代表大会采取常任制，规定了职工代表大会的四项基本职权。

④ Webb, Sidney, Beatrice Webb. *Industrial Democracy*. London: Longman. 1894.

其中，工人对他们直接的生产环境、生产过程、工作时间安排，以及健康维护规则的实施进行控制。这种控制基于地方工会，或基于非政治的车间安排。概括起来，工业民主具有最弱的形式，包括公司层面的信息和咨询实践；最强的形式则意味着工人对工作场所的绝对控制，经常是所有权与生产方式控制二者的合一。[①]

中国职代会的最初形式是共产党政权取得地区性控制之后，运用组织力量掌握企业的行政手段。这一手段反映了执政者的意识形态信念，即由无产阶级掌握政权。因此，在职代会形成基本制度之前的雏形阶段，它并非是解决劳资矛盾、争取职工利益的自发组织，而是由“中国劳动组合书记部”提倡和组织的结果，其基本作用是动员和组织工人群体，从原企业管理者手中稳定交接企业管辖权，持续进行生产。

1949年以后，职代会在国有企业中被广泛推行。政府希望以职代会作为联系国家与基层群众的桥梁，在行政主线之外建立上传（意见）下达（指示）的渠道，将工人群体整合于体制周围，起到辅助行政、监督企业发展的作用。另一个不能忽视的意图，是国家希望凭借工人阶级的力量管理企业、监督企业、改进技术。它体现了毛泽东强调的群众路线、“鞍钢宪法”中赞扬的“两参一改三结合”思想，增强了国家渗透基层管理的力量。[②] 由于国家政治权力深刻介入生产过程中并直接发挥作用，使得企业中的政治机构本身构成国家政权的一部分。

国家在企业职代会组织与运作中的制度逻辑，事实上是国家进行基层治理内在逻辑的具体体现之一。企业职代会暗含在国家体系特征之中，并承载着体系作为合法性与有效性的期望。[③] 在企业内部，职代会促进企业生产、协助企业管理的功能本身是单位体制的附庸，其应有的代表功能则基本上为“家长主义”的国家所吸纳。也就是说，职代会和工会在“维权”功能实际并不存在的情况下，事实上只是企业一个没有实质性功能的管理部门，是企业组织生产和所谓“民主管理”过程中的多余角色。

---

① Kurian, George Thomas, Ed. *The Encyclopedia of Political Science*. Washington, DC: CQ Press, 2011. pp.780 - 781.

② 张静：《个体与权威：如何建立二者的联系?》，载张静编：《国家与社会》，浙江人民出版社1998年版，第155—188页。

③ 李晚莲：《毛泽东时代的国企职代会与国家基层治理逻辑》，载《开放时代》2012年第10期，第45—54页。

袁进等人对上海钢铁公司第一厂职代会的研究表明，工厂的行政领导仅仅对上负责，并不需要一个自下而上的监督管理组织。职代会更多地由工厂的各级基层干部组成，实质上只是一个企业管理的行政机构，谈不上民主管理。其建立只是吸引工人参与，产生工人"当家作主"的气氛，以此调动工人的工作积极性。同时，工人的建议和意见可以帮助企业管理者了解下情，改进工作，推进民主管理。①

小　结

国家与工人阶级并不向来是劳动关系研究的题中之义，但却是当前劳动关系研究的根本。其隐含的前提是国家并不从一开始就内含于劳动关系之中，而是有一个逐渐卷入的过程，确切地说主要是工人阶级和国家双方的要求使然，而较少来自企业管理者的需要。

一方面，身处封建等级秩序和劳动支配中的工人阶级产生了新的精神面貌，并认为契约佣工关系是他们自由劳动的桎梏，从而组织罢工和集体谈判向企业管理者施加压力，并要求国家介入并承认他们的集体权利。工人们要求成为完全雇佣化的劳动者，要求同雇主建立人格平等的法权关系。

另一方面，国家为了有效从工厂汲取社会资源以满足自身利益需求(包括组织战争、应付紧急状况等)，从"守夜人"转变为劳动关系的参加者、干预者，将工厂从雇主的私人领域转变为公共领域。国家或者在劳动冲突中维护生产和社会秩序，为社会资源总量的积累提供环境保障；或者直接干预生产过程，转变为劳动关系主体从事抽象劳动的总体积累。

从形式上，中国的劳动关系在国有企业改制之前是典型的工业关系，直接表现为国家作为抽象的主体同工人发生集体性的联系。这一方面是由于中国处于世界工业化、现代化进程的末端，能够省却工人阶级通过集体组织进行抗争的过程而直接采用其结果。另一方面，自古以来，中国国家权力的行使就被要求符合"天道"，以实现社会资源总量的积累为手段，以资源分配的社会正义为旨归。

---

① 袁进、丁云亮、王有富：《身份建构与物质生活》，上海书店出版社 2008 年版，第 53—55 页。

因此，集体的社会经济正义并不强调个人的财产占有和人身自由，而强调国家对经济的干预，先验地将经济生产的领域当做社会的公共领域，将人民的福利保障当做国家在道义上的责任，后者甚至构成了国家政权能够持存的最重要合法性基础。社会主义政权通过计划经济、单位体制的形式为工厂中的工人提供了稳定的工作安排、各种社会保障和福利等，并以此获得了工人的政治忠诚和依附地位。

与此同时，工人行使集体权利的组织结构也被完整地保存下来，尽管它们从建立之初就被赋予了政党政治和国家建设的新内涵。作为统合主义组织，职工代表大会和职代会制度是实现国家、企业管理者和工人群众之间和谐关系的中介组织，它服务于政治力量在革命时期对工厂的占领，服务于建设时期生产的需要。

总之，生产领域的公共性决定了国家能够通过政治权力对社会权力进行提升和利用，它能够通过干预生产过程实现社会资源总量的积累。其采取的主要形式或者是间接从工厂当中汲取资源或者是直接作为抽象劳动主体直接参与对活劳动的占有和支配。

国家对集体劳动权利的承认和使用使工人阶级摆脱了工厂中的等级秩序，实现了同雇主平等的谈判地位，从而在斗争的过程中获得了稳定的工作环境和基本的劳动保障。这意味着工人阶级分享了国家政治权力并通过后者部分地掌握了社会资源的分配过程，实现了社会资源分配在一定程度上的平等性，不管这种分享是集体抗争的结果，还是国家政治权力的道义使然。

不过这并不是工人抗争的结束，而仅仅只是开始，因为工人享有平等只是对工资标准等物质利益进行谈判的平等，其讨论的内容还无法涉及工厂生产关系的本质改变；工人所获得自由只是任意选择雇主的自由，而不是从劳动支配的权力关系中解放出来的实质自由。一句话，它是对既定生产关系的肯定性表达，而不是否定性承认。国家权力是社会权力在政治领域的人格化，是对抽象劳动不断积累这一原则的确认，其外在形式表现为国家通过工业化、现代化建设来实现社会资源总量的增加。

第四章　市场原则的扩张与表现

如果说计划经济时期社会资源总量的积累还主要通过不同部门之间产品的交换来实现,通过具体工业品的成型与整体工业体系的建立为主要形式。那么,改革开放以来的劳动关系变迁则是生产领域产出(产品)转化为价值一般,实现具体劳动抽象化积累的过程。这个过程的前提是市场的形成和经济体系的建立,而市场是一般交换价值产生和作用的场所。

所以倪志伟(Victor Nee)等人才将过去的计划经济称为"再分配经济",[①]用来概括社会资源的积累和分配以具体产品的形式,通过交换在农业部门、工业部门之间和工业部门内部实现的过程。在再分配经济中,个人所获得的资源是根据他们在体制中的地位由国家再分配实现的。

改革开放后的经济体制改革被概括为再分配经济向市场经济的转变,或被称为"市场化转型"(market transition)、[②]"体制的转轨"(institutional transition),[③]并认为市场化转型从根本上改变了再分配经济中以权力作为分层机制的状况,而转向以市场作为社会分层的机制,生产者的回报主要取

---

① 塞勒尼将社会主义制度的核心特征称为"再分配体制",即所有的社会剩余都集中于中央分配系统,然后按照意识形态和国家目标逐层向下分配。社会统治和社会动员的需要、社会资源的相对稀缺性和社会主义意识形态,都决定了中国社会主义社会以"再分配"的机制为核心,建立了一系列次级的制度性规定,通过它们确定不同社会群体的不同社会权力,解决不同社会群体的社会资源的占有和分配。(参见 Szelényi, Iván. "Social Inequalities in State Socialist Redistributive Economies." *International Journal of Comparative Sociology*, 1978. 19: pp.63 - 87;李路路:《再生产的延续:制度转型与城市社会分层结构》,中国人民大学出版社 2003 年版,第 4 页。)

② Nee, Victor. "A Theory of Market Transition: From Redistribution to Markets in State Socialism." *American Sociological Review*, 1989. 54(4): pp.663 - 681.

③ 陆学艺、李培林编:《中国新时期社会发展报告(1991—1995)》,辽宁人民出版社 1997 年版,主报告第 1 页。

决于他们的人力资本，而不是他们的政治资本。①

实际上，正如波兰尼（Karl Polanyi）所言，市场社会的形成要求社会从属于市场的逻辑，按照经济体系自身的法则来运转，而不是相反。所以，市场的出现所改变的就不仅仅是所谓的社会分层机制；也不仅仅是提高劳动力安排（labour arrangements）的效率，进而提高经济部门的生产率。② 而是改变了社会资源总量汲取与分配的权力运行过程，从政治权力充当社会权力，或以政治权力的方式履行社会权力的功能转变为还原社会权力的本相，并让政治权力从属于社会权力的实行。

当然，由于中国的国家政权同时还具有实现社会资源分配正义的道义要求，还具有协调社会冲突、稳定社会秩序的职能需要。所以，在以市场为表象的社会权力的扩张中，国家政治权力也在一定程度上进行着扩张的反向运动。虽然并不是对抗社会权力的运动，也没有催生一个“社会市场”，③但却不可否认它在改善工人阶级生活、工作状况方面的贡献，尽管这一贡献可能的结果是工人更加自觉地成为工资的人格化，使社会权力关系变得更加牢固和隐蔽。

---

① Nee, Victor. “The Emergence of a Market Society: Changing Mechanisms of Stratification in China.” *American Journal of Sociology*, 1996. 101(4): pp.908 - 949; Nee, Victor. “Social Inequalities in Reforming State Socialism: Between Redistribution and Markets in China.” *American Sociological Review*, 1991. 56(3): pp.267 - 587; Nee, Victor. “A Theory of Market Transition: From Redistribution to Markets in State Socialism.” *American Sociological Review*, 1989. 54(4): pp.663 - 681.冯同庆等人持有同样的看法，他们认为中国原有阶层结构的特征是“行政性分层”，是“制度化”的。（参见冯同庆、许晓军：《中国职工状况——内部结构及相互关系》，中国社会科学出版社1993年版，第46页）

② Meng, Xin. *Labour Market Reform in China*. Cambridge: Cambridge University Press. 2000. p.2.

③ 王绍光将中国的社会结构变迁过程概括为从“伦理经济”（moral economy）到“市场经济”，再到“社会市场”的转变。他认为，20世纪90年代中国曾经出现短暂的“市场社会”的梦魇，此后国家开始了反向运动，并正在催生一个“社会市场”。在社会市场里，市场仍然是资源配置的主要机制，但政府通过再分配的方式，尽力对人类生存权相关的领域进行“去商品化”，并把市场重新“嵌入”社会伦理关系中。（参见王绍光：《1980年代以来中国的双向运动》，载《中国社会科学》2008年第1期，第129—148页）本文认同这一基本的趋势，但并不认同国家干预经济体系并催生“社会市场”的结论。因为国家政治权力在工业化、现代化阶段是从根本上从属于社会权力的，它还不足以改变社会对市场的依附关系。如果没有来自社会自身新精神面貌、新感性意识的产生，市场与社会的倒置关系很难完成，尽管它是理论上向往的社会形式。

一、社会权力在市场中复现

市场的产生、社会资源总量分配按照市场的逻辑展开是国企改制以来最为显明的社会经济变化。它表明国家工业化、现代化的建设不再完全依赖政治权力直接从事社会生产过程，而转变为主要服务于市场交往，放权社会权力实现对抽象劳动的积累。这个过程中，国家权力对社会生产进行干预，不但能够实现社会资源总量的进一步扩张，还能够兼顾资源分配的正义原则。也就是服从市场的运行逻辑，同时运用国家的力量对市场社会进行一定程度的规范、限制。

陈云在改革开放初期就提出了著名的“鸟笼理论”，他指出：搞活经济、继续发挥市场的调节作用是我们需要继续实施的政策，但是“我们也要防止在搞活经济中，出现摆脱国家计划的倾向。搞活经济是在计划指导下搞活，不是离开计划的指导搞活。这就像鸟和笼子的关系一样，鸟不能捏在手里，捏在手里会死，要让它飞，但只能让它在笼子里飞。没有笼子，它就飞跑了。如果说鸟是搞活经济的话，那末，笼子就是国家计划。当然，‘笼子’大小要适当，该多大就多大”。①

就国家与工人阶级问题而言，上述原则的实施是可能的，作为市场社会的反向运动也是必要的。一方面，按照黎安友（Andrew James Nathan）的概括，中国经济改革的实现建立在不断树立的国家权威基础上。② 虽然改革开放前后国家政权都对社会和市场具有压倒性的优势，但由邓小平领导树立的新体制具有相当程度的韧性，能够将行政性冲突通过局部化特别处理的方式进行遏制，并把经济自由化与紧密的政治控制结合在一起。③

另一方面，国家通过积极的劳动立法规定了工人在雇佣关系中的各项经济性权利（或可称之为个人权利，包括工资、合同、劳动条件和社会福利

---

① 陈云：《实现党的十二大制定的战略目标的若干问题（一九八二年十二月二日）》，载《陈云文选》（第三卷），人民出版社 1995 年版，第 320 页。

② Nathan, Andrew James. “Authoritarian Resilience.” *Journal of Democracy*, 2003. 14(1): pp.6 - 17.

③ Baum, Richard, “The Limits of Authoritarian Resilience” (paper presented at the CERI, January 17 2007).

等),以及解决劳动争议的程序。西方国家的保护性劳动立法是在工人运动的压力下产生的。而中国政府出于强势的政治地位、道义要求在工业经济出现后的较短时间内,比较主动地通过保护性立法规定工人的各项经济性权利。虽然这些经济性权利的实施在各地或具体企业仍存在严重问题,但它们的确立不可否认地部分改善了工人的生产、生活状况,在一定程度上维护了分配的正义性。

在改革开放后的中国,焕然一新的政权形式具有鲜明而一贯的特色。高柏认为,邓小平时代以来的中国具有高度的灵活性,甚至可以在不同情况下表现出不同的国家面相,但其中一条保持不变的鲜明特征其对经济的重视。由于政党具有强大的国家能力,使得政权一旦下定决心发展经济,就会创造让所有人感到震惊的速度。①

这样一种具有绝对权威、高度认同的国家形式接近禹忠恩(Meredith Woo-Cummings)所归纳的“发展型国家”。它不是凌驾于社会之上的专横的机构,而是一个在工业转型的历史契合中与商业部门结成的合作伙伴。②在这一发展主义理念的指导下,国有企业改制以来的国家与工人阶级关系结构围绕着抽象劳动的积累为轴心展开。

一些学者对这个问题的研究是从构成国家的内部官僚体系的转变开始的。③ 王绍光曾经将国家的干部划分为职能干部(functional cadres)和政治干部(political cadres)。④ 前者管理商品、价值的生产和再生产,他们通过技术、教育水平和其他能力获取其身份、地位,而后者的典型录用标准是政治

---

① Gao, Bai. “The Rubik's Cube State: A Reconceptualization of Political Change in Contemporary China.” In *Work and Organizations in China after Thirty Years of Transition*. ed. Keister, Lisa. Howard House, Wagon Lane, Bingley BD16 1WA, UK: Emerald Group Publishing Limited 2009. pp.409 – 438.

② [美] 禹忠恩编:《发展型国家》,曹海军译,吉林出版集团有限公司 2008 年版,第 19 页。

③ 塞勒尼等人试图解释这样一个问题,即为什么东欧资本主义能够在一个并不存在握有恒产的资本家的经济体制中出现。他们认为,可能的原因在于这些前国家社会主义社会的技术官僚精英把自己转变成了新的、握有恒产的资本家,因此满足了资本主义发展的古典条件。另一可能的原因在于自由知识分子扮演了“经济资本家的理论先锋”,从执行者而非他们自身中创造出一个新的有产阶级。(参见 Eyal, Gil, Ivan Szelenyi, Eleanor R. Townsley, Eleanor Townsley. *Making Capitalism without Capitalists: The New Ruling Elites in Eastern Europe*. London & New York: Verso. 2011. p.2. Pakulski, Jan. “Bureaucracy and the Soviet System.” *Studies in Comparative Communism*, 1986. 19(1): pp.3 – 24.)

④ Wang, Shaoguang. “Deng Xiaoping's Reform and the Chinese Workers' Participation in the Protest Movement of 1989.” *Research in Political Economy*, 1992. 13: pp.163 – 197.

可靠性。他认为职能干部逐渐取代政治干部处于主导地位是推动政治改革的重要力量。

安戈(Jonathan Unger)和陈佩华(Anita Chan)认为,国企改制是一个企业权力逐渐转移到"技术—管理社会工程师"(the technocratic-managerial social engineers)集团的过程。[①] 这个集团显然类似于王绍光所说的"职能干部"群体,一般说来它包括企业厂长、支持改革的官僚等。他们声称已找到使中国现代化的一个或多个的药方;他们斥责工人懒惰,被"平均主义"惯坏。他们的社会工程计划在企业改革方面是要以牺牲党的官僚为代价,加强厂长经理的权力。[②]

无论如何,改革开放以来,国家的首要目的是继续扩大社会资源总量,以满足现代化向纵深推进、社会资源总量积累的进一步需求。[③] 市场是实现这一目的的手段,而且对市场的规范也只有在市场的运行过程中才有意义,也就是说首先要有市场的存在。

早在 1979 年,邓小平针对经济建设资金不足的问题就提出让中国过剩劳动力与国际过剩资本相结合的"引进外资"政策。[④] 这意味着劳动力流动限制的放开、[⑤]意味着抽象劳动支配活劳动在工作场所和商品市场显现,也就是劳动力市场和资本市场的同时放开。

加拉格尔(Marry E. Gallagher)认为,外国直接投资(foreign direct investment)自由化,而后国有企业和国内私营企业发展的改革顺序,使得国家能够在不牺牲政治控制(对政治权力的掌握)的前提下重新调整它对社

① Unger, Jonathan, Anita Chan. "China, Corporatism, and the East Asian Model." *The Australian Journal of Chinese Affairs*, 1995. 33: pp.29 - 53.

② [美]费正清:《伟大的中国革命(1800—1985 年)》,刘尊棋译,世界知识出版社 1999 年版,第 418 页;Chan, Anita. "Revolution or Corporatism? Workers and Trade Unions in Post-Mao China." *The Australian Journal of Chinese Affairs*, 1993. (29): pp.31 - 61; Cheng, Li, Lynn T. White, III. "China's Technocratic Movement and the World Economic Herald." *Modern China*, 1991. 3(17): pp.342 - 388.

③ 王沪宁:《社会资源总量与社会调控:中国意义》,载《复旦学报(社会科学版)》1990 年第 4 期,第 2—11 页。

④ 邓小平:《搞建设要利用外资和发挥原工商业者的作用(一九七九年一月十七日)》,载《邓小平文选》第 2 卷,人民出版社 1994 年版,第 156 页;何清涟:《对外开放 30 年:中国外资神话的幻灭》,载《当代中国研究》2009 年第 2 期。

⑤ Meng, Xin. *Labour Market Reform in China*. Cambridge: Cambridge University Press. 2000. p.2.

会的责任和义务,同时也推迟了民众对政治变革的社会要求。①

社会主义中国进行制度变革的突破口并不在庞大的国有企业体制本身,而在引进外国直接投资方面。这与苏东社会主义变革的方式、其他东亚国家发展的路径是不相同的。苏东社会主义国家的变革首先依赖于内部的改革,东亚国家则主要依赖于出口导向的增长,没有大量外国直接投资参与国内经济发展。

外国直接投资自由化的力量在于,它有能力创造竞争、鼓励新制度的发展。也就是说它从企业变革和法律制度两个层面起到了作用。首先,外国直接投资对各个地区和国有企业施加了竞争的压力,后者在此压力下开始重视劳动实践和法规。为了能够吸引更多外资,各地区开始注重投资环境的改善,其中包括赋予企业更多对劳动实践的管理控制权和自主权。

国内的非国有企业也有兴趣吸引外资输入,从而变得更愿意保障外国投资者更多的管理控制权和更灵活的劳动政策。而国有企业也开始面临外资企业竞争的压力,不得不为了争取公平竞争的环境、获得更灵活的劳动政策而进行游说。这些竞争压力,伴随着学习和示范效应,促进了国有企业采用新型的劳动实践。

其次,对于存在困难的和具有政治敏感性的改革,尤其是变革国家与城市工人传统的社会契约关系方面,外国投资部门充当了实验室的作用。在允许上述竞争压力逐渐能够表现出来方面,这种实验室作用是十分重要的。

最后,外国投资部门导致了意识形态的重塑,它降低了公有制(public ownership)的重要性,同时提升了国有制(national ownership)的重要性。中国领导人论证了"放开"(letting go)国有制的正当理由,以图建设能够参与国际竞争的国家工业。②

因此,外国直接投资的引入既延缓了国有企业改革的迫切性,同时也为后者提供了蓝图和摹本。相比1978年到1984年间农村如火如荼的所有制改革,③国有企业改制正是在这种小心翼翼地试探当中稳步进行的。如同

---

① Gallagher, Marry E. *Contagious Capitalism: Globalization and the Politics of Labor in China*. Princeton, New Jersey: Princeton University Press. 2001. p.1.

② Gallagher, Marry E. *Contagious Capitalism: Globalization and the Politics of Labor in China*. Princeton, New Jersey: Princeton University Press. 2001. pp.6, 10.

③ 龚基云:《转型期中国劳动关系研究》,南京师范大学公共管理学院博士学位论文,2004年,第41页。

波兰尼许多年前讲述的那个故事一样，在国家权力的保驾护航中，国内市场逐渐开始形成。①

如果说工业化体系的建设主要依靠具体劳动的积累过程，它更需要产品储量的增加，以及通过某种产品的积累来实现另一种产品的生产。那么，在工业化体系基本建成的阶段，国家迫切需要将开始出现过剩迹象的工业产品转化为抽象劳动的积累，转化为一般交换价值。

通过与国际接轨的方式实现国家间的贸易互补和平衡，以国家所有制的形式展开与世界他国的竞争。而具体劳动积累转变为抽象劳动积累，实现价值一般的增殖需要市场的形式来实现。这也就是国家权力为什么要引导国内市场的形成，提高了企业管理的自主性，放权对企业内部决策控制的根本原因。

国有企业在社会资源总量扩张的原则引导下，必然要求不断追加投资，并形成投资的饥渴和依赖，造就短缺的社会主义经济形式。② 在国家停止追加投资，并仍然要求交纳大量利税的情况下，企业的全部生产只能依赖银行贷款。这意味着，相比投资充足、具有利税优惠的私营、合营和外资企业，国有企业在资金来源短缺的情况下面临还本付息的巨大压力，同时依然要承担国家汲取的份额。由此导致在改制伊始，国有企业处于竞争的劣势地位。

因为投资短缺，过去曾经先进的设备在 20 世纪 80 年代大部分已经陈旧而落后，面临着私营、合营和外资企业先进技术的竞争，国有企业不追加投资肯定要被市场淘汰；追加投资也要被淘汰，因为根本无法还得上贷款。但在一般的表述中，它被论证为生产效率低下，导致缺乏市场竞争力，而效率低下的根本原因在于产权不明晰。改革的经济理论预先设定了产权关系作为解释国有企业改制一系列问题的前提，并将改变产权关系作为国有企业改制的方法和方向。

从 1978 年起，国家开始探索扩大企业经营自主权的改革，改革的依据是对计划经济的全面否定。后者认为市场化转型之前的国家作为所有人垄

---

① Polanyi, Karl. *The Great Transformation: The Political and Economic Origins of Our Time*. Boston: Beacon Press. 2001. p.66.

② ［匈］亚诺什·科尔内：《短缺经济学》上卷，经济科学出版社 1986 年版，中文版序言第 5 页。

断了企业近乎全部的剩余，使后者缺乏生产经营的积极性，国有企业势必会长期处于低效率的运行状态。因此国家让渡企业经营权，必然会对经营者积极性产生激励，从而使国有企业具有生产的活力，运转更有效率。

1979 年 4 月，中共中央工作会议做出了扩大企业自主权的决定，同年国务院颁布了《关于扩大国营工业企业经营管理自主权的若干规定》等五个管理体制改革文件，并在四川省进行扩大企业自主权的试点。

根据中央政策，政府向企业让渡了生产自主、原料选购、劳动用工和产品销售等十四项经营权。

到 1980 年底，国家决定进一步调整国民经济，国有企业也由进行“扩权”改革转向强化完成国家计划的“责任制”。1982 年，经济责任制开始在全国大面积推广，它要求企业经营的责任、权利、利益三者紧密相连，目的是使企业逐步成为相对独立的经济实体。1983 年中期，经过试点的利改税制度开始在全国推开，在此之后，税率相对固定，企业同国家之间的分配关系用制度的形式确定下来。

经营权的让渡意味着企业的经营者具有了一定程度的剩余控制权和剩余索取权。正如曾任国家经委副主任的袁宝华后来所说，扩大企业的经营自主权只不过是部分的财政改革。其实质是让国有企业有点“自主钱”，允许企业在年终完成计划之后提留少量利润用作企业基金和给职工发放奖金。[①] 这一时期，国家在不改变企业投资人角色的前提下让渡了部分的经营利益，使包括国有企业在内的社会各种利益主体都获得了实惠。

放权让利虽然归根结底是国家和企业之间的利益调整，表现为国家利益的部分让渡。但由于社会资源总量增加，国家占有社会资源总量的绝对量也是增加的。这表明国家政治权力不再以所有者和经营者的身份，直接汲取企业的全部生产成果。而是逐渐让渡国有企业的经营权，将企业的再生产过程逐渐下放给地方政府和企业自身，从而使企业形成一个自我供养的经济体系，从内部实现社会资源的增殖并能利用增殖部分实现进一步增殖的需要。

在这种利润留存的改革形式下，国有企业中国家与产业工人之间的关系并没有发生根本性改变，但工人的利益同国家的联系开始逐渐松动，同企

---

① 袁宝华：《袁宝华回忆录》，中国人民大学出版社 2018 年版，第 374 页。

业的联系越发紧密。

1984 年开始，国企改制开始实践所有权与经营权分离的改革，主要以国有大中型工业企业承包责任制为重点，对中小型工业企业实行租赁经营责任制。另外，对少数有条件的大中型工业企业还实行了股份制试点。

一般认为，要深化旨在增强企业活力的改革，除了要把国家规定的下放给企业的自主权坚决落实到企业以外，就是要把改革的重点放在转变企业的经营机制上。即根据所有权和经营权分离的原则，实行多种形式的承包经营责任制，使企业真正成为自主经营、自负盈亏的经济实体。

在实行承包责任制的条件下，国家和企业处在一种不完全的契约关系中，政府与企业一对一的谈判成本很高、缺乏统一和平等标准、无法对承包合同的细节逐一地加以规定、更难于适应千变万化的市场形势。所以，企业承包者可凭借充分的剩余控制权合法或不合法地追求自身利益的最大化，由此很可能出现行为的短期化和机会主义，而且国家对经营者的监督也比较困难。

承包经营责任制的实质是国家在一定时期内全部下放企业的经营自主权，使其能够从企业当中汲取社会资源，同时还能够从繁杂的经营管理事务当中解脱出来。

国有企业发生根本性变化的改革发生在股份制和现代企业制度的建立过程中。20 世纪 80 年代中后期试点的股份制改革主要作用在于扩大企业投资额度，通过企业内部和外部的股本吸纳，企业能够为扩大再生产提供除国家投资、自身利润留存之外的第三方投资渠道。其实质是国家不但大量甚至完全下放企业经营自主权，同时还削弱其对企业的所有权，由完全所有转变为多数所有或相对多数所有。

1991 年底，全国共有各种类型的股份制试点企业 3 220 家(不包括乡镇企业中的股份合作制和中外合资、国内联营企业)。这些企业主要集中在东部地区，内部职工持股的股份制试点企业主要集中在辽宁、山东、黑龙江等省份，约占全国同类企业的 80%；向社会公开发行股票的股份制试点企业则主要集中在上海、深圳、浙江、四川等地，共 65 家，约占全国同类企业的 73%。

股份制改革进程中，“国退民进”是国有企业改革的主旋律，在企业内部，区别对待大型国有企业和中小规模企业，前者需要加强实力、提高效率，后者则逐渐放开，国有资本逐渐从中退出。在外部则引进外资、引进民营资本来合资或收购国有企业。通过改革，国有企业实现了投资主体的多元化，部分地将国家从国有企业的投资负担中解脱出来。①

到20世纪90年代初，中国公司制企业已经发展到了很大的规模，但还很不规范。1993年中共十四届三中全会通过了《中共中央关于建立社会主义市场经济体制的若干问题的决定》，明确提出了国有企业建立现代企业制度的目标和步骤。1994年以后建立现代企业制度的试点在国有企业中展开。建立现代企业制度的目标是要通过产权结构的改造，使国有企业成为"产权清晰，权责明确，政企分开，管理科学"的现代企业。

在现代企业产权结构的制约下，政府不能再直接地控制和经营国有企业。它的意愿只能在国有企业清算和转让时依据终极所有权来实施和表达。当然，政府还可以通过其代理人即国有资产管理公司或控股公司参与国有企业重大事宜的决策，但这个决策也是受所有者出资额和所持股份数额限制的。因此，在现代企业组织框架中，从发展上看，政府的意志是递减的，而股东的意愿则可得到组织和制度的保证。而且在现代公司中，权利、责任和义务是由法律规定的，并受出资额和所持股份制约。

进入21世纪，中国国有企业改革的重点从企业经营转向资产管理。2002年和2003年，中国政府提出："继续调整国有经济布局和结构，改革国有资产管理体制是深化经济体制改革的重大任务。"2003年3月，国有资产管理体制改革正式启动，主要内容是撤销过去专门负责国有企业改革的国家经济贸易委员会、中央企业工委，设立国务院国有资产监督管理委员会。财政部、中央组织部等部门行使的部分产权管理、人事任免等职能划入国资委，由国资委代表国家统一行使国有资产出资人职能。在随后的一年里，各省市的国有资产监督机构也相继设立。

国资委通过推动国有企业的调整重组，中央企业户数从196家减少到

---

① 赵明华和尼克斯调查的三个国有纺织企业中，有一个吸收了来自香港的资本；另一个获得了来自改革后上海企业在管理和技术上的帮助。弗罗因德则发现宝钢很早就接收了海外资本，现在又同外国投资者组成了合资企业。（参见 Zhao, Minghua, Theo Nichols. "Management Control of Labor in State-Owned Enterprises: Cases from the Textile Industry." In *Adjusting to Capitalism: Chinese Workers and the State*. ed. O'leary, Greg. New York: ME Sharpe 1998. pp. 75 - 100; Freund, Elizabeth M. "Downsizing China's State Industrial Enterprises: The Case of Baoshan Steel Works." In *Adjusting to Capitalism: Chinese Workers and the State*. ed. O'leary, Greg. New York: M E Sharpe 1998. pp.101 - 121.）

140 家左右。同时，收缩战线后的中央企业，资本向关键领域和重点行业、优势大企业集中。

各级国资委的成立，从体制上确定和加强的是出资人的职能，而每一个企业的运转，还要具体落在企业的执行管理层级。也就是说，在国家将国有企业经营权全部下放，所有权转变为多数或相对多数的股权时，对国有企业的管理就不再是国家直接控制和经营，也不是保留所有权下放经营权，而只是对处于控股地位的国有资产进行管理，使其不致流失并能够持续增殖。它使国家政治权力从企业的直接经营管理中彻底脱离出来，而主要从外部专注于资产的重新组合。①

二、企业管理方式的变革

邓小平在 1978 年关于工人与现代化建设的一次讲话中明确指出：中国迈向现代化的改革必须要改变工业企业的管理方式和国家对工业企业的管理方式，以适应现代化经济发展的需要。②

在企业外部的变革，即是改变国家对工业企业的管理方式，它主要包括两个方面。一个方面是上文论述的国家让渡企业经营自主权、调整所有权的过程。它首先意味着国家从对国有企业的直接经营中退了出来，将企业的生产、管理过程交给企业自身，并从外部给予政策和法律上的支持。

在此之后，国家政治权力对企业的经营过程只能进行有限地、间接地干预，而不能直接采取行政命令措施。股份制改革将国家从企业完全所有者的地位下降为企业的投资者之一，只能通过国有资产管理公司或控股公司参与企业重大事宜的决策，并受出资额和所持股份数额的限制；在企业清算和转让时享有终极的所有权，并以此实施和表达自身的意愿。总之，企业经营管理在此变革下从国家事务转变为企业内部事务，从泛政治化的领域转变为以法律规范维系的经济领域。

---

① 王晓阳：《分权制衡：国企改革的制度性突破》，载《国企》2009 年第 5 期。

② 邓小平：《产业工人要为实现四个现代化作出优异贡献（一九七八年十月十一日）》，载《邓小平文选》第 2 卷，人民出版社 1994 年版，第 135—136 页；中华全国总工会，中共中央文献研究室编：《毛泽东 邓小平 江泽民论产业工人和工会工作》，中央文献出版社 2002 年版，第 123 页。

另一个方面是企业主体化的过程，它伴随企业返回抽象劳动积累的本质，并从各种社会事务中逐渐脱离出来。因为，市场化经济需要的是高度分化和高度专门化的个人活动和社会结构。①

早在1980年，蒋一韦就提出了“企业本位论”，②他认为在无法触及所有制本身的情况下，扩大企业自主权才是国企改革的根本途径。国企要解决的根本问题，“是如何发挥直接掌握生产力的企业与劳动者的积极性”，为此，改革绝不能限于调整中央与地方政府之间管理国企的权限，必须直击“国家与企业的关系”这一核心，打破政企合一的局面，承认企业的独立经济地位和经济利益，使之成为经济活动最基本的细胞。③

调整和改变国有企业所有权的改革出现在接下来的一个阶段，其主要思路是调整国有经济布局以适应市场经济要求，通过公司化的形式，将国家在企业中的角色限定为股东以解决国家所有制与市场经济的兼容性问题。并通过多元化的股权形成国有资本的制衡机制，提高国有资本运行的有效性。对于国有中小企业则采取完全放开的态度，采取破产、兼并、售卖等方式进行改革。

放开经营权、调整所有权的国有企业改革，目的是要建立起现代企业，实现制度上的转变。④

改革开放初期的国有企业既是一个生产单位，又是一个承担大量社会职能的综合体，同当下所说的企业的含义并不一致，所以不被认为是真正意义上的企业。国有企业由于其政企合一的特征决定了它既要承担政府多元化的社会责任，同时又要负责企业利润最大化的单一目标。而它要转变为市场主体就必须按照市场的原则专一从事资本增殖的生产过程，并能够在市场的相互竞争中存活下来。放开经营自主权的改革就是要避免政府直接对企业经营进行干预，相应地也就要求企业向单一生产主体靠拢，逐渐去除

① ［以］S.N.艾森斯塔德：《现代化：抗拒与变迁》，张旅平等译，中国人民大学出版社1988年版，第2页。

② 蒋一韦用“企业本位论”概括他自己的主张，以区别于“国家本位论”（主张强化中央主管部门的“条条为主”）和“地方本位论”（扩大地方权力的“块块为主”）。

③ 蒋一苇：《企业本位论》，载《中国社会科学》1980年第1期。

④ 吴晓刚指出，国有企业和市场企业之间最根本的是制度的不同。参见 Wu，Xiaogang. “Work Units and Income Inequality：The Effect of Market Transition in Urban China.” *Social Forces*，2002. 80(3)：pp.1069－1099.

政府多元化的社会责任。

调整所有权的改革无疑是为了巩固和扩大经营权改革的成果，是要进一步限制政府在企业生产中的影响，它的极致是政府将所有权转化为债权，只保留收益权。这就是说，国有企业有一个逐渐退出社会的过程，全面覆盖的政治权力体系伴随着单位体制的变革逐渐解体，国有企业经历了“社会职能移交和辅业剥离”①的转变，逐步成为纯粹的生产性组织。

企业内部，也就是邓小平所说的改变工业企业的管理方式方面，首先面临的是国有企业管理权交给谁的难题。从实践来看，中国企业管理方式改革的 30 年，是权力转换、下放的 30 年，国有企业经历了从厂长（经理）负责制到所有权、经营权、监督权分设的现代企业管理模式。

路风认为，国家所有权不是企业经济效益差的直接原因，而私有化也不是实现组织转变的必要条件，所以产权改革至少不可能是企业组织转变的起点。被国企改制研究忽略的是操作层面上决定企业绩效的关键变量，即在一般性制度框架下发展出来的管理和组织模式。②

起源并形成于政治过程的社会主义工业关系的制度框架使企业演化出一种特殊的社会关系结构，这种以“铁饭碗”和工作场所福利制为核心的劳动关系结构严重限制了管理者对劳动过程执行纪律的能力，使管理者从来没有能够有效地控制和协调生产过程。缺乏管理控制是计划经济体制下企业管理能力长期欠发达的根本原因，也是国有企业组织转变的直接障碍。

在从计划到市场的过渡中，无论国家的改革政策创造出什么样的必要条件，实现对生产过程的管理控制才是国有企业组织转变的真正起点。因此，推动国有企业组织转变的有效改革战略必须以促进操作层次上的管理型式的变化为中心。

市场竞争的压力是推动企业转变的触媒，它要求企业自身从内部、从微观操作层面上的管理行动方面实现其组织的转变，而不是从企业之外的宏观制度层面上的改革开始。但是国家从宏观层面对工业企业管理方式的调整却是后来的许多企业实现改制的基础。

邓小平在改革开放之初就注意到这一问题，并在 1980 中央政治局扩大

---

① 罗昌平、张伯玲、欧阳洪亮、张冰：《通钢改制之殇》，载《财经》2009 年第 17 期。

② 路风：《国有企业转变的三个命题》，载《中国社会科学》2000 年第 5 期，第 4—27 页。

会议上作《党和国家领导制度的改革》讲话时进一步指出：要有准备有步骤地改变党委领导下的厂长负责制、经理负责制，经过试点，逐步推广，分别实行工厂管理委员会、公司董事会、经济联合体的联合委员会领导和监督下的厂长负责制、经理负责制。实行这些改革不是要削弱党的领导，而是改善和加强党的领导，使后者脱离日常事务，集中力量做好思想政治工作和组织监督工作。工业企业的管理者需要努力学习各种有关管理和技术专业知识，要成为企业管理的内行人。①

不过这一讲话仍然强调了企业管理者的行政身份，他们不但要受上级行政部门的行政领导，还要受上级党组织的政治领导和同级党组织的监督。因此早期放权让利政策下国有企业管理者的经营自主权处于不稳定的状态，他们自身也不满足于这种没有长期保证的、上级可以下放也可能随时收回的权力。

正式调整工业企业管理方式的实践开始于 1984 年的中共十二届三中全会，会议通过的《中共中央关于经济体制改革的决定》要求实施厂长（经理）负责制，将企业的经营管理权力的重心从党委会转移到国有企业经理。② 厂长拥有了对企业经营管理工作的决策权与指挥权及中层管理人员的任免权。1986 年《全面所有制工业企业厂长工作条例》指出，企业由实行党委领导下的厂长负责制改为厂长负责制。

此后的补充通知指出：全民所有制工业企业的厂长（经理）是一厂之长，是企业法人的代表，对企业负有全面责任，处于中心地位，起中心作用。企业中的党组织要积极支持厂长（经理）行使职权。该年年末，国务院发布《关于深化企业改革增强企业活力的若干规定》提出，增强大中型企业的活力方面要迈出较大的步子。推行多种形式的经营承包责任制，给经营者以充分的经营自主权；要加快企业领导体制的改革，全面推行厂长（经理）负责制。

1994 年国有大中型企业现代化企业制度的试点，其目的是在国有企业实行公司制，以完善的法人制度为核心，以有限的责任制度为主要特征。这

---

① 邓小平：《党和国家领导制度的改革（一九八〇年八月十八日）》，载《邓小平文选》第 2 卷，人民出版社 1994 年版，第 340 页。

② ［美］费正清：《伟大的中国革命（1800—1985 年）》，刘尊棋译，世界知识出版社 1999 年版，第 418 页。

意味着由政府放权、企业家主演的改革，将进入制度化的轨道。然而，现代企业制度要面对的是“内部人控制”(insider control)[①]这一顽疾。资产的使用者会利用信息的不对称优势，通过种种不正当手段谋取自身利益的最大化，侵犯所有者的权益，也就是经营权侵犯国家所有权本身。

由于国有企业为全体国民所有，却不可能由全体国民来管理每一家国有企业。所以，国有企业永远是由少数人控制的，但“内部人控制”的问题并不是一开始就显现出来的改制要点。

在计划经济时代，人们没有“内部人控制”的概念。那时候，国有企业的管理者主要是政府官员，他们严格按照国家计划办事，行使国家经济发展的行政职责，而不是提高企业生产率的经济要求。工业企业既然不是独立的市场主体，而是国家机器的延伸机构，企业的管理者也就不是企业的法人代表，而是国家的行政人员，那么其内部自然也就不存在“内部人控制”的问题。

但是，一旦企业开始向独立市场主体转变，企业的管理者逐渐获得经营的自主权，“内部人控制”的问题也就如影随形地显现出来。

与厂长(经理)负责制模式有着本质区别的现代企业制度，其核心理念在于“分权制衡”。即确立股东大会、监事会、董事会三权分立与制衡的权力构造机制，从而有效解决内部人控制的难题。

但正如路风所言，企业内部治理结构的难题始终是改革回避或忽略的内容。长期以来，国有企业的改革都集中于经营权的放开和所有权的调整，试图从企业的外部为其发展提供动力。这一改革的举措使得国有企业外部运行环境发生了从计划到市场的根本性变化之后，企业的内部结构和管理型式却基本未变。[②]

即便是2003年的国有资产管理体制改革，也只是在体制上确定和加强了出资人的职能，而企业的有效运转，最终还要具体落实到企业的执行层面。这就是说，如果国有企业的改革仅仅专注于外部的重组，它实际上是放弃或忽略了企业内部治理的难题。但是国有企业改制成功也肯定不在“放”“收”相合的无限循环中，因为代表国家行使企业资本所有权的国资委如果

---

① Lardy, Nicholas R. *China's Unifinished Economic*. Washington, DC: Brookings Institution Press. 1998. p.49.

② 路风：《国有企业转变的三个命题》，载《中国社会科学》2000年第5期，第4—27页。

过多干预企业内部的经营，则会重现“政企不分”的问题。

所以说，市场经济条件下的国有企业，首先需要把内部运营置于严密的管理控制和协调之下，它是企业有能力适应市场竞争的前提条件。从计划到市场的过渡中，改造传统国有企业需要一个独立的组织转变过程：在改革开放政策所提供的必要条件下，完成企业的转变只能依靠由其管理层所激发和推动的内部变化动力；转变的起点是在操作层次上为改善企业绩效所做的管理努力，而转变的根本标志是实现对生产过程的管理控制。任何国有企业一旦完成这种转变，就会成为竞争性企业，无论所有制是否发生变化。

与此同时，为了解决“内部人控制”的问题则需要建立现代企业制度的“分权制衡”结构。在现代企业制度中，董事会主要负责决策层面，而经理层则负责决策的执行，是两个分立的组织，而不是一人兼双职的人员叠加机构。虽然《公司法》早已确立了股东大会、董事会、监事会三权分立与制衡的企业内部管理机制，但在实践中由于人员的严重重叠，实际仍然是“一把手负责制”。一个人往往身兼数职，既是董事长，又是总经理，还是党委书记等。这就使得董事会、总经理会、党委会往往是同一拨人，等同于一个机构。

这一状况的改变起始于稽查特派员制度的长期化，使后者摆脱了临时督察的不确定性，转变为监事会主席制度。由其组织的监事会负责企业财务的监督但不介入企业决策。但正是基于这一实践的成功，使得外部人参与企业决策才成为被考虑的改革形式，作为介入企业决策的董事会制度的重要作用才重新浮现出来。国资委 2005 年的董事会试点，与以往的区别是引进外部董事，而且外部董事要占多数。在试点企业中，一般情况下是 9 个董事，其中 5 个是外部董事。

外部董事的引入改变了过去董事、股东概念混淆，以为董事就是股东“代表的代表”，从而董事会、股东大会内在合一的观念。这不仅仅是董事会、股东大会、监事会的分权制衡，还有董事会和经理层、决策机构和执行机构的分立。它要求大部分董事不在经理层兼职，避免董事与经理层的重合现象，保证董事会能做出独立于经理层的判断与选择。分权制衡表达了这样一种思想：公司治理不能只依靠个人的素质和道德品行，不能依赖董事会、经理层的和谐共处，而必须依赖制度设计的约束和规范。

小　结

本章主要分析的是计划经济工业关系逐渐离析的背景和前提，它在根本上是国家继续实现社会资源总量积累的结果。具体来说，计划经济时期的主要成就是建立起比较完整的工业体系和产生相对充裕的工业产品剩余；市场化转型服务于国家进一步实行工业化、现代化建设的需要。前者在整体政治经济结构中作为后者的基础完成了它的历史使命，并在市场化过程中实现了具体劳动积累的价值，转变为积累起来的抽象劳动。

外国直接投资是通过提供良好经营环境（包括廉价劳动力、税收减免或优惠等措施）吸引国际资本，间接增加国内社会资源总量的改革措施。这意味着劳动力市场和商品市场的逐渐放开，意味着抽象劳动积累在工厂中的逐步重现。

由于中国对世界市场的嵌入有赖于低成本和劳动密集型生产，这些工厂所创造的大部分工作都是非技术性的，绝大多数农民工不能像福特式工业组织中的工人一样，期望一个长期职业（在福特制工业组织中，工人可以沿着一条清晰而稳定的工作等级不断升迁，这些工作等级是和企业内不同级别的技术与报酬相联系的）。所有类型的企业管理不是强调技术培训的优先地位，而是更加看重短期利润、低成本劳动和高强度纪律。①

"半无产阶级化"②的农民工，大量非正式、短期雇佣关系的存在，服务于资本高效、无限积累的需要。资本总是寻求更为廉价而驯服的劳动力，将工人保持在半无产阶级化状态，采取短期、非正式的雇佣更符合它自身发展的逻辑。因为半无产阶级化的工人，更可能接受低于成本之下的工资。

从半无产阶级化家庭向无产阶级化家庭的转型，将导致实际的最低工

---

① 李静君：《中国工人阶级的转型政治》，载李友梅，孙立平，沈原编：《当代中国社会分层：理论与实证》（转型与发展第1辑），社会科学文献出版社2006年版，第55—88页。

② 农民工是一个卷入工业化生产过程，但是被排斥在城镇化体系之外的群体。他们是没有被无产阶级化的工人，是被工业化的农民，是"卡在中间、无法转化的不完整的劳动主体"。（参见Pun，Ngai. *Made in China: Women Factory Workers in a Global Workplace*. Durham and London: Duke University Press. 2005. p.193；潘毅、陈佩华、蔡禾等：《农民工：未完成的无产阶级化》，载《开放时代》2009年第6期，第4—35页。）

资水平的提高。① 在没有正式合同、支付低工资和规避各项政府劳工法规的条件下雇佣工人，同样是为了实现资本获取廉价劳动力和灵活用工的目的。②

在外国直接投资的示范和竞争作用下，国有企业改革集中于同国家关系的调整，主要围绕经营权放开、所有权调整两个方面展开。市场化转型的实质，是国家权力逐步停止扮演社会资源总量积累主体的角色，还原生产领域抽象劳动占有和支配活动力实现自身积累的社会权力，并从属于社会权力，成为抽象劳动积累过程的守护者和受益者。

这就要求企业成为市场的主体，而不再是国家行政机关的延伸；资本所有者成为独立的法人代表，具有对企业的经营控制权。决定企业绩效，实现企业抽象劳动积累天性的最大化必须要变革企业内部的管理和组织模式。理论上讲，资本必须通过企业家的经营管理活动才能实现增殖。所以，企业的经营者是资本的人格化，向资本负责，反映和维护资本的利益。

劳动关系的管理，天然地要求从人事档案管理模式向劳动合同管理模式转变，从行政化的劳动关系逐步向法制化的劳动关系转变。国家权力逐渐退出对企业的直接行政干预。③ 事实表明，那些在实践中领导了组织转变的管理者们，最初的动机是出于对企业命运的担忧，而不是他们个人拥有了企业的产权或“剩余控制权”。更值得注意的是，领导人的最初决策在锲而不舍的执行过程中，最终会转化为组织性的行动，这不仅导致特定管理层的形成，还会塑造新的企业文化。

长虹和宝钢的经验证明，当个人职业生涯的成功取决于组织的成功时，管理者承担管理责任的动力就会产生。相反，从拥有股权而来的个人经济利益并不一定使管理者产生对组织的承诺或献身。因为当金钱利益成为管理者的唯一动机时，通过有害企业长期利益的行为而追求股票市场价格，然后再通过卖掉股权，放弃对组织的承诺来谋取私利完全是一个理性的选择。

---

① Wallerstein, Immanuel. *Historical Capitalism*. London: Verso Books. 1983. p.27.

② Koo, Hagan. “From Farm to Factory: Roletarianization in Korea.” *American Sociological Review*, 1990. 55(5): pp.669 - 681.

③ 齐凌云：《政党、工会与阶级基础——对1978年以来工会改革的政治学研究》，复旦大学政治学系博士学位论文，2005年。

没有经验证据证明个人产权或“剩余控制权”是能使管理者走上领导企业组织转变之路的充分条件。[①] 董事会、股东大会、监事会“分权制衡”的现代企业管理机制是微观操作层面上提高企业绩效的补充形式，它的出现显然不是为了实现企业内部的工业民主，而是保证企业管理的有序性和规范性。

① 路风：《国有企业转变的三个命题》，载《中国社会科学》2000年第5期，第4—27页。

第五章　雇佣关系的形成

集体劳动关系重新为个体劳动关系取代，是20世纪中后期以来的一种世界性趋势。服务、金融等行业的兴起，规模化工业生产的相对萎缩，使得分散的劳动者群体逐渐占据主导地位。

曾经稳定的工人阶级被分包商和临时就业中介结构短暂、偶然、肤浅的关系网络取代。加上雇主或企业在全球化环境下，具有劳动关系上的相对优势，使得工会组织为核心基础的集体劳动关系受到严重挑战。后者在世界范围内的普遍性衰退，弱化了工会以集体力量决定劳动关系过程与结果的能力。这标志着工业关系的衰退和雇佣关系的复现。新的雇佣关系体现在服务业、知识经济产业的发展中，体现在无工会的企业劳动关系中，体现在非典型雇佣形态的广泛使用中。

这些变化破坏了工人谈判力量的传统基础，使工人阶级逐渐转变为结构上松散的、缺乏组织的社会群体。他们更倾向于发展出对工作、生活的怨恨和不满，但较少以传统的工人阶级工会和激进工人运动的形式出现。①

中国工业关系的转型基本上和这个世界劳动关系发展的节奏同步，这一变化表现在国家与工人阶级之间的社会契约逐渐转变为国家、企业与个体劳动者之间的雇佣契约；全面覆盖的劳动保障体系逐渐从工厂中分离到社会上，工人阶级的集体生活则逐渐被个体化生活所取代。

在过去的单位体制中，产业工人直接面对的虽然是单位，但单位是国家机器的一部分，是国家计划的执行者。所以，工人在单位当中实际上直接面

---

① Hyman, Richard. “Trade Unions and the Disaggregation of the Working Class.” In *The Future of Labour Movements*. ed. Regini, Marino. Newbury Park, CA: Sage 1992. pp.150 - 168; Jenkins, J. Craig, Kevin T. Leicht. “Class Analysis and Social Movements: A Critique and Reformulation.” In *Reworking Class*. ed. Hall, John R. Ithaca: Cornell University Press 1997. pp. 369 - 397.

对的是国家计划。一方面，单位自身无权自行决定劳动力的使用，它需要由国家下达用工指标，在指标内招工；另一方面，劳动者无权自择职业，而要由国家统一分配安置就业。劳动关系建立后，工资分配、保险福利等，都是国家统一制定政策，统一进行调整。用人单位的主要任务是协调和监督劳动者以完成政府下达的生产计划而非经营决策。

在这样的情况下，企业经营管理人员和工人并不是真正的劳动关系主体，实际上构成劳动关系主体的是非常抽象化的国家与工人之间的关系。① 如果个人离开单位将失去自己单位成员的身份，也就失去单位所提供的社会资源。尤为重要的是，除了单位之外，对工人来说并不存在社会资源分配的替代性渠道。只有工人保留在单位当中，他们在国家计划中才会占有相应的计划编制指标，从而获得一种固定不变的身份，这种身份带来的是终身就业权利以及与生老病死相关的一切社会福利保障。②

也就是说，过去的劳动关系主要是一种工业关系，是工人作为一个整体同国家建立的社会契约。

一、劳动关系的雇佣化

国企改制以来，由国家作为全社会代表的利益一体化劳动关系逐渐转变为企业和劳动者两个独立利益主体所构成的雇佣劳动关系。③

这一转变在两个方面同时展开。首先，国有企业需要从非生产领域全面退出，摆脱作为完全性组织的社会责任，并获得独立的经营自主权，从而能够自由地同工人个体结成雇佣劳动关系。其次，国家从生产领域逐渐退出，终止同工人阶级的社会契约并将之还原为企业内部事务。同时，改变对

---

① 乔健：《略论我国劳动关系的转型及当前特征》，载《中国劳动关系学院学报》2007 年第 2 期，第 28—35 页。

② 路风：《单位：一种特殊的社会组织形式》，载《中国社会科学》1989 年第 1 期，第 71—88 页；路风：《中国单位体制的起源和形成》，载《中国社会科学季刊》1993 年总第 5 期，第 91—134 页；吴清军：《市场化转型时期国企工人的群体认同与阶级意识》，载《社会学研究》2008 年第 6 期，第 58—79 页；吴清军：《国企改制与传统产业工人的转型》，清华大学社会学系博士学位论文，2007 年。

③ 涂晓亮、王光华、乔健等：《劳动关系市场化与法制化的 30 年变奏——以劳动者劳动人权的实现为视角》，载《现代交际》2009 年第 2 期，第 10—20 页。

企业和工人的管理方法，从直接行政干预转变为法律规范和保护，从计划的制定者、施行者、监督者转变为政策和法律的守护者。

由于国家和企业两个方面的改变，工人从集体性工业关系的主体转变为雇佣化的自由劳动者。他们在法权上具有同雇主平等的契约地位，能够自由地建立或不建立这种契约关系，而且受到国家的保护。在此背景下，工人的劳动保障不再完全由国家在政治、道义上的自我要求决定，不再是从生产到生活、从摇篮到坟墓的国家义务，而是工人争取公民权（包括市民社会公民权、政治公民权、社会公民权、工业公民权）的抗争过程，以及国家对工人公民权的承认。

由于新旧体制转换的高昂成本，企业劳动关系的改革一开始就包括制度内外的变迁，通过二者差异带来的学习效应促进制度变革向预期的方向渐进。就制度内的国有企业而言，主要包括劳动用工市场化和劳动保障社会化两个方面。它起始于分配制度的调整，允许企业留取部分盈利用于扩大再生产和增加职工奖金。此后逐步全面地调整企业与职工的劳动关系，直至建立市场经济体制下的劳动合同关系，以及以社会化保障为主的劳动保障体系。

就体制外的私营、合营和外资企业而言，劳动关系调整的重点是市场化用工制度的规范和社会保障体系的不断完善。由于后者是在放松政府管制、促进私营部门发展的思路下成立和发展的，这些计划体制外的企业一开始就拥有劳动用工自主权和收入分配决定权，工人从进入企业之初就是市场化的劳动者。他们面临的主要问题是受到严重剥夺的生产和生活状况，缺乏基本的法律法规来从制度上规定和保障他们的基本权利，从而也缺乏表达需求和争取利益的有效途径。

由于中国的市场化转型从某种意义上是从分配制度调整开始的，所以劳动用工的市场化和劳动保障的社会化两个主题在改革的初期并不明确。早期的“放权让利”改革并不涉及制度转型，它只是规定了国有企业管理者的奖金提留额度和自主分配权，以及在国有企业尚未解决人员退出机制的情况下，在内部实行员工的调配和优化组合。

1986 年，国务院发布了《国营企业实行劳动合同制度暂行规定》《国营企业招用工人暂行规定》《国营企业辞退违纪职工暂行规定》和《国营企业职工待业保险暂行规定》等改革劳动制度的四个规定。

这些规定主要是要求加强劳动管理，提高企业生产效率，并不涉及企业固有员工的雇佣化改革，原有的企业工人、统一分配的大中专毕业生和退伍军人仍然实行固定工制度。但这些规定同时决定企业可以面向社会公开招收工人，新招收的工人遵循劳动用工市场化原则，全面推行劳动合同制，合同期满后企业可以根据需要决定延续或中止劳动合同。这一调整使得国有企业可以大批雇佣劳务工，利用劳务工用工灵活的优势实现企业自主性的增强和企业管理的有效性。

1991 年，国家要求全国各省试行全员劳动合同制，范围覆盖所有企业干部和工人。1992 年 2 月，劳动部发布了《关于扩大试行全员劳动合同制的通知》，将劳动合同制的改革引向深入，明确劳动合同适用范围扩大到国家劳动工资计划指标内招用常年性工作岗位上的工人。从此，终身制劳动关系退出历史舞台，劳动合同成为产生劳动关系的凭证和规范，以及劳动行为的依据。这也就意味着“铁饭碗、铁工资、铁交椅”被打破(即“破三铁”)，劳动人事、工资分配、社会保险三项制度改革由此全面启动。

1994 年《劳动法》的出台，明确了劳动合同制度范围扩大到境内所有企业、个体经济组织，确认了雇佣劳动关系存在的合法地位。它从法理上明确了劳动关系的主体是企业和工人，将国家政治权力的干预限制在雇佣关系的规范和维护层面，后者的意义在于能够用强制力保证企业自主用工、劳动者自主择业的权利。2007 年《劳动合同法》的制定是国家试图将劳动关系进一步法制化、规范化的努力，它在一定程度上对劳动者的权益提供了倾斜性保护，试图实现劳动关系的实体公正。

概括来讲，计划经济体制下的中国劳动关系，是国家采用“统包统配”①的方式使用劳动力，并以固定工方式确立国家、企业与劳动者的终身劳动关系。② 市场化转型之后，劳动关系成为市场价值规律规范的对象，在企业层面表现为工人个人或集体同企业之间的雇佣关系，直接表现为劳动者个人与企业订立劳动合同，或者劳动者集体同企业订立集体合同。

企业用工、劳动者就业以及工资待遇等，从过去完全由政府通过计划决

---

① 1957 年以后，国家采用全国统一招收的办法把每年新成长的劳动力“包下来”，然后再统一分配到企业，逐步形成了“统包统配”的劳动力用工制度。

② 乔健：《略论我国劳动关系的转型及当前特征》，载《中国劳动关系学院学报》2007 年第 2 期，第 28—35 页。

定，转变为基本上由劳动力市场的供求决定，具体内容取决于劳动关系双方在国家法律和政策的框架内自主协商、订立的劳动契约。企业由此拥有了对工人选择的权利；反过来，工人也获得了自由选择企业的权利。

但是这种自由是以固定工制度的结束，随时面临失业的风险和劳动再生产的自我承担(或部分承担)为代价的。工人生产、生活的全面商品化，使得他们所需要的物质资源和生活机会逐渐改由市场经济部门提供，而不再主要依赖国家部门。① 由于其年龄、低教育程度和有限的技能等限制，这些工人在非国有部门根本无力和年轻工人或农民工竞争。因而，与其说劳动关系的雇佣化增强了工人的选择和流动，不如说增强了管理者的权力。②

这一变化的关键在于：一旦工人从国家体系中走出来，进入市场当中，国家与产业工人之间的联系就改变了。它由直接的行政约束变为间接的政策指导和法律调控。劳资冲突从政治事务转变为经济、法律事务，从人事行政事务转变为企业内部事务。也就是说，除却国家直接通过政策手段调整其与产业工人的关系之外，只有当劳资冲突触碰到既定国家政策或法律规定，国家同产业工人的关系问题才会被启动。

劳动保障的社会化是国有企业逐渐从非生产领域退出，逐渐转变为市场经济主体，将自身的责任范围限定在生产领域的过程。国有企业原有的诸多功能在这个过程中被逐一分离出去，并交由相关领域的社会部门、国家政府机关来处理。③

这是公司组织的“祛魅”过程，是其不断理性化、合理化的结果。向自主

---

① McMillan，John，Barry Naughton. “How to Reform a Planned Economy：Lessons from China.” *Oxford Review of Economic Policy*，1992. 18(1)：pp.30－43.

② 李静君：《中国工人阶级的转型政治》，载李友梅、孙立平、沈原编：《当代中国社会分层：理论与实证》(转型与发展第1辑)，社会科学文献出版社2006年版，第55—88页。

③ 路风认为，这是一个功能分化的过程，就是使企业组织和其他组织的功能与目标单一化。现代组织的一个基本特点就是以满足外部的需求为组织存在的目的。企业必须满足市场的需要，医院必须满足病人的需要，否则就丧失了组织存在的意义。企业以及其他社会基层组织，既不应该是政治斗争的舞台，也不应该成为社会福利院。单位的功能分化过程，同时就是这种组织的社会化过程。这个过程首先要求重新界定党政组织对其他社会组织的权力范围，使作为国家直接行政管理基本环节的单位转变为享有充分自主权的法人组织；其次要求通过政府的力量建立起独立于单位之外的社会保障体系，并通过市场的力量使单位的内部服务功能彻底社会化。(参见路风：《单位：一种特殊的社会组织形式》，载《中国社会科学》1989年第1期，第71—88页；路风：《中国单位体制的起源和形成》，载《中国社会科学季刊》1993年总第5期，第91—134页。)

性市场企业的转变，意味着它要去除感性、感情的部分，保留理性和抽象的形式。企业在这个过程中逐步转变为纯粹经济性的组织，消除了生产之外的其他义务。因为那些其他义务对致力于抽象劳动积累的公司来说，是影响效率、不经济的，不符合公司理性的经营原则。

这个过程是国家和市场同时作用下产生的，也是国有企业不断从国家行政直接干预中分离出来，不断进入市场领域，参与市场竞争的过程。一旦国有企业成为市场主体，国有企业的工人自然也就从国家计划内进入国家计划外；工人的事务由国家事务转变为企业内部事务，转变为生产事务；这同时也意味着国有企业对工人社会责任的全面解除。

于是，从国家到企业到工人阶级的这条线趋向形成一种纯粹经济性的联系，过去工人曾经拥有的权利，曾经需要单位承担的社会义务不再存在或转移到其他的组织形态来承担。国家与产业工人的关系，由于市场化企业的独立性，转变为国家、企业与产业工人三者的博弈。劳动关系开始由"国家化"向"企业化"发展。①

自 20 世纪 90 年代初期，国家就开始尝试用市场经济原则建立劳动保障制度，用社会化的多元主体保障取代国有企业全包的单位福利体系。这一方面降低了企业的生产成本，减轻了企业的负担。另一方面为脱离单位体制的工人在不同企业之间顺利流动给予了政策上的配合。②

劳动保障社会化的改革之所以在 20 世纪 90 年代中后期变得紧迫起来，主要的原因是大量下岗、③失业工人的出现。电影《钢的琴》的导演张猛形象地回忆说：从小到大就觉得沈阳的马路上没什么人，"原来的工厂五万

① 阎春芝：《劳动关系需要与文化》，企业管理出版社 1995 年版，第 50 页。

② 洪泸敏、章辉美：《中国企业劳动关系的变迁》，载《企业管理》2009 年第 3 期，第 8—15 页；洪泸敏、章辉美：《新中国成立以来企业劳动关系的历史变迁》，载《江西社会科学》2009 年第 8 期，第 21—26 页。

③ 下岗工人与原企业最多保留 3 年的劳动关系，期间，原企业支付给他们一定的基本生活费，并负责为他们缴纳社会保险金。下岗工人需要在企业再就业中心登记，并与中心签订有关基本生活费和再就业的协议。企业有权与拒签合同的工人解除劳动关系。一旦工人找到了新的工作，他们与原企业的劳动关系则自动解除。实际上，有很多工人因为企业无钱而无法得到生活费，或因为不愿在 3 年之后与企业脱离关系而拒签下岗协议。这些工人在官方的统计中并不被计为下岗工人，但是当地政府、企业和他们自己都认为他们是下岗工人。因此，下岗工人的范畴在实际生活中是非常灵活且宽泛的。（参见谢桂华：《市场化转型与下岗工人》，载《社会学研究》2006 年第 1 期，第 22—54 页；谢桂华：《转型期的城市劳动力市场：关于下岗与再就业的实证研究》，中国人民大学出版社 2008 年版，第 11—16 页。）

人。每天早上，这五万人就整齐划一地聚到工厂里去了，下班回家，晚上也看不清”。可到了20世纪90年代中期，呼啦一下子，无论白天晚上，到处都是人。国企纷纷倒闭，硕大的厂区原本吞没了数以万计的人，这回全吐了出来。①

这一局面的形成主要是国家政策引导的结果。国有企业或者出于压缩生产成本、提高企业内部控制力的考虑，或者出于自身兼并破产、劳动组合的优化考虑，采取了大规模工人下岗、失业的政策。② 下岗是国家在缺乏安排失业人员储备金，又缺乏完备社会保障体系的情况下，采取的劳动力市场改革的过渡形式。但实际上，由于再就业服务中心效果并不理想，所以下岗职工的再就业基本上是市场化的，是劳动力市场上的自我选择。③

面对大量下岗失业人员，国家从20世纪90年代后期开始制定和出台了一系列政策法规，包括《国有企业富余职工安置规定》《关于全面实施再就业工程的通知》等，从而建立起由最低工资、失业保险到最低生活保障组成的三级保障线。下岗再就业，和将各地企业裁员逐步依法直接纳入失业保险或城市低保，使“下岗工人”这一特定人群逐渐消失。

2005年国家发布《关于切实做好国有企业下岗职工基本生活保障制度向失业保险制度并轨有关工作的通知》，标志着国有企业职工“下岗”的过渡性措施已完成其历史使命。随后，各地再就业服务中心陆续被撤销，国有企

---

① 姜弘：《三个东北人 弄出〈钢的琴〉》，《南方周末》，2011年7月15日。

② 虽然学界对工人下岗的原因提出了多种理论，包括结构性失业、摩擦性失业、隐性失业的显性化等。但企业破产和售卖显然中断了国家投资，在利润远远不抵投入的情况下，资本的撤出对国家实现抽象劳动积累是有益的。所以说企业缺乏技术革新致使其破产导致下岗只不过是表面现象，其深层原因在于国家投资的撤出。转型成功的企业则依赖大量劳务工的引入，这一做法使工作需要与工人技术技能脱节的说法不攻自破。因为大量引进的劳务工大多并不是技术工人，他们的技术技能反倒不如长期在国有企业中工作的原企业职工。而劳动密集型向资本密集型转变的工业结构虽然能解释下岗失业问题，但重点不在于企业用工成本的增加，而在于企业相对用工需求的减少。就钢铁等资本密集行业的经验来看，人力成本在企业总投资中所占份额较少，并不起决定性的作用。（关于各种工人下岗原因的研究可参见肖黎春：《上海失业、下岗人员现状及发展趋势》，载《中国人口科学》1998年第3期，第26—37页；盛仁斌：《中国失业的结构性特征与治理对策》，载《经济科学》1998年第4期，第5—10页；王诚：《中国就业发展新论——核心就业与非核心就业理论分析》，载《经济研究》2002年第12期，第79—87页；胡鞍钢：《中国就业状况分析》，载《管理世界》1997年第3期，第36—54页。）

③ 李培林：《老工业基地的失业治理：后工业化和市场化——东北地区9家大型国有企业的调查》，载《社会学研究》1998年第4期，第1—12页。

业下岗职工基本生活保障制度向失业保险并轨，被纳入集中、统一的失业保险或城市低保当中。

此后，企业减员由下岗和失业两种形态变为失业一种形态，两种保障方式合并为唯一的失业保险。与下岗生活保障这种过渡性制度相比，失业保险实际上是采用一种更为市场化的方式来解决失业人员的社会保障。由于失业保障资金的统一管理和有效使用，从长远来说，可以为企业减轻社会保障方面的负担，为进一步深化国有企业改革，推进整个国民经济的向前发展奠定基础。

需要指出的是，同一般性失业不同，过去的“下岗”政策还保留着工业关系的某些性质，包括内退、待业等下岗方式依然是集体协议而不是分散协议。具有同样工业关系性质的还有养老保障制度，它们都是作为工业公民权的结果而存在的。

1991 年，国务院在总结部分地区“以退休费用社会统筹为主要内容的改革”基础上颁布了《关于企业职工养老保险制度改革的决定》，要求除企业缴纳养老费用外，所有参加社会统筹的个人都要缴纳养老费用。提出“改变养老保险完全由国家、企业包下来的办法，实行国家、企业、个人三方共同负担”的发展方向。

1995 年《国务院关于深化企业职工养老保险制度改革的通知》对此作了修正，决定基本养老金由企业与个人共同承担，实行社会统筹与个人账户相结合的养老保险制度，国家只负责社会统筹部分的管理。此后社会统筹与个人账户相结合的基本养老保险制度逐渐定型。企业缴纳的基本养老保险费一部分用于建立统筹基金，一部分划入个人账户；个人缴纳的基本养老保险费计入个人账户。

经过劳动用工市场化的改革，国有企业的经济绩效，而不是国家与工人的政治关系越来越决定职工的“饭碗”和收入水平。[①] 但这并不是劳动用工市场化改革的根本意义所在，其根本意义在于使国有企业摆脱全面负责的劳动关系成为可能。由于国有企业只是国家计划的执行者，因此也实际上解放了国家的责任。

通过与在编员工变更或终止劳动关系，大量使用劳务工人，企业不但缩

---

① 路风：《国有企业转变的三个命题》，载《中国社会科学》2000 年第 5 期，第 4—27 页。

减了生产成本，而且还从实质上获得了企业管理的主动权，加强了对工人的控制。[①] 而企业内部控制的增强是实现抽象劳动积累扩大化的最重要前提。劳动保障的社会化则进一步减轻了国有企业的负担，使其能够尽最大可能获得同市场企业进行竞争的平等地位。

放开企业经营自主权、调整所有权的改革过程中，国家逐渐运用政治权力将劳动保障的责任下降给地方政府、企业，而劳动用工市场化和劳动保障社会化的改革则进一步将这些责任转移给了工人自身。

尽管劳动保障伴随着制度、法律的完善重新要求国家承担部分责任，作为企业、工人个人之外的第三方劳动保障主体而存在，但它主要以社会救济的性质为主，仅仅是给予劳动契约关系中的工人以最低限度的扶助，远远不能满足工人的需求。因此，这个过程表明国家将劳动力再生产的大部分负担转移给工人，由工人自己来完成。工人则不但要承担出卖活劳动的使用权，让资本占有和使用活劳动以实现增殖，同时还要承担大部分的劳动力再生产责任。

因此，当一些国有企业尝试让职工分担部分医疗费用，当一些地区对某些行业（如纺织等）的退休费用进行统筹的时候，工人们认为它直接伤害了自己的权益而拒绝接受。[②] 但是，随着市场逐渐获得普遍的、并且是主导性的社会地位之后，工人就如同商品一样，必须依靠出卖自身活劳动的使用价值来维持生存，个人的福利保障也同样需要按照市场的原则开始完全依赖交易关系了。这就是说，工人被商品化意味着他们被剥离掉了除劳动契约之外的、其他保障社会再生产的制度安排。[③]

小说《那儿》有一段独白非常清晰地解读了国企工人雇佣化的过程。

---

① 虽然提高企业控制能力、缩减生产成本是建立雇佣劳动关系的重要作用，但在改革的实践中，企业变更或终止劳动关系往往只是适应政策需要，是政府强制命令的结果。在钢铁等资本密集的行业，人力成本通常只占生产成本的百分之几。这种情况下，任何的裁员减薪都被认为是愚蠢的做法，因为这会带来企业生产秩序的动荡。但当企业改制数量成为政治命令下的指标、成为一定时期地方政府或国资委的行政任务时，企业劳动关系的变更完全是一种外部强迫，而不一定是企业内部需要。（参见王健君：《通钢悲剧的逻辑》，载《瞭望》2009 年第 32 期，第 6—8、10 页；《中国企业家》编辑部：《通钢改制始末》，载《中国企业家》2009 年第 16 期，第 66—68 页。）

② 郑功成：《从国家—单位保障制走向国家—社会保障制——30 年来中国社会保障改革与制度变迁》，载《社会保障研究》2008 年第 2 期，第 1—21 页。

③ Esping-Andersen, Gøsta. *The Three Worlds of Welfare Capitalism*. Princeton: Princeton University Press. 1990. p.21.

“我小舅那一代人从前的工资是非常低的，一个月只有几十元。他们在那个时代被告知这叫低工资高福利，是由国家负责他的医疗、住房，和子女教育的。我想这是为了平等，因为集中起来的财富办起了食堂、幼儿园、公费医疗、免费住房。这是低工资换来的，虽然不是很灵活的选择，但毕竟是不花钱的。据说这能最大限度地利用宝贵的资源。”

“一个工人，忍受了几十年的低收入，他创造的大部分价值已经变成了他的住房、公费医疗和幼儿园，这些东西本来就属于他的。凭什么要他们用嘴巴一点点抠出来的钱去买回原本就属于自己的东西？又有人来说，已经考虑到你们的贡献，所以一间住房只要一两万块就可以买下来，你们已经占了大便宜了。可是按照当年的承诺，他们本该一分钱不花的啊。但他们还是把钱掏出来了，他们相信这叫阵痛，是必须为将来的好日子付出的代价。”①

二、劳动关系的个体化

在过去单位体制的国有企业中，资源主要由单位垄断分配的机制使得个人与单位的关系变得异常紧密，单位的集体生活成为工人社会生活以及社会行为的常态。

一方面，制度上不允许工人们隔断与单位社会的联系，离开单位，工人就会失去社会身份和地位，并危及他们的生存。另一方面，失去与单位社会的联系，工人则会失去一种安全和保障，给他们带来失落和迷茫，也会使他们逐渐失去自身社会存在的基础。这决定了工人的生活必然是以集体化的单位，而不是以个体和家庭为基本单元展开。

工人正是在企业单位中被统一组织和安置起来的，更多地作为集体的一分子、作为社会主义建设的一个螺丝钉，而不是作为原子化的个体而存在。他们介入社会的方式也同样是集体主义的，是以单位成员身份参与社会生活，在外部表现为某个单位的个人。

相应地，社会对个人的认知也首先从单位开始，并以单位为依托展开对某个个体的了解，因为个体的内涵本身并不是独立创生的，而是由单位集体

① 曹征路：《那儿》，载《当代》2004 年第 5 期，第 188—210、206 页。

赋予的。工人们正是在长期的集体生活中彼此熟悉、相互了解，在公共生活和日常生活中相互影响、彼此依赖，形成了单位体制内部构成与工人在单位体制下的生活相互一体的格局。

随着契约关系的建立，工业劳动关系在国企改制之后经历了从公共生活到日常生活的全面解体。单位体制逐渐瓦解的过程也就是工人逐渐从集体劳动关系转入个体劳动关系的过程。既然单位不再是构成国家与工人阶级之间联系的唯一载体，不再是社会资源分配的唯一渠道。那么，工人就因此脱离了对单位的依附和从属性，不再被绑在某一个单位里，具有了自由流动的基础。可以在不依赖单位的情况下，获得生产、生活所需的资源。

这些在非单位制度中的成员，或者受到市场机制的影响，或者同时受到市场与非市场新旧两种机制的影响，不断发生着社会经济地位的变换。他们在职业选择、空间流动、价值观念、行为取向等诸多方面从必然联系趋向偶然相关，成为法理上自由的、同企业管理者平等的劳动个体。

社会关系的基本构成单元不再是单位，而是家庭和个人。工人作为独立的个体同其他个体发生关系，他们在日常生活中缺乏往来、各自具有相对私密的生活空间，彼此陌生，相互不熟悉。他们个人的意义不再被认为是在集体生活、在单位中产生，而被认为是先于社会交往而存在，并具有一个自我创设的过程。

这就是说，市场化改革打破了国有企业的单位体制，从而将劳动关系、甚至整个社会的构成基础逐渐转化为个人主义。罗尔斯(John Rawls)认为，在个人主义的社会中，人取得独立性是基于一组关于人的基本权利的界定。社会组成的基本元素就是一个个身体上具有独立性的个体或个人。“人们对根本性的目标与兴趣是独立于特殊的社会形式已被定下来的，社会与国家被视为是回应人们先已有了的目标与目的的建制上的安排，而这些目标与目的是由一个固定了的以及不变的人的心理(human psychology)所确切地定置出来的。”①

按照罗尔斯的说法，人在社会存在之前已经具备了人的种种基本的特性。人性并非社会塑造的结果，社会反而是由人性所制造出来的产品。人类构建社会的目的是为了能够更有效地去达成那些在社会成立以前人们已

① Rawls, John. “Fairness to Goodness.” *Philosophical Review*, 1975. 84(4): pp.536 - 554.

经有的目标及兴趣。

托克维尔(Alexis de Tocqueville)将个人主义的不断发展归结于身份平等的扩大。他认为个人主义使得每个人能够依赖自己确定其信念,是一种只顾自己而又心安理得的情感。当社会民众个体独自建立了自己的小社会后,他们就不管大社会而任其自行发展了。因此,个人主义首先会使社会公德的资源干涸,久而久之会打击与毁灭其他一切美德。①

工业劳动关系解体、个人主义的扩张首先体现在法权社会的构建、公民政治的承认方面。国企改制形成的契约化雇佣关系首先是一种法权关系,偏重于强调个体之间的自由与平等。而法权社会本身是以对个体人格、抽象化个人的承认为基础的,它主要指认个人的权利,集体权则处于第二位或从属的地位。②

正如马歇尔所说,除了政治权利的罢工、结社、游行集会等是集体性的公民权(通过集体来行使)之外,公民权是极端个人化的。③ 集体公民权利既不是现代社会的构成基础,也不是法权社会(法理社会,或资产阶级市民社会)的题中之义。

吉登斯(Anthony Giddens)指出,在现代资本主义社会,所谓工人的劳动权利,即工人自由流动、自由出卖劳动力、自由选择企业,以及法律面前人人平等的权利并不是工人自己努力争取的结果,而是资产阶级要求废除封建义务和贸易限制同封建主义斗争取得的胜利。④

这种自由的获得满足的是资产阶级生产的需要,很大程度上强化了雇主对于工人的权力。因为现代资本主义的形成依赖于能够自由出卖自身劳动力的劳动者,从而使雇主可以根据经济状况来雇佣或解雇工人。而工人组建工会、参与工业谈判和罢工的权利显然同资产阶级的意愿是不相符合的,资本家不会高兴地赋予工人这些权利。

---

① Tocqueville, Alexis de. *Democracy in America*. Translated by Schleifer, James T. Indianapoli: Liberty Fund, Inc. 2010. p.882.

② [美] 托马斯·帕特森编:《美国政治文化》,顾肃、吕建高译,东方出版社2007年版,第152页。

③ Marshall, Thomas H. "Citizenship and Social Class." In *Inequality and Society: Social Science Perspectives on Social Stratification*. eds. Manza, Jeff, Michael Sauder. New York: W. W. Norton and Co. 2009. pp.148-154.

④ [英] 安东尼·吉登斯:《阶级分化、阶级冲突与公民身份权利》,载《公共行政评论》2008年第6期,第5—21页。

在个人主义的法权社会，经济生产遵循市场价值规律，服务于抽象劳动积累的无限增殖。它形成的是“以利益为基础的社会秩序”，①而不强调集体的精神力量和政治动员。这就不难理解为什么伴随市场化转型的不断深化，公共政治空间会出现明显萎缩的趋势。

回顾中华人民共和国成立以来，为方便组织大规模政治集会和游行，方便生产动员的开展，城市规划为大型会场、广场让道。工人文化宫和工人俱乐部通常以庞大雄伟的苏式建筑位于交通便利的市中心，便于居住在城市工人社区中的工人访问。不仅如此，企业单位也从改造剧院到新建礼堂等各种方式形成了无数大小不一的公共设施。

这些城市和企业的公共设施行使着多种功能，既作为经常性社会动员的会场，也联系着集体感、单位意识和健康的娱乐(包括联欢会、文艺演出、免费的电影放映等社会主义文化生活的主要形态)，还是社会主义主流艺术形式，合唱、诗歌朗诵等的演出空间，也是作为群众文化的各类业余文体社团的活动场地和培训机构。

公共空间的大量存在和工人私人空间的压缩(如上文提到的卫生间、厨房的共用等方面)形成了当时工人生活空间的突出特征。那些宽阔的、包罗万象的厂区，那些高悬着领袖像和党旗的礼堂，每天都向工人宣布着这样一个理念：人的生活是由人的工作定义的；人生的意义也不在别的什么地方，而在工作当中、在生产劳动当中、在政治和思想的革命当中。②

与此相反的是，改革开放以来工人私人空间的要求不断强化，公共空间则呈现萎缩的趋势。正如王晓明所描述的那样，当城市的建筑空间被收拾得越来越整齐的时候，当流动人口越来越多，居民们习惯于关紧大门，甚至都不大知道楼上楼下、左右隔壁住了谁的时候，当媒体的聒噪铺天盖地、年轻人越来越沉迷于网络和游戏机房的时候，私人空间迅速膨胀起来。③

不仅如此，以靠近工业区为原则，在布局和规模上取决于工业区计划的工人住房规划逐渐被统一的、“以住宅为中心的组合空间”模式取代，“人的

---

① Zheng, Yongnian. *Globalization and State Transformation in China*. New York: Cambridge University Press. 2004. p.61.

② 王晓明：《从建筑到广告——最近十五年上海城市空间的变化》，载王晓明、蔡翔编：《热风学术》第一辑，广西师范大学出版社2008年版，第3—23页。

③ 王晓明：《从建筑到广告——最近十五年上海城市空间的变化》，载王晓明、蔡翔编：《热风学术》第一辑，广西师范大学出版社2008年版，第3—23页。

工作”变成了“人的居住”。① 城市规划的所有其他项目：地铁站、公交站、超市、学校、餐馆、诊所等都围绕住宅建设，成为住宅楼的随从。当然，光线聚焦的住宅空间并不指向实在的住宅部分，而指向住宅所代表的各种抽象价值。

尽管工人并不总是待在家里，但城市的空间形态却越来越住宅化，住宅及其配套建筑的组合规划逻辑日益深刻地影响城市的空间构成。按照以住宅为中心的组合空间模式的需要，伴随国有企业的改制或者破产兼并，过去的工人居住区（包括曾经作为社会主义工人住宅样本的工人新村）逐渐被列为城市更新的对象，结束了“社会主义工业空间”②的历史使命。③

那些有幸被保留下的工人居住区则很少依然履行服务工业区生产的功能。它们的居民或者以下岗、失业职工为主，或者以高龄、赋闲的退休职工为主。大部分的工人居住区则由于年久失修、居住条件恶化，或地产增殖等原因被强行拆除，居民则被原地安置或搬迁到其他地方。

上述两种情况导致工人或是依然居住在原来的生活区，但已经失去了原有的功能，也不再是严格意义上的工人居住区，而转化为普通商品住宅区，割断了与过去集体主义工业关系的血脉；或是从统一、整齐的居住区迁移出来，主动或无奈地分散到城市的各个角落里，也许有的有了自己的厨房和厕所，有的仍然没有。

总而言之，经过上述城市更新的过程，工人的主体性、集体性在某种程度上被消解了。他们逐渐退居到私密的住宅楼里，封闭在个人的物质生活里寻找人生价值和意义，体会被分离的失落，而无法从周围复杂的人群里找到认同和归属感。④

他们再一次回到了经典的工人阶级生活中：工厂的大门代表着一道界

① 王晓明：《从建筑到广告——最近十五年上海城市空间的变化》，载王晓明、蔡翔编：《热风学术》第一辑，广西师范大学出版社 2008 年版，第 3—23 页。

② 王晓明：《上海天空下》，载《新民周刊》2008 年第 11 期。

③ 李静君指出，市场的原子化效应在小型国有企业最为明显，这些企业过去就没有固定的工人居住区，下岗的同时意味着工人阶级群体的解体。据下岗工人介绍，一旦企业财政室停发补助，他们就和企业管理者及其他工人失去了联系，也不再去往原工厂厂址。（参见李静君：《中国工人阶级的转型政治》，载李友梅、孙立平、沈原编：《当代中国社会分层：理论与实证》（转型与发展第 1 辑），社会科学文献出版社 2006 年版，第 55—88 页。）

④ 邵旦丹：《大众传媒与上海工人阶级主体性建构及变迁》，复旦大学新闻学院广播电视新闻学专业硕士学位论文，2005 年，第 35 页。

线,将工人的日常生活的两个部分严格地区分开来。只有在一天的工作之后,而不是在此之前,工厂的大门才保持半开半闭的状态。这时候,一部分由他与他的工作独特关系而导致的思考或不思考的习惯,回流到了工人们在工厂以外生活的社会领域里。当他回到工作场所后,他清楚地感到,他为了进入一个世界而抛弃了另一个世界,而且这两个世界之间没有什么联系。

产业工人在工作的时候是与物品而不是与人打交道,这是工人区别于其他群体的一个重要事实。相反,所有其他的专业部门都是在人的情景中进行的,并且是人们之间建立关系的最主要场所。① 当工作场所与住宅在空间和情感上都完全分离,当个人住宅越来越私密化、个性化之后,奔波于住宅和工作场所的产业工人们必然面临着越来越严重的原子化和孤独感。

过去那种生活空间和居住空间相连的体验如今只能在农民工的宿舍劳动体制中找到,但它是在现代法权基础上形成的契约劳动关系,服务于工厂对抽象劳动的积累过程。处于雇佣关系中的农民工作为宿舍劳动体制的主体部分存在,这决定了后者在本质上的个体化,决定了它同工业关系的不同。

任焰和潘毅认为,宿舍劳动体制是国家和资本相结合的一种具体体现。因为资本的经济逻辑在于通过控制劳动力的生产过程最大限度地获取剩余价值,在全球范围内迅速地进行资本积累;而国家的政治逻辑在于通过有效控制劳动者的流动来达成工业化和城市化的目标而无需承担劳动力再生产的责任。②

宿舍劳动体制的政治经济学意义在于它导致了双重劳动异化过程的产生。一方面,宿舍劳动体制的劳动—生活居住一体化使得工人处于工厂的全面控制下。同时,高流动率使得工人难以形成集体谈判的力量,有助于抑制工人提高工资的需求。另一方面,由于居住、食物、出行、社交以及休闲等全部在生产组织中获得,劳动力日常再生产的成本被各个企业自行消化了。

当然,宿舍聚居也为工人们强化和扩展非正式网络提供了必要的空间。

---

① [法]莫里斯·哈布瓦赫:《论集体记忆》,毕然、郭金华译,上海人民出版社2002年版,第235—237页。

② Pun, Ngai. *Made in China: Women Factory Workers in a Global Workplace*. Durham and London: Duke University Press. 2005.;任焰、潘毅:《宿舍劳动体制:劳动控制与抗争的另类空间》,载《开放时代》2006年第3期,第124—134页;任焰、潘毅:《跨国劳动过程的空间政治:全球化时代的宿舍劳动体制》,载《社会学研究》2006年第4期,第21—33页。

在宿舍中，性别、血缘以及族群网络将工人彼此联系在一起。这些网络也有利于工人流动、找工作以及传播工作信息，并且增强了工人对工厂以及城市生活的适应能力。另外，宿舍聚居也为工人建立共识、发展策略以及采取集体性行动创造了条件。但它主要作为一种资本控制劳动的手段而存在，是国家与资本联盟的一种具体表现。

单位体制下工人的文化生活同公共设施的建立和居住、工作一体的城市规划一样都是服务于生产劳动和政治、思想的革命，这是工人文化生活存在的意义和价值所在。

在单位体制下，工人具有丰富的业余文化生活，文艺汇演、体育比赛、电影放映等各种集体性文化活动层出不穷。这些工人的业余活动依托于国家在工人社区中配套的工人俱乐部、电影院、大礼堂、舞厅、活动室、图书馆等公共设施。在全国社会资源总量相对紧缺的情况下，这样的公共文化场所令社会其他成员羡慕不已。

电影放映、文艺汇演等活动不但让工人群众在共同的文化生活中形成集体的认识，在物质资源相对贫乏的时代还成为宣传革命主流文化的阵地，强化了工人阶级作为政治上先进阶级的思想和观念。体育比赛等活动则更加直接地宣传了一种集体主义精神，强调相互帮助、相互配合的阶级友谊，而不是突出个人、强调个性。他们通过比赛获取的是集体荣誉感，是为自己所在的车间、工厂增光添彩。

那个时代，工人的文化生活已经超越了其本身的含义，具有鲜明的符号象征意义，这些活动代表着当时先进的工人文化，以及“团结互助”“拼搏进取”的集体主义精神。

通过这些文体活动，国家对工人阶级进行政治教育和思想传播，实现了生产的动员，达到了文化生活为国家生产建设服务的目的。工人则在参与这些文体活动的同时，形成了强烈的责任感、集体意识和主人翁意识，建立了一种积极向上、拼搏进取、团结合作的社会主义工人形象，强化了其作为工人的身份认同。①

从 20 世纪 80 年代开始，国有企业不是被改制成按照价值规律运行的市

① 张祺：《原国企工人身份认同转变与重构：一个工人文化生活的视角——以西部原国企工厂 GR 厂为例》，华东师范大学社会学系硕士学位论文，2010 年，第 22—29 页。

场主体，就是因为资不抵债、政策需要等原因被迫停产或破产。工人们不是在岗位上辛苦工作，忙于养家糊口；就是下岗失业，徘徊在生存斗争的前线。

由于劳动用工市场化和劳动保障社会化的改革，使得国企工人的生活成本急剧增加，他们不但要负担家庭日常支出，还要负担过去没有的家庭医疗卫生、房屋购买、子女教育等各项支出。在这种情况下工人的工资涨幅很难满足家庭的需要，消费物价指数的持续增高和下岗失业更使这种情况雪上加霜。

对于国家和企业来说，利益驱动的生产模式占据了主导，它不再依赖文化生活、政治运动等来进行生产动员。提供集体活动的公共设施被认为是资源的浪费，不是被出租就是转让用作其他用途。意识形态选择了失语，文化生活也就失去了价值。经济效益下滑的国有企业不但无心，同时也无力负担文化设施的运行费用。对工人来说，当自身彻底转变为工资的人格化，成为薪酬增长的奴仆，文化生活就逐渐成了不必要的餐后甜点而被自觉舍弃了。

工人物质生活的贫困化和以利益为基础的社会秩序的形成决定了工厂公共、集体文化活动空间的逐渐隐退或消逝，工人陷入一种悲观的情绪，形成挫折感和对社会的疏离感。他们在工人社区中的人际互动减少了，集体的精神慰藉转为一种侥幸和投机的心理。相应地，个体化、私人团体化的个体文化伴生而来，下象棋、打麻将、买彩票、打扑克、看电视成了工人业余生活的主要方式，工人文化出现了衰落和空洞化的现象。

与年轻的工人不同，年龄偏大的或退休的工人依然保留着工业关系时代的文娱活动。

王洪喆描写了鞍钢老工人这样的生活：虽然已经失去了进入工人文化宫的可能性，但他们依然在其他简陋的场地维护着豫剧团的运行，坚持每周一次聚会，进行定期排演，尽管他们几乎找不到排练场地和真正的演出机会。工人文化宫外面的广场是唯一还没有被商业化的地方。这个广场是附近工人社区在夜间唯一有灯光的自由空间。晚饭后，工人们从城市的各个角落聚集到这里，自发地组织起他们喜爱的歌唱和舞蹈等集体活动。①

① 王洪喆、邱林川：《空间、科技、与声音——新老工人阶级文化空间的比较研究》，载《传播文化与政治》2015 年第 2 期，第 27—60 页。

这些老工人尽管很多是因为拥有工业时代共同的经历和记忆而聚拢在一起，在一定程度上找回当年大集体中的感觉，重拾了他们生活的信心。但他们所依托的文化生活已经不再承载过去的文化体系。这些文化生活过去直接讲述着工人的日常生活和劳动经验，而如今它却掩盖了过去的阶级政治，表达了一种更接近当下生活和社会需求的草根价值。

那些曾经歌颂当时劳动和生产热情场景的歌曲如今只残留着歌曲本身的形式，充满了怀旧的忧伤。伴随当下社会发展而生的现代歌曲渐渐流行起来，后者显然已经与旧的意识形态、与劳动和生产脱离了关系。地方曲艺的发展越来越趋向表达中国民间文化和价值，而不再弘扬社会主义建设精神。它们只是一些追求健康生活和自娱自乐的团体，不再具有政治符号的意义。

伴随整体社会的市场化转型，无论在大众传媒还是在现实中，工人阶级与工厂、机器以及其他工人的牢固关系开始动摇，关于工人的叙述越来越趋向一种分散化的形式。

这一分散化的叙述形式曾经出现在共产党政权建立之前的很长一段时间里。那时候大众媒体并没有关于工人的一个清晰的面貌，他们以各种不同的名称出现，在各种不同的力量之间徘徊。他们首先是日常生活中的市井小民。

随着历史的发展，他们经历了从“匠”到“工”的转变。他们作为整体的“某行业工匠”“工界”或“工人”，或与学生并肩作战，或与党派结成联盟，或是在帮会的帮助下获得权益。

在社会主义建设时期，工人开始以阶级的形象进入大众媒体的话语体系。一方面，共产党掌握国家政权必然为大众传媒带来了马克思主义的阶级分析话语；另一方面，稳定社会、恢复经济、发展工业需要一个统一、稳定、有力的工人阶级群体。于是在大众媒体上，工人的形象骤然被拔高和放大，个体的工人被整体的工人阶级取代，并具有了领导地位。

伴随着国有企业改制的不断推进，工人阶级在大众媒体构建起来的主体性开始逐渐消解。下岗、分流、贫困、低保、弱势群体、外来务工人员、打工仔，工人阶级的面貌又开始模糊起来。①

---

① 邵旦丹：《大众传媒与上海工人阶级主体性建构及变迁》，复旦大学新闻学院广播电视新闻学专业硕士学位论文，2005年，第26页。

小　结

中国的经济改革导向了工业关系向雇佣关系的转化，这是国家主动对外开放、接轨全球化的结果。这倒不是说中国的经济发展要依靠法治市场经济模式、要采取产权经济理论、要实行现代企业制度改革等，而是说国家的发展、政权的建设需要服从价值规律进一步扩充社会资源总量，在工业化体系基本建立的情况下实现抽象劳动的不断积累。

国家政治权力的运行、经济体制改革的方向都需要服从抽象劳动积累的原则，而抽象劳动的积累必然需要优质、驯服的活劳动提供者，至少是能够自由流动、自由出卖劳动力的工人。那些形成集体组织，可以对抗企业管理者的工人只是不得已的最后选择。因此，国有企业改制的过程也就是完全性单位组织不断解体、集体性工业关系逐渐转变为个体化雇佣关系的过程。

具体而言，中国企业劳动制度的改革过程，在国有企业是逐步获得劳动用工和薪酬决定权，实行全面劳动合同制，建立社会化的保障体系及逐步建立现代人力资源体系的过程；在非国有企业则是逐渐完善和建立全面覆盖的社保体系的过程。

伴随劳动用工市场化和劳动保障社会化的改革，工业劳动关系在国企改制之后经历了从公共生活到日常生活的全面解体。在计划经济时期，无论公共设施的建立、工厂与居住的一体化、文化生活还是政治宣传都围绕社会主义生产建设的主题展开。

大型会场、工人文化宫等位于交通便利的市中心，为国家实现工人政治和思想的改造、实现生产建设的政治动员提供了空间上的场所；工人的居住区建设是社会主义工业空间的再生产，服务于工业区生产的功能；工人的文化生活则依傍工厂内外的公共设施展开，它们不但让工人群众形成了集体的认识，还塑造了积极向上、团结合作的社会主义工人形象；大众媒体宣传一种高大、整体的工人阶级形象，并赋予工人阶级的领导地位。

国企改制将计划经济时期集体主义形式的工人生活转变为个人主义、

将公共性的劳动关系转变为偏重私人性。大型会场、工人文化宫逐渐废弃或改作他用；工人的居住空间趋向私密性，并逐渐同生产空间分离；文化生活不再服务于工业生产，而突出个人、强调个性，以个人娱乐和民间团体活动为主；大众传媒则同现实生活一样，动摇了工人阶级与工厂、机器以及其他工人的牢固关系，关于工人的叙述越来越趋向一种分散化的形式。

第六章　雇佣关系中的国家

劳动用工的市场化和劳动保障的社会化改革来源于国家提高社会资源总量积累的需要，它们改变了后者实现的主要形式。过去，这种积累主要依赖政治权力从生产过程的外部进行，包括国家直接利用行政手段对社会资源进行强性提取，以及通过集体动员、全面保障等方式调动工人的生产热情实现抽象劳动积累的目的，实际上主要是国家资源总量积累的实现。

改革后的资源总量开始偏重社会性积累。“放权让利”的意思就是资源总量积累从国家垄断走向政治权力与社会权力协调实现，并偏重从生产过程内部自身来实现，依赖企业的自主经营和劳动者个人的工资积累。国家退出对生产过程的直接干预的目的是让活劳动的占有和支配成为一种社会自发机制。不但企业管理者自觉成为资本的人格化，工人也自觉地成为工资的人格化，从而形成抽象劳动积累的自我驱动，极大地压低经济生产的成本，并获得更有效的生产控制。

社会资源的国家汲取和生产的外部动员实际以整个国家机器的全面投入为前提，以运动化的生产动员为主要手段，这不但使国家权力负担较重，难以在变幻莫测的社会形势中及时做出有效反应，还使得生产活动处于被动刺激状态，并伴随刺激的无、弱、强而变化，缺乏持久和延续性。

但是，一旦政治权力从社会资源总量积累的直接干预中退出，从属并服务于资本这种社会权力的无限积累原则，国家对单位、家庭这些微观组织的“父爱主义”①联系也就极大减弱了，并以直接行政供给的方式转变为间接法律保障。

由于国家权力和社会权力具有实现抽象劳动积累的共同目标，而且呈现前者从属于后者的倾向，因此国家就很难站在一个中立的立场上处理工

① ［匈］亚诺什·科尔内：《短缺经济学》下卷，经济科学出版社1990年版，第272—282页。

人与工厂管理者之间的矛盾冲突，并因为这个原因往往自身也被牵连成为劳工抗争的对象。①

这样看来，国企改制之后的中国似乎有一种趋近波兰尼所说的“市场社会”的倾向，资本的积累在短时期内成为不可遏制的社会力量，商品化的程度成为衡量一切社会价值的原则。“市场社会”的扩张不仅吞噬着国家对工人阶级的道义责任，也吞噬着国家自身。它使过去由国家供给的劳动用工和社会保障成为市场上交易的商品；它使中央政府与地方政府统一的利益目标和结构体系分化为冲突对立和权力碎片。

不过，经历经济改革的国家仍然是那个注重集体社会经济正义的国家，即便不是如此，它还是需要利用经济发展构建政治合法性的政府。或者如赵鼎新所说，道德和经济绩效一起组成了国家合法性的基础。② 因此，那个只为有支付能力的人服务的市场社会必然要受到国家的反向运动。尽管它不是社会的反向运动，尽管它天然地不具有彻底性。

一、国家权力的退与进

国家权力退出社会意味着市场的扩张和市场原则的普遍化。正如波兰尼所说，生产是人和自然之间的相互作用；如果这个过程将要被以物易物、物物交换的自我调节机制组织起来，那么，人和自然必然被带入它自身的逻辑中去；它们必然成为供给与需求的对象，这就是说，被当做商品、当做生产出来卖的产品来处理。③ 国有企业的改制将工人推向市场，也同时将工人再生产的过程推向了市场。

这个曾经受到国家保护的群体已经逐渐解体，而“工人”自身也从一项具有荣誉感的职业，转变为因随时可能失业而提心吊胆，因收入微薄而为生活担忧的境况。他们中的成员或是继续为国有企业工作，或是为其他企业

① 刘春荣：《转型期劳工抗争的性质和动力》，载《探索与争鸣》2009年第10期，第19—20页。

② 赵鼎新：《国家·社会与八九北京学运》，香港：香港中文大学出版社2007年版，第xxvi、183页。

③ Polanyi, Karl. *The Great Transformation: The Political and Economic Origins of Our Time*. Boston: Beacon Press. 2001. p.136.

工作，或是处于失业状态。他们身处的劳动关系，以及对劳动力市场的依赖，已使他们成为雇佣劳动者。这些原国有企业的工人同外资企业、私营企业、合资企业当中的工人一样，都要按照资本的逻辑参与到生产过程当中，都将自己的命运交给了市场的安排。

他们首先进入被“分割的劳动力市场”，①以“工资”的形式，按照不同价格出售活劳动的使用价值。在以市场导向为目标的企业组织治理结构中，普通工人们不但在收入分配，而且在资产权力的分配方面都处于弱势地位。管理人员或经理的权力在厂长（经理）负责制后得到了极大的增强，他们的经济收益与保障程度也远远高于普通工人。② 通过市场和管理两个过程，工人完全进入资本的体系，被积累起来的抽象劳动占有和使用，被一般交换价值约束和规定。

具体来说，资本在市场上购买了工人的活劳动也就具有了占有和使用活劳动的社会权力，企业管理者不但有权力决定招收工人的条件，还有权力决定使用工人的方法。③ 相应地，工人则必须考虑到年龄、性别，甚至身高、籍贯等因素，这些必须符合企业的要求；④在此之后，工人进入工厂从事生产，直接处于企业管理者的专制当中。他们的生产、生活，甚至上厕所的习惯、女性基本的生理周期等都必须向公司的规定靠拢，形成章程要求的规律，否则就要因为影响生产被处以数额不等的罚款。

正像雅斯贝斯（Karl Jaspers）论述的那样，“这项发展（指技术进步所带来的经济增长——本文作者注）与生产和分配的合理化相联系。决定之作出，依据的是知识与计算，而不是本能与欲望。这项发展同样也与机器化相联系，一切工作都在每一个有关的人都须遵循的详细的规则与规章下进行。过去，人们在这类事情上通常是等待‘事情的自己发生’而无所助力。现在，

---

① 谢桂华：《转型期的城市劳动力市场：关于下岗与再就业的实证研究》，中国人民大学出版社，第138—156页。

② 刘爱玉：《选择：国企变革与工人生存行动》，社会科学文献出版社2005年版，第3页。

③ 佟新：《社会变迁与工人社会身份的重构——“失业危机”对工人的意义》，载《社会学研究》2002年第6期，第1—12页。

④ 海斯勒记载了一次招工的见闻：在浙江丽水一家人造革工厂的大门前，工厂的保安正在检查求职者的身份证，如果谁的身份证上显示的家庭住址是贵州，保安会马上把他赶走。后来海斯勒听负责面试的公司副总经理解释说，“贵州人喜欢打架”，“他们在工厂里尽惹麻烦。这一带的许多小混混也是贵州来的。所以，我不喜欢他们来我的工厂打工。”（参见［美］彼得·海斯勒编：《寻路中国——从乡村到工厂的自驾之旅》，李雪顺译，上海译文出版社2011年版，第303页。）

他们却预先设计好一切而不是听任机遇的安排。但同时这也造成了单个工人在许多方面几乎等同于机器零件这样的结果”。①

陈佩华等人指出，20 世纪 80 年代开始的市场经济改革，已经从根本上改变了中国的工业关系。它导致了工人与管理者的普遍对立，因为所有的工人，不论他们是在国有企业、集体企业、私有企业还是外资企业，现在都不得不屈从于不受制约而且经常是专横跋扈的企业管理者。②

站在企业的角度，加强内部管理控制是其成为独立市场主体，能够在残酷市场竞争中存活的条件。它同时也意味着，在部分国有企业里，新传统主义已经成为历史，失序专制主义（disorganized despotism）的工厂政体出现了。③

这个概念是指在改革政策失去整合的情况下，国家的权威由厂长和管理层总揽，而出现了管理的专制。由于党组织及工会在企业内几乎全部受命于管理的权力；合同制、企业自主、科学管理的引入，令以往的互惠关系消失；同时，一系列福利改革，本意是以企业为本的福利制度，转变为社会层次的安全网。

而在私营、外资、劳动力集中的企业，失序专制主义或许比国有企业更加显著。一方面，由于单体体制的逐步瓦解，工人丧失了国家的有效保护；另一方面新的体系尚不完善，工人又缺乏自己的组织。因此，工人日益成为“市场鞭子”和管理者专制的受害者。④

劳动力及其再生产的商品化、企业管理者专制的增强来源于资本积累成为一种普遍的社会原则。而处于世界工业化末端的中国，普遍原则的实现是从国家政治权力让位于社会权力的自发积累，并从属和服务于后者开

---

① ［德］卡尔·雅斯贝斯：《时代的精神状况》，王德峰译，上海译文出版社 2003 年版，第 36—37 页。

② Chan, Anita. *China's Workers under Assault: The Exploitation of Labor in a Globalizing Economy*. New York and London: ME Sharpe. 2001; Chen, Feng. "Between the State and Labour: The Conflict of Chinese Trade Unions' Double Identity in Market Reform." *The China Quarterly*, 2003. (176): pp.1006 - 1028; Lee, Ching Kwan. "The 'Revenge of History': Collective Memories and Labor Protests in Northeastern China." *Ethnography*, 2000. 1(2): pp.217 - 237.

③ Lee, Ching Kwan. "From Organized Dependence to Disorganized Despotism: Changing Labour Regimes in Chinese Factories." *The China Quarterly*, 1999. (157): pp.44 - 71.

④ Lee, Ching Kwan. "The 'Revenge of History': Collective Memories and Labor Protests in Northeastern China." *Ethnography*, 2000. 1(2): pp.217 - 237.

始的。这在政治和社会理论中表现为国家同企业的统合主义关系，表现为从国家资源总量积累到社会资源总量扩张的转变。其实质是政治权力同社会权力结成联盟关系，通过生产领域的管理者专制和流通领域的经济活动实现资本的不断积累和增殖。

从这个意义上说，它是一种整体上的国家与社会的结构性关系，强调的是国家对企业资本积累的支持，以及它们对稳定劳动关系的共同的认识。因此，叶健民的实证研究只是讨论了这一结构性关系中的一个事例而已。他通过对山东淄博桓台县国家—商业（state-business）互动的形式的讨论认为，商业组织并不在国家和社会之间起有效的沟通机制作用；管理者之间的异质性也阻碍了同国家进行集体交易的可能。换句话说，不加批判地使用统合主义的观点可能首先会夸大社会组织出现的连带意涵，然后会误导进一步的研究。其次，这也可能低估了改革时期社会内部的分裂。①

无论如何，国家对于社会的控制尽管已大大放松，但国家仍然处于对社会组织的主导地位。统合主义视角表明了国家与企业之间的共生关系。在一些学者看来，体制内构建新的统合主义机制是中国共产党适应新的、开放的市场经济和日趋利益化的政治的另一个重要手段。

一方面，随着私营企业主及其商业组织在经济领域得势，它们形成了在政治事务中维护自己利益的倾向性，并通过商业协会来保护个人和集体利益。另一方面，通过这些商业协会和组织，党得以继续对社会特定群体保持监督和控制。在这种统合主义安排下，私营企业主同中国共产党领导的政治体系之间形成了一种共生关系，因而他们无法成为反抗政治控制的领导者。②

国企改制以来的国家政权不同于新自由主义的发展路线，前者以民族国家为单位来应付经济现象，表现出对经济发展的强烈需求，并给予生产企业更高的优先地位；后者则关注经济竞争的规则，将促进单个企业之间公平

---

① Yep, Ray. "The Limitations of Corporatism for Understanding Reforming China: An Empirical Analysis in a Rural County." *Journal of Contemporary China*, 2000. 19(25): pp.547－566.

② Pearson, Margaret M. *China's New Business Elite: The Political Consequences of Economic Reform*. Berkeley, Los Angeles and London: University of California Press. 1997; Dickson, Bruce J. *Red Capitalists in China: The Party, Private Entrepreneurs, and Prospects for Political Change*. New York: Cambridge University Press. 2003; Tsai, Kellee S. *Capitalism without Democracy: The Private Sector in Contemporary China*. Ithaca: Cornell University Press. 2007.

的市场竞争作为优先考虑的事情。

中国政府改革的政策着眼于提升国内的产业结构，更加注重资源积累过程以优化国家的国际竞争力，而不是实现积累的规则。它意味着一种更加紧密的国家与资本积累的联系，意味着对提高企业内部管理控制的支持和保障。① 事实上，国家在企业层面的劳动改革中扮演了重要角色，它与企业的管理之间有着极为亲密的联系。

国有企业管理的目标和方法通常是由国家设定的，并同国家对经济发展和增长的强调相一致。一方面是大量的下岗、失业工人的出现，他们或是通过"买断工龄"，或是通过提前"内退"等方式为企业节约成本、提高效率的改制做出牺牲和让步，同企业脱离或缩减了基本的权利、义务关系。另一方面，由于管理者能够解雇工人并从庞大的农民工群体中招募工人，所以没有能力离开而只能留在企业中的工人就不得不忍受新的管理专制。

赵明华等人对国有纺织部门和宝山钢铁厂的研究表明，国有企业一旦要追求利润就会改变过去那种松散的、富有人情味的管理模式，像其他市场经济当中的企业一样对工人进行身体的、心理的、精神的控制。这些控制主要表现在满负荷工作法、提高定额、加快速度等方面。这是市场社会的平常表现，它允许管理者以牺牲工人的工资和工作保障为代价追求利润和生产率的提高。绩效改革、竞争上岗，这些惩罚落后者的措施有效地抑制了工人之间的团结。②

---

① Chan, Anita. *China's Workers under Assault: The Exploitation of Labor in a Globalizing Economy*. New York and London: ME Sharpe. 2001. pp.15 - 16; Lee, Ching Kwan. "Revisiting the South China Miracle." *Labor Studies Journal*, 2002. 27(2): pp.61 - 64; Lee, Ching Kwan. "Gender and Production Politics on Hong Kong's Electronics Shopfloor." *Gender and Society*, 1993. 7(4): pp.529 - 547; Lee, Ching Kwan. *Against the Law: Labor Protests in China's Rustbelt and Sunbelt*. Berkeley and Los Angeles: University of California Press. 2007. p.198; 任焰、潘毅:《跨国劳动过程的空间政治：全球化时代的宿舍劳动体制》，载《社会学研究》2006 年第 4 期，第 21—33 页；Metcalf, David, Jianwei Li. "Chinese Unions: Nugatory or Transforming? — an Alice Analysis." 2005; Pun, Ngai. *Made in China: Women Factory Workers in a Global Workplace*. Durham and London: Duke University Press. 2005. pp.7 - 8; Friedman, Eli, Ching Kwan Lee. "Remaking the World of Chinese Labour: A 30 - Year Retrospective." *British Journal of Industrial Relations*, 2010. 48(3): pp.507 - 533.

② Zhao, Minghua, Theo Nichols. "Management Control of Labor in State-Owned Enterprises: Cases from the Textile Industry." In *Adjusting to Capitalism: Chinese Workers and the State*. ed. O'leary, Greg. New York: ME Sharpe 1998. pp. 75 - 100; Freund, Elizabeth M. "Downsizing China's State Industrial Enterprises: The Case of Baoshan Steel Works." In *Adjusting to Capitalism: Chinese Workers and the State*. ed. O'leary, Greg. New York: M E Sharpe 1998. pp.101 - 121.

外资和私营企业(尤其是前者)则从设立之初就享受各种政策的激励和保障,具有独立自主的企业内部管理权力,拥有比国有企业更好的发展起点。这些激励和保障包括减税、低价甚至无偿使用土地;提供廉价而优质的劳动力;努力建设基础设施,提高政府的服务水平;通过货币、贸易、汇率等方面的政策来刺激企业扩大出口。

劳动力的买卖则完全依赖市场的原则,以纯粹商品化的形式运行。在劳动保障等各项制度缺位的情况下,企业拥有近乎绝对的劳动用工自主权。正是在这些激励和保障的前提下,外资和私营企业才取得了巨大的成功,实现了邓小平所说的"国内廉价劳动力同国际剩余资本的结合",并给国有企业带来了竞争的压力和经营的示范作用。

社会资源总量积累原则的普遍化在微观层面表现为劳动力及其再生产的商品化和企业管理者专制的增强,在宏观层面则表现为全覆盖福利体制的结束,以及社会保障体系的逐步形成。这多少有点类似埃文斯的描述:社会为国家创造了大量财富资源,相应的公共产品供给还没有及时跟进,二者存在着比较严重的不平衡现象。①

中国经济改革的前期存在严重的劳动保障缺失问题。外资和私营企业的工人从一开始就基本处于社会保障和救济体系之外,由于第一代农民工具有"回乡"这一条最后的退路才使这样的状况维持了较长的时间。国有企业的工人则经历了劳动用工市场化和劳动保障社会化的改制过程,越来越浸染到了商品化的普遍性当中。

国家政治权力在这个过程中不断退出,摆脱了原来附着在企业单位中的社会保障责任,但没有在社会资源的汲取方面做同等程度的让利,②由于

① Evans, Peter B. "Predatory, Developmental, and Other Apparatuses: A Comparative Political Economy Perspective on the Third World State." *Sociological Forum*, 1989. 4(4): pp.561-587; Evans, Peter B. *Embedded Autonomy: States and Industrial Transformation*. Princeton, New Jersey: Princeton University Press. 1995.

② 这是相对而言的。国有企业改制以来,国家资源总量积累逐渐偏向社会资源总量积累,政治权力不再拥有处置国有企业自身预算外剩余收入的权力。但是国家并没有放弃对经济至关重要的行业的支配地位,这些行业仍然由国企控制,国家在这些行业中大量投资,并不断加强这些国有企业的竞争力,帮助它们在相关行业中保持垄断或寡头地位,以便产生高额的利润。与此同时,国家依然控制着国企产品与服务的价格水平来为其政策目标服务。国企始终是国家税收收益的最重要来源,这些税收收益对政权继续维持其政治支配地位是必不可少的。另外,国家还通过税收等措施分享了非国有企业的生产利润。

改革大刀阔斧,国家也未能及时补充工人脱离单位全面保障的缺口。

无论如何,作为一个中国特色的社会主义政权,国家还具有道义经济学和政治合法性的责任和要求。从道义经济学来说,国家负有增加社会资源总量,实现公平分配,保障人民基本生活的义务,这是传统中国儒家思想,也是社会主义政权建设的精神原则之一。从政治合法性而言,实现经济增长,提高人民的生活水平可以获得民众的认同,维系政权的稳固。

以上两点要求一种由国家权力行使的、同市场社会相悖的"去商品化"(de-commodification)过程。对工人阶级而言,在工资劳动之外,争取社会性收入的权利总是必要而令人期待的。它在普遍领域里主要表现为马歇尔所说的社会公民权,在生产领域里则表现为工业公民权,而社会公民权和工业公民权的引进本身就意味着纯粹工人乃至整个社会商品地位的松动。

去商品化是这样一个过程,在这个过程中国家为工人提供服务(包括基本公共设施和公共福利保障)的公民权利逐渐得到承认和接受;工人群体则越来越获得了相对市场的基本独立性,他们能够在不依赖市场的情况下维持其生活。①

如果社会救济或保障的存在并不能实质上消除个人对市场的依赖,则未必能够带来明显的去商品化效果。这样,工人就要运用他们已经获得的公民权利继续同企业和国家进行抗争,并最终实现充足的、能够使他们独立于市场而生活的社会救济或保障。

曾经有一个时期,国家因为实现社会资源总量积累的整体目标同劳动保障的相悖性,也就是市场化过程同反向运动的相悖性而痛苦不已。② 国家为了扩大政治合法性的基础,必须以强大的经济基础作为保障弥补革命时期物质生活的匮乏。③ 社会资源总量的增长尽管使实现各社会群体收入的提高成为可能,但不能保证后者同经济的发展水平相一致,更不能保证资源分配的公平和公正性。

在市场力量比较强势的时期,工人阶级显然承担了社会资源总量积累的大部分负担,因为要承担这种负担,不得不维持相对较低的劳动力再生产

---

① Esping-Andersen, Gøsta. *The Three Worlds of Welfare Capitalism*. Princeton: Princeton University Press. 1990. p.21.

② 冀志罡:《价值共识与经济发展》,载《新财经》2010 年第 10 期,第 43—44 页。

③ 赵鼎新:《社会与政治运动讲义》,社会科学文献出版社 2006 年版,第 130 页。

水平，或者也可以说，这种较低的劳动力再生产水平支撑了市场转型初期的经济成就。国有企业工人具有最明显的前后差异，他们从全面保障的福利体系中脱离出来，自谋职业、自我维系，经历了一段时期的困难。

所以，尽管经济的发展满足了部分民众的愿望，提高了总体的物质发展水平，并最终让全体人民受益，但在改革的过程中，部分民众（尤其是工人阶级）曾经以家庭为单位丧失工作机会和生活来源。

面对保持经济上行的巨大压力，国家需要广大民众，尤其是工人阶级的配合。这种一体化的关系是从工人阶级产生以来就一直存在的历史现象，在国家经济发展压力巨大，内外形势紧迫的情况下会愈发紧密。因此，国家虽然具有相对独立性，但由于处在这样一种依存性的关系中，它对劳动关系的维护也会呈现阶段性的差异。

国家对劳动关系的维护主要采取“依法治国”的形式，它首先表现为三个方面的意义：一个是限制企业的管理者专制，保护工人的基本公民权利。在国家与企业形成统合主义结构、工人缺乏集体性组织力量的情况下，平衡企业管理者与工人群众之间的“不对等劳动关系”；①二是通过这种“修复政策”，②实现企业管理者和工人群众之间的利益平衡，达到维护社会秩序、增强政治稳定的作用；三是通过法制建设将工人的社会保障（包括最低工资、失业保险、养老保险等）纳入基本的人权范围而不是市场交易的标的物，尽量给工人去商品化的地位，使之能够获得对抗市场的力量，不完全依赖市场而生存。

进一步说，国家针对劳动关系的法制建设的重要意义还在于设定法律程序作为处理劳工抗争的依据，并将后者从制度上限定在法律和行政机器内部进行规则上的调控。③ 市场化转型以来，工人与管理者之间的劳动争议不断发生。由于调解的无力和普遍的失败状况，使得另外两种形式的制

---

① Chen, Feng. “Legal Mobilization by Trade Unions: The Case of Shanghai.” *The China Journal*, 2004. (52): pp.27－45; Chan, Anita. *China's Workers under Assault: The Exploitation of Labor in a Globalizing Economy*. New York and London: ME Sharpe. 2001; Friedman, Eli, Ching Kwan Lee. “Remaking the World of Chinese Labour: A 30－Year Retrospective.” *British Journal of Industrial Relations*, 2010. 48(3): pp.507－533.

② 李琪：《改革与修复：当代中国国有企业的劳动关系研究》，中国劳动社会保障出版社 2003 年版，第 74—96 页。

③ 李静君：《中国工人阶级的转型政治》，载李友梅、孙立平、沈原编：《当代中国社会分层：理论与实证》（转型与发展第 1 辑），社会科学文献出版社 2006 年版，第 55—88 页。

度内争议解决途径(仲裁和诉讼)变得更加重要。①

为了维持生产秩序,为了将争议的解决制度化,国家在省、市、县三级建立起大约3 000个劳动争议仲裁委员会,还颁布了一些劳动争议仲裁的法律法规。这些法律法规为各级劳动争议仲裁委员会组成的全国性劳动争议仲裁体系奠定了法律基础。劳动争议仲裁体系创造了一种"有限争议"的机制,并为解决争议提供了制度化的渠道。这种国家允许的斗争的目的,是把工人的不满限制在一定的范围内,防止出现工人骚动。②

同时,在过去的几十年来,国家还制定了大量的法律和规章,用来规范劳动关系的方方面面。小到工资标准、工伤赔偿,大到医疗覆盖、薪金规则等。此外,国家还通过《工会法》规范了国家统合主义的工会,赋予工会的角色和组织以法律的基础,并从法律上限制了其他独立工人阶级组织的出现。

从行政上进行严格监管,限制NGO组织的进入门槛。而且,由于大多数给予NGO组织财政支持的国外基金都支持劳动权利运动的法律方式,并配合中国"法治"计划的执行,所以NGO组织大部分调整了自己的策略,适应国外基金的要求,从事法律咨询和法律培训等工作。

这一系列现象表明,在国家—资本—工人阶级的结构逐渐形成之后,针对资本对工人的权利和利益的剥夺,中国劳动冲突的争议解决过程也发生了变化,从几乎全部依赖于调解和行政措施发展到不断增多的法律化、规范化。③

弗里德曼(Eli Friedman)和李静君(Ching Kwan Lee)认为,国家的基本策略在于将工人的抗议吸收到这一司法和行政体制中,使法律和司法机构变成工人唯一合法的维护自身利益的方式。④ 也就是说,由于法律强制和国家监管在事实上无法实现对不存在的事务的控制和制度外行为的管理,所以,法制的策略,是为了规范劳动冲突到官僚体制和司法机构中解决,而

① Gallagher, Mary Elizabeth. "Mobilizing the Law in China: 'Informed Disenchantment' and the Development of Legal Consciousness." *Law & Society Review*, 2006. 40(4): pp.783 - 816; Ho, Virginia Harper. *Labor Dispute Resolution in China: Implications for Labor Rights and Legal Reform*. Berkeley: Institute of East Asian Studies.2003.

② Chen, Feng. "Industrial Restructuring and Workers' Resistance in China." *Modern China*, 2003. 29(2): pp.237 - 262.

③ Ho, Virginia Harper. *Labor Dispute Resolution in China: Implications for Labor Rights and Legal Reform*. Berkeley: Institute of East Asian Studies.2003.

④ Friedman, Eli,Ching Kwan Lee. "Remaking the World of Chinese Labour: A 30 - Year Retrospective." *British Journal of Industrial Relations*, 2010. 48(3): pp.507 - 533.

官僚体制和司法机构是由国家控制的，是国家的权力机器。

在企业工人一方，由于他们处于弱势地位，如果与企业管理者之间的关系没有法律基础（如双方没有签订劳动合同的情况）的保障，工人往往很容易遭受简单的工资削减、工时延长、工作环境恶化、解雇等伤害。在国家一方，社会抗争一旦通过法律途径得以化解，其促动民主转型的社会效应就逐渐趋于衰弱。①

法制建设在两个方面促进了现代国家的建设。有序的社会冲突可以促进政权自身的内部调整，从而使之具有持久的活力，为其实现长期的政治、社会发展和政权建设提供基础和保障；同时，当大多数社会运动被体制化，通过共识性的程序进行解决，社会运动可能在总量上会有所增加，但可以被保持在宪法制度的框架内，限制暴力和革命的发生。②

二、地方国家统合主义

长期以来，中国一直采取高度集中的政治体系来分配资源，协调各种利益要求。它的后果是企业与地方的自主性、积极性受到压抑，社会和经济发展失去了活力。到 20 世纪 80 年代初期人们开始认为，原有的问题不在于中央政府与地方政府权限的划分，而在于国家与企业的关系，即企业能否成为真正的经济实体。

中央政府逐渐退出对国有企业的直接干预，把它们交给地方政府管理。这项改革的直接后果是中央政府功能的缩减和地方政府功能的扩大。改革虽然着眼于国家与企业的关系，但首先得到变化的却是中央政府与地方政府的关系；主要设想是改变企业的依附地位，使企业活跃起来，实际机制的运行却造成地方政府的空前活跃。③

地方政府从企业当中获得越来越多的社会资源，从而有能力分担中央政

① 刘建军：《论社会转型期政治信任的法治基础》，载《文史哲》2010 年第 4 期，第 159—168 页。

② 赵鼎新：《西方社会运动与革命理论发展之述评——站在中国的角度思考》，载《社会学研究》2005 年第 1 期，第 168—209 页；［英］拉尔夫·达仁道夫：《现代社会冲突——自由政治随感》，林荣远译，中国社会科学出版社 2000 年版，第 141 页；［美］罗伯特·A.达尔：《现代政治分析》，王沪宁、陈峰译，上海译文出版社 1987 年版，第 110—112 页。

③ 王沪宁、陈明明：《调整中的中央与地方关系：政治资源的开发与维护》，载《探索与争鸣》1995 年第 3 期，第 33—36 页。

府的调控功能，发挥地方的能动性和创造性，解决本地的需求。但它也导致了地方意识逐渐确立和增强，中央约束相对无力的局面。这在一定程度上意味着中国已经完成了从全能主义（totalism）或准全能主义（quasi-totalitarian）① 向以绩效合法性为基础的发展型国家转型。②

作为一个发展型国家，必然要面对其内在痼疾，也就是中央政府权威与有效治理之间的矛盾。③ 中央政府对广大国土的统辖权威，体现在中央政府自上而下推行其政策指令意图、在资源和人事安排上统辖各地的能力和效用方面。有效治理指政府在不同领域或属地管理中处理解决具体问题的可行性、有效性，尤其体现在基层政权政府解决实际问题的能力，例如，完成自上而下的资源动员任务、公共产品提供、解决地方性冲突等。

发展型国家的中央权威与有效治理之间始终存在着紧张和不兼容的关系。一方面，中央政府需要地方政府具有更大的治理积极性，能够负担起地方复杂事务的治理，而这会导致地方权力做大，从而常常表现为各行其是，偏离失控，对中央核心产生威胁；另一方面，发展型国家又要求中央政府对广大国土的统辖权，体现在中央政府自上而下推行其政策指令意图、在资源和认识安排上统辖各地的权力，而这会削弱了地方政府解决实际问题的能力和这一体制的有效治理能力。

中国的"放权让利"改革使得地方政府分享了过去集中在中央政府的权力，获得了更多的资源控制权和企业管理权。财政上的分权导致中央政府控制力不可避免地出现下降，国家对地方政府的监管变得越来越困难。

在此情况下，中央的政策必须尽可能地清晰、一致，必须反映共识，这样才有可能得到地方的遵从。与此同时，各地方政府则常常顽固地捍卫自身的利益，使得政策很难得到执行。因此，尽管中央领导层掌握着众多强制性的手段，却不得不同地方政府讨价还价，以赢得后者的合作以及对政策的执行。④

---

① Pei, Minxin. *China's Trapped Transition: The Limits of Developmental Autocracy*. Cambridge: Harvard University Press. 2006. p.1.

② Nathan, Andrew James. "Authoritarian Resilience." *Journal of Democracy*, 2003. 14；赵鼎新：《国家・社会与八九北京学运》，香港：香港中文大学出版社 2007 年版，第 xxvi—xxvii 页。

③ 周雪光：《权威体制与有效治理：当代中国国家治理的制度逻辑》，载《开放时代》2011 年第 10 期，第 66—85 页。

④ Lampton, David. "Water: Challenge to a Fragmented Political System." In *Policy Implementation in Post-Mao China*. ed. Lampton, David. Berkeley: University of California Press 1987. p.17.

转型后的中央政府由于不再直接参与抽象劳动的积累过程，同资本增殖处于一个相对较远的位置而获得了更高程度的超越性。在此前提下，中央政府在承担实现国家工业化、现代化建设，不断实现抽象劳动积累的任务的同时，还需要对积累起来的社会资源进行公平、公正的分配，保障人民的基本生活，提高自身的政治合法性基础，维持社会的秩序和稳定。

地方政府则在物理和实践中处于和资本较近的位置，同后者存在更多的政治接触和社会交往。由于中国的分权化改革出现在市场化之前，所以在改革伊始地方政府就获得了大量地方工业的产权。集中的中央计划事实上已经无法再直接决定企业的决策和资源配置。在这种情况下，地方政府更加积极地介入地方经济活动，从而使财政收入的分配不可避免地分散。①

对于为什么地方政府与中央政府相比，具有更大的动机和能力行使作为所有者的权益，学者们的解释并不尽然相同。魏昂德考察了不同层级政府之间在组织特征方面存在的差异，形成了"政府即厂商"的理论。他同蔡欣怡等人都认为，财政分权激发了地方政府着力开发的企业家行为。地方经济绩效与该辖区的地方政府高度相关，因为市场机制是在地方层面上运行的。②

20 世纪 80 年代进行的财政改革改变了中国各级政府间的关系：企业按固定的税率纳税，替代了过去自动上缴全部利润的做法。向自己辖区内企业征税后，各级政府向上级政府上缴合约确定的数额并可以保留剩余。地区的经济发展越快，企业财务绩效越好，当地政府的收入增长也越多。地方政府还依赖企业的非财政利益，如企业能够为辖区提供就业机会、社会保险、住房基金，以及为其他企业稳定地提供生产要素等。除此之外，更强的激励来自不与上级政府分享的预算外收入。

因此，财政体制改革给地方政府带来压力的同时，也刺激了地方政府谋

① Wong, Christine. "Central-Local Relations in an Era of Fiscal Decline: The Paradox of Fiscal Decentralization in Post-Mao China." *The China Quarterly*, 1991. 128: pp.691 - 715.

② Walder, Andrew G. "Local Governments as Industrial Firms: An Organizational Analysis of China's Transitional Economy." *American Journal of Sociology*, 1995. 101(2): pp.263 - 301; Tsai, Kellee S. "Off Balance: The Unintended Consequences of Fiscal Federalism in China." *Journal of Chinese Political Science*, 2004. 9(2): pp.1 - 26;李静君:《中国工人阶级的转型政治》,载李友梅、孙立平、沈原编:《当代中国社会分层:理论与实证》(转型与发展第 1 辑),社会科学文献出版社 2006 年版,第 55—88 页。

求经济发展以获取较大的财政收益。而地方政府在国有组织中的领导地位则使得它们可以对当地的经济组织进行更为直接有效的监督管理。

这导致地方政府角色和行为的变化，地方官员可以把国有企业当做一个多样的市场取向的公司来管理，他们成了市场取向的代理人和行动者。政府与企业的关系类似于一个工厂或公司内部的结构关系，即政府作为所有者，类似于一个公司中的董事长，而企业的管理者则类似于厂长或车间主任的角色。也就是说，地方政府成为当地经济运作中的主导力量，具有一个庞大工业组织的特点。这一角色使得地方政府成为中国改革中经济迅猛发展的重要因素之一。

戴慕珍(Jean C. Oi)将这种地方政府公司化竞争的模式称为"地方国家统合主义"(local state corporation)，其含义是地方政府像经营企业一样经营地方，追求地方利益的最大化。由于财政与经济利益对地方政府的驱动作用，它们同厂商形成了合作关系。① 她所说的"地方政府"主要包括县、乡镇、村三个层级(尽管村在法律意义上并非一级政府，但其职能类似)。

在戴慕珍看来，财政体制改革清晰地界定了地方政府对增收部分的产权，从而对地方官员推动当地经济发展提供了强激励。其运作体现为地方政府调整其辖区内各家企业，使之类似于一家多样化的工商企业。地方政府为企业主要通过自身所掌握的行政资源为区域内的企业提供各种支持，包括协助募集资本、提供优惠信贷、降低税率、调节物资供应和协助产业升级等。

陈致柔(Chih-Jou Jay Chen)的研究对此作了补充，他发现在不同的地方，地方政权与地方利益集团的结合程度和方式差异很大，产生了不同的地方国家统合主义模式。②

关于地方政府发展经济、努力实现社会资源积累的解释除了"政府即厂

---

① Oi, Jean C. "The Role of the Local State in China's Transitional Economy." *The China Quarterly*, 1995. 144(1): pp. 1132 - 1149; Oi, Jean C. "Fiscal Reform and the Economic Foundations of Local State Corporatism in China." *World Politics*, 1992. 45(1): pp.99 - 126.

② Chen, Chih-Jou Jay. "Local Institutions and Property Rights Transformation in Southern Fujian." In *Property Rights and Economic Reform in China*. ed. Jean Oi, Andrew G. Walder. Stanford: Stanford University Press 1999. pp.72 - 101.

商”的理论之外还存在“压力型体制”、①“绩效驱动”②等观点。前者认为官僚体制的权责同构、数字化干部考核使得地方政府承担了招商引资、促进当地经济发展的任务，而很少直接向公众提供公共服务。有些地区甚至发展到“没有与招商引资无关的人，没有与招商引资无关的单位”的全民招商局面，招商引资成为政府系统压倒一切的中心工作。

后者认为，地方政府之所有不断突破原有的预算约束，使其软化，主要的原因是希望能够做出更大的政绩，以实现个人在官僚职业生涯中的晋升。实际上，无论是GDP崇拜、权责同构的压力型体制，还是数字化干部考核机制都暗含着国家对社会资源总量扩张、对现代化建设的要求。也就是说，实现形式上虽然各有差异，但其目的和本质是同一的。目前看来，在发展主义指导下，地方政府相比中央政府同资本形成了更加紧密的联盟已经成为可以确定的事实。

需要指出的是，在中国的国有部门中，产出和生产力最迅速的增长发生在政府所有权最清晰并且最容易实施的地方。③ 曾经在计划经济时期绝对享受财政资源供养的地区，后来却承受着改革的沉重包袱。那些过去的重工业基地，到处都是动辄员工数万的大型工厂。劳动用工的市场化和劳动保障的社会化改革造成了这些地区强烈的动荡。相反，过去在体制内被剥夺工业发展资格的地区在改革时期则发挥了后发优势，在争取投资资金的角逐中不但负担较轻，而且能够领先一步。这些地区可以无拘无束地发展它们的非国有经济成分。简而言之，财政改革使得地方政府在地方工商业发展中发挥的作用要大于毛泽东时代。

地方国企或多或少会打上中国单位组织的痕迹：首先，单位组织是再分配体制（社会资源按品德和政治觉悟标准进行分配的体制）下的制度化组织，其生存能力更多取决于组织与制度安排的同构性和制度框架本身的生

---

① 压力型体制指一级政治组织（县、乡）为了实现经济赶超，完成上级下达的各项指标而采取的数量化任务分解的管理方式和物质化的评价体系。（参见荣敬本等：《从压力型体制向民主合作体制的转变——县乡两级政治体制改革》，中央编译出版社1998年版；熊易寒：《地方政府要告别压力型体制》，载《社会观察》2010年第9期，第40—41页。）

② 李辉：《嵌入性腐败与政绩驱动的地方国家——基于“红方集团”破产腐败案的研究》，复旦大学政治学系博士学位论文，2008年，第159页。

③ Walder, Andrew G. “Local Governments as Industrial Firms: An Organizational Analysis of China's Transitional Economy.” *American Journal of Sociology*, 1995. 101(2): pp.263 - 301.

存能力;[①]其次,地方性国企单位组织在产权改制出售中,不可避免会受到地方政治权力关系变迁模式的影响,使得整个国企产权的出售过程变得扑朔迷离。

正如杨瑞龙等人批评的那样,国有企业的"共谋"更多地并不是发生在企业同工人之间,而是发生在经营者和代理行使所有权的政府官员之间。[②]一方面,国有企业对政府部门存在资源依赖以及合法性依赖,它们的投资决定更多地反映了政府主管部门的意愿;[③]另一方面,政府部门因为地方经济、个人利益等因素而更偏重于介入国有企业的经营中,相对来说,不免会忽视工人的权益。

也就是说,地方政府本身具有积累社会资源的共识,包含了决策的独立性和促进国家利益的发展意愿;同时它还从外部与企业集团建立了紧密的联系,是具有"嵌入性自主"(embedded autonomy)[④]的政府。嵌入性自主在促进地方经济发展的同时,也助长了企业管理者的专制和劳动商品化的缺陷。各地方政府为了能够在地区间的竞争中获取更多工商业资本的投入,提高政绩、获得利税,往往适应资本的要求,满足资本对廉价劳动和环保成本的偏好,让企业的劳动过程更容易控制,让工人进入充分的市场调节。

具体来说,地方政府一般会为投资企业创造条件,使它们大幅降低用工成本,赋予投资企业充分的经营自主权,使企业劳动纪律有效发挥作用。另外,一旦投资企业同工人发生劳动纠纷,地方政府会留给企业充分的时间内部解决,避免劳动行政部门干预。最后,当劳动纠纷公开化后,地方政府会在维护社会稳定的基础上尽力使劳资双方达成和解,并有效防止事态的进一步恶化。这也就决定了管理者专制在外资和私营部门能够更清晰地得到

---

① 李猛、周飞舟、李康:《单位:制度化组织的内部机制》,载中国社会科学院社会学研究所编:《中国社会学》第2卷,上海人民出版社2003年版,第135—167页。

② 杨瑞龙、周业安:《相机治理与国有企业监控》,载《中国社会科学》1998年第8期,第4—17页;Lin, Yimin. "Between Government and Labor: Managerial Decision-Making in Chinese Industry." *Studies in Comparative Communism*, 1992. 25(4): pp.381-404.

③ Child, John, Lu Yuan. "Institutional Constraints on Economic Reform: The Case of Investment Decisions in China." *Organization Science*, 1996. 7(1): pp.60-77.

④ Evans, Peter B. *Embedded Autonomy: States and Industrial Transformation*. Princeton, New Jersey: Princeton University Press. 1995; Evans, Peter B. "Predatory, Developmental, and Other Apparatuses: A Comparative Political Economy Perspective on the Third World State." *Sociological Forum*, 1989. 4(4): pp.561-587.

辨认。

近年来大行其道的“用工荒”“刘易斯拐点”①的说法，实际上并没有也不可能改变当前地方国家统合主义的现状以及由此造成的企业管理者专制。一方面，农民工“返乡”并不是回到乡村，而是返回到家乡所在地的城市或省内其他城市就业。它只是中国城市化道路上的一个支流，其主流仍然是农村人口向城市转移，中西部人口向东部沿海转移。用工荒不是“刘易斯拐点”，而是“半城市化”道路难以为继的信号。②

另一方面，很多时候“用工荒”是“用工谎”，是企业对政府的游说手段。各地方政府为了吸引外资展开了激烈的争夺，经营良好的外资、私营企业在投资谈判中处于主动地位，可以让地方政府提供更加优惠的政策，从而进一步压低运营的成本。这个时候，当企业管理者大喊“用工荒”的时候，政府为了留住企业、为了让企业“生存”，会进一步“让利”，而让政府的利也就是让工人的利。③

中央政府面对同样的总体发展目标，在制定、执行劳动保护政策和法律方面比地方政府具有更强的意愿。在实际执行时，迫于地方政府的压力也不得不被迫让法律受到侵蚀。从理论上讲，地方政府应该保持一定的相对自主性，站在劳动关系的外部平衡工人与企业管理者之间的利益，实际上，地方政府发展经济的压倒性目标往往破坏了这种自主性。它们更趋向于作为追求私利的“掠夺之手”④而存在，大大弱化了国家的总体目标。

地方政府过深地介入了经济事务，形成了政治、经济一体化的开发格局，失去了作为“第三方”的超然立场。陈佩华等人的研究进一步指出，在地

---

① Chan, Kam Wing. “Population, Migration and the Lewis Turning Point in China.” In *The China Population and Labor Yearbook*. Vol. 1. eds. Cai, Fang, Yang Du. Leiden, Netherlands: Brill 2009. pp.xix - xli；蔡昉：《刘易斯转折点——中国经济发展新阶段》，社会科学文献出版社 2008 年版；聂志红：《当前“民工荒”现象背后的经济信号》，载《社会》2004 年第 12 期，第 4—6 页；国虹、毛丹：《交换关系的断裂与重塑——关于“民工荒”的政治社会学分析》，载《浙江社会科学》2006 年第 4 期，第 82—90 页；黎民、杨惠：《民工潮、民工荒与中国农村劳动力的战略转移》，载《社会科学战线》2006 年第 3 期，第 206—211 页；王海景、袁军宝：《“民工荒”的经济学分析》，载《甘肃社会科学》2007 年第 3 期，第 112—113 页。

② 熊易寒：《“用工荒”不是刘易斯拐点》，《东方早报》，2012 年 2 月 27 日。

③ 吕途：《中国新工人：迷失与崛起》，法律出版社 2013 年版，第 228 页。

④ ［美］安德烈·施莱弗、［美］罗伯特·维什尼编：《掠夺之手：政府病及其治疗》，赵红军译，中信出版社 2004 年版，第 4—16 页。

方政府层面，越是行政级别低的政府，同资本之间的合作就越密切。① 魏昂德认为这是地方政府财政激励的结果，它会随着政府级别的降低而增强。② 尽管中央政府试图调节资本和民众之间的紧张关系，但是国家行为在地方层面仍然被资本家和官僚之间的依附关系所影响。③

李辉认为，在乡镇企业的发展过程中，由于压力型体制的原因，地方政府确实在不断公司化。但是这一观点也必须受到进一步的制约，那就是随着行政层级的上升，如市级和省级政府，公司化的特征变得越来越不明显，政绩活动的特征越来越显著。而如果将视角放在国有企业的发展过程中，我们还可以进一步发现一个政治与经济理性相互渗透的逆向过程，那就是在国有经济进入市场的过程中，将大量的政治逻辑带入其中。④

综上所述，法律的实施只是在基层才会走样，越往上层越运行规范。梁德明的研究表明，我国各级政府推出各项关于国企产权改制的法律政策，越来越强调和呵护国企经营自主权，而国企行政首长负责制又决定了国企经

① Chan, Anita. *China's Workers under Assault: The Exploitation of Labor in a Globalizing Economy*. New York and London: ME Sharpe. 2001. pp.15 - 16; Lee, Ching Kwan. "Gender and Production Politics on Hong Kong's Electronics Shopfloor." *Gender and Society*, 1993. 7(4): pp. 529 - 547; Lee, Ching Kwan. "Familial Hegemony: Gender and Production Politics on Hong Kong's Electronics Shopfloor." *Gender & Society*, 1993. 7(4): pp.529 - 547; Lee, Ching Kwan. *Against the Law: Labor Protests in China's Rustbelt and Sunbelt*. Berkeley and Los Angeles: University of California Press. 2007. p. 198; Metcalf, David, Jianwei Li, "Chinese Unions: Nugatory or Transforming? — an Alice Analysis" (paper presented at the Centre for Economic Performance, London School of Economics and Political Science, London, 2005); Pun, Ngai. *Made in China: Women Factory Workers in a Global Workplace*. Durham and London: Duke University Press. 2005. pp.4,7 - 8.

② Walder, Andrew G. "Local Governments as Industrial Firms: An Organizational Analysis of China's Transitional Economy." *American Journal of Sociology*, 1995. 101(2): pp.263 - 301.

③ Lee, Ching Kwan. "Revisiting the South China Miracle." *Labor Studies Journal*, 2002. 27 (2): pp.61 - 64; Lee, Ching Kwan. "Gender and Production Politics on Hong Kong's Electronics Shopfloor." *Gender and Society*, 1993. 7(4): pp.529 - 547; Chan, Chris King-Chi, Ngai Pun. "The Making of a New Working Class? A Study of Collective Actions of Migrant Workers in South China." *The China Quarterly*, 2009. 198(1): pp. 287 - 303; Chan, Jenny Wai-ling. "Chinese Women Workers Organize in the Export Zone." *New Labor Forum*, 2006. 1(14): pp. 19 - 27; Friedman, Eli , Ching Kwan Lee. "Remaking the World of Chinese Labour: A 30 - Year Retrospective." *British Journal of Industrial Relations*, 2010. 48(3): pp.507 - 533.

④ 李辉：《嵌入性腐败与政绩驱动的地方国家——基于"红方集团"破产腐败案的研究》，复旦大学政治学系博士学位论文，2008年，第160页。

营者握有各项重大决策的决定权。①

陈慧玲(Jenny Wai-ling Chan)、张永宏等人通过调查发现,地方政府在在严格执行劳动法律方面并不总是可靠的,它们对企业的培养本身可以算作某种意义上的"投资"。②

市场转型凸显了地方政府和企业的独立性,拉长了国家与工人阶级之间的距离,形成了新型的依附关系。这就是说,传统的国家与工人阶级关系,变成了中央政府、地方政府、企业和工人阶级的链条,政治和经济的联系环节出现在地方政府与企业之间,形成了"依附关系的商品化形式"(new commercialized forms of clientelism)。③ 如果企业具有较大的规模和力量,很有可能会为了自身的特殊利益而反捕地方政府,进一步影响地方的工人阶级状况。

发展型国家能够确保持续发展是因为政府能始终在与企业的联系中占据独立、主导的地位,对地方政府来说尤其如此。中央政府总揽全局,有超脱的理由和条件,但不能把这种超脱建立在对地方政府经济发展、地方官员营商考核的基础上,更不能让地方政府做实为"地方厂商",拥有极大的行政权限却越来越被大的企业集团所俘获。如此一来,劳动法律的执行、劳动环境的维护就会受到不同程度的干扰,使工人阶级处于被动状态。

事实上,地方政府本身是中央政府在地方上的分支,而不是独立的联邦或邦联,能够应用国家的视角、长远的眼光推进地方的经济社会发展;它们由于同企业、工人有着更加紧密的联系,熟知地方的企业经营形势、工人阶级状况而可以采取适当的干预措施,不断推进劳动关系和谐。只有工人的权益得到有效保障才能获得他们对企业、对地方的认同,以"同意"的态度投入到生产工作;只有企业的营商环境优质而稳定,才能为地方政府提供更多利税。两个方面的矛盾只是在狭隘的、短视的立场上才是冲突相悖的。

---

① 梁德明:《国企产权制度变迁中的民众集体失语》,上海大学社会学系博士学位论文,2010年,第8页。

② Chan, Jenny Wai-ling. "Chinese Women Workers Organize in the Export Zone." *New Labor Forum*, 2006. 1(14): pp.19 - 27.

③ Wank, David L. "The Institutional Process of Market Clientelism: Guanxi and Private Business in a South China City." *The China Quarterly*, 1996. 147: pp.820 - 838.

小　结

国家权力从社会中退出，单位体制逐渐瓦解，意味着抽象劳动积累越来越成为社会的普遍原则。在这个过程中，劳动用工以及劳动力的再生产由国家计划安排转变为通过市场交换完成，工人的特殊性必须符合市场的统一要求，否则他们将被排斥在市场之外。这就是说，无论是国有企业的传统工人，还是外资、私营企业的新工人群体，他们都要面对分割的劳动力市场，企业管理者的专制和劳动保障的商品化问题。

在这个过程中，国家政治权力与资本积累的社会权力合作，共同推动中国的工业化、现代化建设。它在实践中表现为国家同企业的统合主义关系。但是，共产党领导的政权从理论要求上它能够为其民众提供福祉，同时它也受中国儒家传统思想的影响要为民众的生存负责。因此，国家一方面需要扩大社会资源总量，又要实现资源分配的公平和正义，至少能够保障人民的基本生活。

从工人的角度来看，法律制度的国家建设虽然并不能从根本上改变资本积累的权力结构，但它却能够在一定程度上减少企业管理者对工人的专制；还可以尽可能多地给予工人工资劳动之外的社会性收益，使他们能够抵御商品化的过度吞噬，获得独立于市场的生存可能。

从国家的角度来看，通过经济发展满足民众的愿望，同时照顾分配的公正合理能够为政权的稳固提供合法性的基础；法制建设则将各种劳动冲突纳入国家机器内部，实现了在规则上的调控。创造“有限争议”的机制，并为解决争议提供了制度化的渠道。有序的社会冲突不但赋予了政治权力自我修复和完善的活力，同时还限制了暴力和革命的发生。

在中央政府“放权让利”改革之后，地方政府相对于中央政府获得了更多与市场化企业统合的机会。同中央政府不同，地方政府不但在物理和实践中处于和资本较近的位置，还同后者存在更多的政治接触和社会交往。压倒性的经济发展目标往往破坏了地方政府的相对自主性。后者由于过深地介入经济事务，更容易形成政治、经济一体化的开发格局。

正如奥尔森(Mancur L. Olson)所言，地方政府和厂商之间由于发展主义而存在“共荣性利益”，政府在“共荣性利益”的指引下使用权力，其后果在某种程度上与社会利益是一致的。但是，即使其实现了公共物品的供应，也可能只是基于短期的发展需要，以利益的驱动代替了对良善秩序和美好生活的追求。[①]

地方政府如果像经营企业一样经营地方，单纯追求地方经济利益的最大化，就会在地区间的竞争中取悦和吸引资本，损害地方的环境、牺牲工人的利益，提高企业管理的自主性，创造“你投资我服务，你发展我开路，你有难我帮助，你受益我保护”[②]的投资条件。

但是，“地方即厂商”的狭隘的发展模式损害整体的、长远的利益，也损伤了国家出于道义和政治考虑所做的“去商品化”努力。这一方面要求国家严格推行地方管理，使后者在政策、法律执行方面同中央政府保持一致性和连贯性；同时也要求地方政府利用地方性资源开展广泛的合作，实现政治目标、经济利益、社会福祉的融合发展。

---

① [美]曼瑟·奥尔森：《权力与繁荣》，苏长和、嵇飞译，上海世纪出版集团2005年版，第10页。

② 曹征路：《问苍茫》，人民文学出版社2009年版，第41页。

第七章　雇佣关系中的工人

从工业关系中离析出来的工人，被从巨大的单位体制中吐了出来，“一瞬间，每个人都必须变成一个个的个体”，“所有人都‘独立’了”①。但是，通过劳动用工市场化和劳动保障社会化所带来的工人“独立”代价是高昂的。对过去的产业工人来说，生活中最为重要的就是自己从事的工作，而工作是心灵的营养。

难以计数的国营企业工人下岗后，心灵备受煎熬，他们丢失的不仅仅是一份职业，还有对国家的牵绊，无法想象没有组织、没有单位的日子。② 以前他们不论处于哪个行业，背后都有国家的保障。忽然有一天冒出一个老板，一切都由老板说了算，于是便有了婴儿离开母亲的那种不舍、无助和伤感。

外资和私营企业中的工人则经历着企业管理者严苛的管理。因为企业改制而被迫雇佣化的城市工人还多多少少能够获得国家的相应补偿和保护，农民工则大部分时间里都完全处于商品化的市场运动中，如果说他们的生活还比下岗、失业工人更有一些保障，那是因为他们没有彻底实现阶级的无产化，还保留了在农村的一点土地。

这是一个时代的问题，正如威尔逊描述的进步时期的美国那样，“在我们国家的大部分地区，人们既不为自己工作，也不以他们习惯的、过去的方式，作为合伙人而工作，而是作为雇工或多或少地为大公司工作。曾几何时，公司只在我们的商业事务中起着很小的作用，但是现在，他们起着主要的作用，大多数的人都是公司的仆人”③。

---

① 姜弘：《三个东北人　弄出〈钢的琴〉》，《南方周末》，2011 年 7 月 15 日。

② 蒋子龙：《自豪与悲情：一个老工人的述说》，载《同舟共进》2010 年第 8 期，第 14—17 页；蒋子龙：《主仆之惑》，载《唯实》1996 年第 10 期，第 54—55 页。

③ Pestritto, Ronald J., Ed. *Woodrow Wilson: The Essential Political Writings*. Lanham, Md: Lexington Books, 2005. p.108.

一、雇佣工人的诉求

阶级及其话语的衰落通常被认为与后工业社会的出现有关。持这种看法的人认为，工业社会是以生产劳动（以及劳动冲突）为基础的，而后工业社会则以信息、知识，以及持有者之间的冲突为基础。在这种社会中，过去那种根植于鲜明政治忠诚，并通过联系强有力的工会组织而形成的社会连带主义阶级文化，已经被一种更具个人主义和工具主义色彩的态度取代。无论是作为分析工具，还是作为历史的主体，阶级都退出了历史的舞台。①

反对阶级消亡的学者认为，阶级分析的术语受风尚的影响，但资源短缺及其分配的不平等是所有社会组织和行为的永恒特点。阶级仍然是理解现代形式的短缺和不平等的可行工具。② 工业社会到后工业社会的结构变迁的确导致了工人阶级自身结构的变化，但这只涉及工人阶级是否依然是社会革命主体、是否以既定社会对立面形式出现的问题，③而不是否定阶级的存在。

即便经历了三十多年的改革开放，我们也并不能说中国就进入了后工业化时代，顶多只是站到了后工业社会的门槛上。事实上，作为低成本生产基地的竞争优势，中国在改革开放后逐渐发展成为世界工厂，实现了资本在国际间的空间调整。④

正如施韦卡特（David Schweickart）所说，通信和交通的创新已经赋予了全球竞争全新的意义。“资本的过度流动”使得发达国家的工人阶级作为消费者依然受益，但是作为劳动者，他们受到发展中国家廉价劳动成本造成

---

① Heywood, Andrew. *Key Concepts in Politics*. New York: Palgrave Macmillan. 2000. pp. 231 - 232.

② Holton, Robert J., Bryan S. Turner. “Debate and Pseudo-Debate in Class Analysis: Some Unpromising Aspects of Goldthorpe and Marshall's Defence.” *Sociology*, 1994. 28(3): pp.799 - 804.

③ Marcuse, Herbert. *One-Dimensional Man: Studies in the Ideology of Advanced Industrial Society*. London and New York: Routledge. 2002. p.35.

④ 大卫·哈维认为，生产在世界范围不断进行着地理方位上的调整，不同的国家处于不同的生产环节和生产分工当中，这实际上是一种资本的空间调整策略。正是通过空间调整，资本主义转移了自身的危机，维护了自身的稳定。（参见 Harvey, Darvey. *The Condition of Postmodernity*. Oxford: Blackwell. 1989. p.196; Harvey, David. *The Limits of Capital*. London: Verso. 1999. p.390。）

的失业威胁。技术推动的西方消费社会所能承担的想象力，穿透了铁幕，已经漫过了所有国家的疆界，浸润到所有的地方。①

尽管中国已经承担起世界制造业的主要任务，雇佣劳动关系呈现不断扩大趋势，产业工人作为自在阶级成为普遍状况，但"阶级话语的消逝"却是不争的事实，似乎与现实状况并不一致。②

对计划经济时代阶级斗争的反思为全球化时代阶级话语的消逝铺平了道路。"阶级"的意识形态特点，尤其是斗争性和破坏性不利于经济发展、社会稳定的持续推进。有关社会分层和社会结构的讨论逐渐取代了阶级话语，掩盖了阶级现象的存在。但是，这样一种处理方式消除了社会发展的批判立场，一定程度上否定了占有和支配关系的存在，无视了快速变迁中的根本性社会问题，因此并不利于发展的提升和发展的飞跃。

潘毅等人认为，近代中国工人阶级的形成存在一个双重异化过程：一个是计划经济时期对"阶级"和"阶级斗争"自上而下的表述。另一个是改革时代阶级话语的突然消逝。这种双重异化既是政治力量发挥作用的结果，也是社会结构制约力失灵的体现。③ 通过劳动用工市场化和劳动保障社会化的改革，在政治层面表现为国家与企业的统合主义结构，在生产领域则集中表现为企业管理者的专制。正是这两个层面的表现造就了工人阶级叙事的尴尬境地。

工人阶级自身更无法左右与他们相关的叙事，在现实中处于弱势，在理论上缺乏话语权。与企业管理者相比，工人阶级既不拥有财富也缺乏有效的联合，难以表达和实现自己的诉求。而且，影响工人阶级叙事的问题往往是制度性的，劳动用工的市场化和劳动保障的社会化是其中的代表形式，它们一同决定了工人阶级在企业、市场和社会上的活动空间、行为能力。

---

① Schweickart, David. *After Capitalism*. Lanham: Rowman & Littlefield Publishers, Incorporated. 2002. pp.93 - 94.

② 潘毅：《失语与发声：中国打工妹的阶级政治》，香港：香港大学华人社会口述历史工作研讨会，2004 年 11 月 12 日；潘毅、陈敬慈：《阶级话语的消逝》，载《开放时代》2008 年第 5 期，第 52—60 页；潘毅、黎婉薇：《失语者的呼声：中国打工妹口述》，三联书店 2006 年版；梁德明：《国企产权制度变迁中的民众集体失语》，上海大学社会学系博士学位论文，2010 年；潘毅：《阶级的失语与发声——中国打工妹研究的一种理论视角》，载《开放时代》2005 年第 2 期，第 95—107 页；潘毅：《失语年代的光与影》，载《开放时代》2008 年第 2 期，第 152—164 页；Pun, Ngai. *Made in China: Women Factory Workers in a Global Workplace*. Durham and London: Duke University Press. 2005.

③ 潘毅、陈敬慈：《阶级话语的消逝》，载《开放时代》2008 年第 5 期，第 52—60 页。

劳动力市场的自由竞争意味着无论工作还是失业都是正常情况。在劳动力供给充沛的情况下，企业管理者可以随自己需要选择工人，制定劳动纪律、控制劳动过程；能够以劳动力市场分割的形式，保持农民工的“半无产化”状态，从工作机会和居住场所的限制中寻找降低用工成本的可能①。此外，企业管理者还可以在法律允许的范围内，从成本—收益最优化的角度考虑劳动环境和劳动条件的配给。

国有企业工人的失语首先源于对改革过程的无奈，其次则是面对自由劳动力市场和社会化保障的无助。他们普遍没有机会、能力或足够的动力有效地参与或监督所在企业的产权出售过程。职代会、工会组织也一度失语，不能起到工人集体权益维护的作用。改制之后，部分国企工人们长期失业，个人和家庭生活难以维系；有的则默默承受市场化企业的管理者专制，将自身登记为市场上拍卖的商品，进入一种不确定的、缺乏保障的生活状态。

流入劳动力市场的普通工人面临工作时间长、劳动环境差、社会保障不足等问题。② 一方面，“地方即厂商”的统合主义结构、劳动力市场分割和供大于求的格局决定了企业管理者在面对工人时处于优势地位。另一方面，紧张而忙碌的流水线工作提高了工人和机器的联系，却极大减少了工人个体之间的交流；③身份的模糊和不确定性带来了高度流动的特征；地缘结成的乡帮团体相互之间存在隔阂、来往较少；普通民众对阶级话语具有排斥心理④，

---

① 沈原：《社会转型与工人阶级的再形成》，载《社会学研究》2006 年第 2 期，第 13—36 页。

② 吴同：《以法治劳？——中国工人行动空间与企业中工会的角色》，华东师范大学政治学原理专业博士学位论文，2010 年，第 4 页。

③ 小说《问苍茫》中，作家曹征路对农民工的流水线工作做了《摩登时代》一样形象的描绘，并对流水线工作造成的影响做了说明。“她们都说这叫迷你流水线，迷糊你。人一上了流水线就如同被接通了电源插进了回路，你就迷迷登登。你就再也不是你自己，你的手、脚、眼睛、耳朵甚至脑壳都从身上逃出去，不归你自己管了。这些东西只是几十人的一部分，传送带的一部分，公司的一部分，全球市场的一部分。你只能跟到大家一起行动，踩同一个节奏，做同样的动作，不晓得什么时候才醒过来。因为不管哪一个环节错了，就要影响几十个人，不用拉长主管来骂，你自己就要抽嘴巴了。有时候直到下工了，你的手还在一抽一抽地动，拿着勺子往别人碗里送。”“柳叶叶想，刚来的时候怎么不是这样呢？刚来，看到那么明亮的工房，那么整齐的工位，还有像蟒蛇一样盘旋的传送带，简直太美了。做活也不难，就是把那些插件一样一样插上，电焊头一点就完事了。也不用像在乡下那样日晒雨淋，天天坐在凳子上，轻轻松松就把工钱挣到手了。所以一间工房里，凡是唧唧喳喳说悄悄话的都是新工友。只是渐渐地，新鲜话说完了，新鲜人说旧了，才晓得迷你流水线迷得厉害。”（参见曹征路：《问苍茫》，人民文学出版社 2009 年版，第 80—81 页）

④ Pun, Ngai. *Made in China: Women Factory Workers in a Global Workplace*. Durham and London: Duke University Press. 2005. p.24.

这些都阻碍了农民工形成组织化的力量表达自身的诉求。

既然存在阶级的失语，就有阶级发声的需要和要求。李静君等人注意到，生存权要求在国企工人的标语符号语言中占比最大。这些符号语言通常以一种传统阶级分析的形式表达对国家的道义要求，例如“工人们想生产和生活”“工人是国家的主人”“要社会主义，不要资本主义！”“加强三个代表！我们要吃饭，我们要迈步进入小康！”等等。①

国有企业工人的利益要求通常也是体制话语的延续。退休工人们认为退休金是他们退休前劳动积累的体现，属于他们创造的剩余价值的一部分，因此他们请求获得原有水平的退休金。在职的工人则认为他们只是按照生产命令工作，商业上的损失是由于指导生产的经济计划中的错误所致，因此损失不应该归咎于工人。此外，他们还希望政府妥善安排改制后工人的出路，为他们提供工作与培训，打好就业和生存权的基础。

对未完成无产阶级化的农民工而言，公民身份是从国家层面给予农民工国民待遇的问题，由国家为农民工提供部分的劳动力再生产资源。但是这种责任大部分被下放给了地方，由公民权问题转化为市民权问题，城市政府替代中央政府为农民工提供劳动力再生产所需要的资源。②

对第一代农民工来说，作为产业工人的生活总是短暂的，几乎没有人奢望真正改变自己的社会地位，转变为城市工人。对第二代农民工来说，在失去土地作为最后的依托之后，他们成为彻底的劳动力市场主体，更加需要配套的劳动权利和社会保障。

在相关劳动权利、社会保障不完善的情况下，农民工表达最多的诉求是

---

① Lee, Ching Kwan. “Pathways of Labor Activism.” In *Chinese Society, Change, Conflict and Resistance*. eds. Perry, Elizabeth J, Mark Selden, 3 ed. London and New York: Routledge 2010. pp.57 - 79; Perry, Elizabeth J. “Chinese Conceptions of ‘Rights’: From Mencius to Mao — and Now.” *Perspectives on Politics*, 2008. 6(1): pp.37 - 50; Weil, Robert. “Conditions of the Working Classes in China.” *Monthly Review*, 2006. 58(2): pp.25 - 48.

② 陈映芳认为，目前中国城市中的农民工权利问题应该理解为“市民权”如何落实的问题。但是，她不赞成“流动人口”“农民工”这样一些类别概念，认为后者实际否定了乡城迁移者作为城市“居住者”的现实身份，同时夸大了其流动性而抹煞了其定居性。所以她将农民工称为“乡城迁移群体”“城市新移民”，把他们的权益问题定义为“市民权”问题。只有把问题视作乡城迁移者如何获得市民权的问题，而不是视作“农民工”的权利问题时，“农民工”的问题才可能获得真正解决。朱永安也表示农民工问题的核心是农民工的市民化问题。（陈映芳：《“农民工”：制度安排与身份认同》，载《社会学研究》2005 年第 3 期，第 119—132 页；朱永安：《新生代农民工研究》，南京师范大学社会学系硕士学位论文，2005 年。）

讨薪，甚至是唯一的诉求。通过工作所获得工资是他们应得的正当收入，是他们城市打工的唯一慰藉。失去工资也就意味着失去外出打工的意义，失去提升生活水平的希望，严重的情况下还会失去基本的生存保障。

无论是国企工人，还是外资、私营企业的工人，他们对企业、对企业管理者的诉求最终都指向对国家的诉求。但这不是说国家也连带成为工人抗争的对象，虽然地方政府常常因为统合主义而处于和企业同样的地位，但中央政府往往代表着公正和公平，是工人可以说理的地方。

当然，中国工人阶级诉求的国家性远不是只有政治权力是否集中这一个变量，它还具有更多其他的原因，这也是为什么这个理论不具有完全性解释的原因之一。对国有企业工人来说，他们长久以来受到国家的照顾，形成了对国家的信任和依赖，并且满怀这种照顾需要得以继续的期望。① 而实际上，工人在过去的社会主义实践中也确实是为国家工作的。国家不仅给工人发工资，同时还提供终身雇佣、住房、医疗保障以及子弟教育等福利。②

工人们相信自己对工厂的劳动贡献就是对国家的贡献，而工厂的兼并和破产也是国家的事，政府不会坐视国家利益和工人生存不管。正是基于这样的信仰，国企工人的集体行动不断指向政府。但他们并不是反对政府，也并不想做出任何反对政府的举动，他们只是希望通过自己的行动引起政府的关注，由政府来协调和保护市场交易中的工人利益。③

国企工人希望留在国有企业这种制度环境当中。如果企业必须被兼并，他们希望兼并方是国有控股的企业，这样他们可以继续保持国有企业的工人身份。他们因为对国家的信任和依赖，强化了他们自身对国企工人身份的重视。国企工人身份的符号意义在于：它是工人与国家的联系，只要有国企工人的身份，政府就不会坐视不管。

作家蒋子龙在 1998 年一次采访中了解到，一家 9 个月发不出工资的国

---

① Meng，Xin. *Labour Market Reform in China*. Cambridge：Cambridge University Press. 2000. p.131；张祺：《原国企工人身份认同转变与重构：一个工人文化生活的视角——以西部原国企工厂 GR 厂为例》，华东师范大学社会学系硕士学位论文，2010 年，第 43 页。

② Walder，Andrew G. *Communist Neo-Traditionalism：Work and Authority in Chinese Industry*. Berkeley：University of California Press. 1986.

③ 佟新：《延续的社会主义文化传统——一起国有企业工人集体行动的个案分析》，载《社会学研究》2006 年第 1 期，第 59—76 页；陈静：《三十年变迁与执政之社会基础》，载《科学社会主义》2008 年第 4 期，第 21—24 页。

营企业，在私营企业已经拿出 15 万元给企业职工发工资的情况下，企业连续三次职代会仍不同意实行兼并，就是因为后者是私营企业。他们还是认为国有企业是可以“托付终身”，宁愿挨饿，也不愿意被私营企业兼并。他们对国内的私人企业缺乏足够的信任，没有安全感。①

长期的社会主义实践经验告诉他们，工人通过工厂而隶属于国家，而国家也通过工厂赋予工人以主人的权利。② 尤其是国有企业的老工人，他们由于在劳动力市场上缺乏竞争力，形成了更加严重的对企业的依赖。如果不得不接受同外资、私营企业的重组，他们反对的也不是改革和重组本身。

正如通化钢铁一位退休工程师所说的那样：工人们“反对的不是国企改革，而是反对改革过程的不透明、不公正和不尊重职工利益；反对的不是民营企业，而是反对那种不讲社会责任感、把企业和工人当做‘印钞机器’的企业经营者”。③

对于下岗、失业、退休的工人来说，他们更经常地通过上访、告状等形式来表达自己的诉求，因为他们对国家更具有信任和依赖。④

凯奇尔特(Herbert Kitschelt)等人对东欧的研究表明，不管过去的情况如何，现在青年人、受教育良好的人、企业家群体都倾向于支持市场化和减少国家干预，而那些依赖国家的、拥有较少资源的群体——靠养老金生活的人、工人阶级和农民——一般都反对它们。⑤ 因为在市场经济当中，拥有充足私人资源的人具有掌握自己生活的充分能力，而缺少这些资源的工人则不得不依赖一般数量很少的公共资源。

显然，劳动用工市场化和劳动保障社会化改革使工人的日常生活最大限度地商品化了，由此使他们形成了对市场的依赖。一旦离开工作岗位，他

---

① 蒋子龙：《国营情结》，载《经营与管理》1998 年第 5 期，第 4—5 页。

② 佟新：《延续的社会主义文化传统——一起国有企业工人集体行动的个案分析》，载《社会学研究》2006 年第 1 期，第 59—76 页。

③ 王健君：《通钢悲剧的逻辑》，载《瞭望》2009 年第 32 期，第 6—8、10 页。

④ 小说《那儿》描写了一个到省城就国有资产流失问题告状的工会干部。当他被劝说先回去，让他相信组织、相信党的时候，他心里想的是：“我不相信我干吗写材料告状，干吗来找你们啊？”所以，他听到这样的话之后非常的委屈。（参见曹征路：《那儿》，载《当代》2004 年第 5 期，第 188—210 页。）

⑤ Kitschelt, Herbert. “The Formation of Party Systems in East Central Europe.” *Politics and Society*, 1992. 20(1): pp. 7 - 50; Ilkhamov, Alisher. “Nation-State Formation: Features of Social Stratification in the Late Soviet Era.” *Inernational Journal of Middle East Studies*, 2002. 34(2): pp.317 - 335.

们也就离开了市场，离开了支持生活的保障来源。除非他们在工作期间国家就已经提供了比较完善的失业保险和养老保险制度。在这些制度不健全或养老、失业的保险费用只能依赖目前劳动者的积累，由国家提前隔代分配的情况下，这些失业、退休的工人就会越来越依赖国家。这是一般经济分析的结果，何况他们还具有深厚的对国家的信任和依赖。

农民工尽管多是在极其微末的经济条件上表达自身的诉求，并不将目标指向国家。但是他们通常希望国家政治权力的介入，从而保障他们的基本工作、生活需要。他们的“半无产阶级”状态不仅是市场的力量使然，更是国家的责任。计划经济时期国家实行的户籍制度，不但使得具有自由居住权和工作权的农民工无法实现身份的迁移，同时还限制了农民工获取城市公共服务和公共产品的资格。解决这一问题则需要国家政策的调整，而这不是市场和企业能够完成的。

李连江对农民的调查表明，中国村民对上级政府的信任度通常高于下级政府，他们更相信中央政策的意图是良善的，只不过它在地方政府的执行过程中走了样。① 这一结论获得了普遍的认同，并被应用于劳动关系的研究。② 众多的研究表明，由于地方国家统合主义结构，在地方层面，官员们会歪曲规则以服务于他们自己的经济和政治利益。在财政和管理去中心化的政策中，地方政府被驱使保持税收、积累资源，而不是执行法律和规则。

地方政府在吸引外资方面的激烈竞争导致了劳动法律的“弹性”(flexible)实施。在正当性法律和地方积累之间存在的深层制度性冲突，导致了工人的法律权利得不到保护。地方劳动行政部门和地方工会也没有能够起到他们命令、监督的作用。

---

① Li, Lianjiang. “Political Trust and Petitioning in the Chinese Countryside.” *Comparative Politics*, 2008. 40(2): pp.209 - 226.

② Chan, Jenny Wai-ling. “Meaningful Progress or Illusory Reform? Analyzing China's Labor Contract Law.” *New Labor Forum*, 2009. 18(2): pp.42 - 51; Pun, Ngai. *Made in China: Women Factory Workers in a Global Workplace*. Durham and London: Duke University Press. 2005; Gallagher, Marry E. *Contagious Capitalism: Globalization and the Politics of Labor in China*. Princeton, New Jersey: Princeton University Press. 2001; Chan, Anita. *China's Workers under Assault: The Exploitation of Labor in a Globalizing Economy*. New York and London: ME Sharpe. 2001; Weston, Timothy B. “The Iron Man Weeps: Joblessness and Political Legitimacy in the Chinese Rust Belt.” In *State and Society in 21st-Century China: Crisis, Contention and Legitimation*. eds. Gries, Peter Hays, Stanley Rosen. New York: Routledge 2004. pp.67 - 86.

与此同时，工人的诉求往往产生于他们工作、生活于其中的直接社会环境，而这个环境中的行为主体是地方政府和企业工厂。按照宗伯格(Aristide R. Zolberg)的观点，国家政治权力的分散化，会导致工人抗争的目标不具有集中性、比较狭隘，行动只是针对与自己最相关的权力机构。①当权力从中央下降到地方机构后，经营不善和贪污腐败的干部、未能落实中央政策的地方政府，被指责为企业管理者收买的结果，成为工人具体的诉求对象，他们在"干部已经变成资本家"的疑问中将希望转向中央政府，转向国家。②

裴宜理的研究表明，在中国盛行的以"权利"语言构建起来的道义经济式的抗议，往往要求撤换不受欢迎的低级官员。但这些抗议者极少质疑中国共产党或者它的意识形态的统治权威，他们往往将火力对准个别官员，尤其是被指责加重农民负担、违法卖地或实施其他令人震惊的苛政的基层干部。有别于 20 世纪的革命者，当前中国的抗争者一般会避免攻击整体上的政治体制。③

二、雇佣工人的日常斗争

除了对马克思的工人阶级理论做过诸多批判外，④迈克尔·曼(Michael

① Zolberg, Aristide R. "How Many Exceptionalisms?" In *Working-Class Formation: Nineteeth-Century Patterns in Western Europe and the United States*. eds. Katznelson, Ira, Aritide Zolberg. Princeton: Princeton University Press 1986. pp. 446 - 448; Zolberg, Aristide R. "How Many Exceptionalisms?" In *Working-Class Formation: Nineteeth-Century Patterns in Western Europe and the United States*. eds. Katznelson, Ira, Aritide Zolberg. Princeton: Princeton University Press 1986. pp.397 - 455.

② 李静君：《中国工人阶级的转型政治》，载李友梅、孙立平、沈原编：《当代中国社会分层：理论与实证》(转型与发展第 1 辑)，社会科学文献出版社 2006 年版，第 55—88 页。

③ Perry, Elizabeth J. "Chinese Conceptions of 'Rights': From Mencius to Mao — and Now." *Perspectives on Politics*, 2008. 6(1): pp. 37 - 50; Perry, Elizabeth J. "A New Rights Consciousness?" *Journal of Democracy*, 2009. 20(3): pp.17 - 20; Perry, Elizabeth J. "Permanent Rebellion? Continuities and Discontinuities in Chinese Protest." In *Popular Protest in China*. ed. J., O'brien Kevin. Cambridge, Massachusetts & London, England: Harvard University Press 2008. pp. 205 - 215.

④ 相关批判参见[英] 迈克尔·曼：《社会权力的来源》第二卷·下，陈海宏等译，上海世纪出版集团 2007 年版，第 561—568 页。

Mann)还认为成熟的阶级意识包含递进发展的四个要素，即阶级认同、阶级对抗、阶级总体性和替代社会，真正的革命意识应该是这四个要素的总和。① 但这四个方面实际不过是马克思阶级观点的细化，即阶级成员认识到自身属于某个阶级之后，维护共同的利益而进行阶级之间的对抗，并逐渐具有了总体性，树立了一个相对于现实社会的替代社会作为斗争的目标。

阶级意识的共同性(包括经济结构中共同的地位和共同的利害关系)是集体化和集中化的结果，这一特点在马克思主义对工人阶级的分析当中占有很大的分量，恩格斯在《英国工人阶级状况》中描述了这一集中化的过程，首先是工业化形成了两个方面的社会变化：一个是人口的集中，包括资产阶级也包括工人阶级的集中；另一个是城市的发展，这两个方面甚至可以说是一个方面。②

恩格斯说，正是人口的集中形成了城市，或者人口在城市的集中扩大了城市的规模，在这种人口集中的过程中，工人阶级从分散走向了联合，并认识到联合的力量。这进一步增强了他们与资产阶级的分离，增强了他们同资产阶级斗争的信心。城市的生活也使得他们跟随资产阶级并具有了资产阶级的权利意识和权利观念，认识到政治斗争的必要性和可行性。

“大城市是工人运动的发源地：在这里，工人第一次开始考虑到自己的状况并为改变这种状况而斗争；在这里，第一次出现了无产阶级和资产阶级利益的对立；在这里，产生了工会、宪章主义和社会主义。”③

阶级意识产生与政治动员的过程往往需要在对比和比较中完成，个体无法通过自身认识自己，只有在阶级的差异中才能感受到差异本身，形成属于某个阶级的意识。在马克思的理论中这种差异在资产阶级和无产阶级之间是明显的。

工业化形成资产阶级对无产阶级的剥削和压迫关系，形成了资产阶级和无产阶级的人的自我异化。只不过，有产者从这种自我异化中得到的是被满足和被巩固的感觉，他们把这种异化看做是其自身强大的证明；而无产

---

① Mann, Michael. *Consciousness and Action among the Westernworking Class*. London: Macmillan. 1973. p.13.

② 弗·恩格斯：《英国工人阶级状况》，载《马克思恩格斯全集》第 2 卷，人民出版社 1957 年版，第 408 页。

③ 弗·恩格斯：《英国工人阶级状况》，载《马克思恩格斯全集》第 2 卷，人民出版社 1957 年版，第 408 页。

阶级在这种异化中感到自己是被毁灭的，并在其中看到自己的无力和非人的生存的现实。

由于无产阶级的人类本性与他们那种公开地、断然地、全面地否定这种本性的社会状况相矛盾，所以他们必然对自身所处的被唾弃的状况感到愤慨。[①] 阶级意识将"个体的经历与广泛的社会结构联系起来，把异化了的个人对资本主义现实的不满转化成为社会主义未来而奋斗的动力。"[②]

但是，正如理查·海曼(Richard Hyman)指出的那样，即便在正常光景下，罢工的成本都极其高昂，不是一般工人所能够承受的，更不要说在劳动力严重供大于求的境况当中。[③] 庞大的产业后备军使得在业的工人工作的稳定性完全没有保障，他们不得不小心翼翼保护自己的饭碗，以勉强填饱全家人的肚子。长期的停工势必会为雇主、工人及维护工人利益的工会造成大幅的花费。

所以，罢工通常像战争一样，是问题最后的处理手段，被视为最后凭借的一项武器，必须仔细计划，并且是在努力以和平方式解决问题不成功后才发动的。一场拖延很久的争议对罢工者及其家属，都会造成严重的损失。即使当一名罢工者得到罢工给付，他仍需要极大的自我控制力及勇气来度过漫长的罢工期，因为这项给付比他的薪水要少多了，他可能有存款可以依赖，存款用完还有当铺，但迟早他会挨饿的，更糟糕的是，他还得看着妻儿们一起挨饿。

实际上，有组织、大规模的抗议活动虽然影响巨大，但往往只是昙花一现。历史上的大多数从属阶级极少能够从事这种公开的政治行动，他们缺乏改变宏大国家结构和法律的兴趣，同时也不愿意承担公开抗议的过高成本和不确定的风险。因此，斯科特认为，大多数从属阶级在与权威对抗时，通常采取的是一种反抗的"日常"形式的斗争。这种斗争形式不需要或极少需要协调和计划；他们充分利用心照不宣的理解和非正式的网络；通常表现为一种个体的自助形式(form of individual self-help)；他们特地不与权威发

---

① 卡・马克思、弗・恩格斯：《神圣家族》，载《马克思恩格斯全集》第 2 卷，人民出版社 1957 年版，第 44 页。

② [美] 丹尼斯・吉尔伯特、约瑟夫・A・卡尔：《美国阶级结构》，彭华民等译，中国社会科学出版社 1992 年版，第 289 页。

③ [英] 理查・海曼：《劳工运动》，马康庄译，台北：桂冠图书股份有限公司 1988 年版，第 11 页。

生直接的、象征性的对抗。①

自“文化大革命”结束以来的阶级的失语，实际否定了集体革命的正当性。所以出现在当代话语中的工人抗争形式，主要就是日常形式的斗争和依据国家法律的抗争两种。利用国家法律保护自身利益尽管也包含罢工的可能，很多也是通过集体行动的方式实现的。但它相比纯粹政治化、针对国家政权或者突破法律秩序的罢工要温和得多。

潘毅认为，过去的“工人阶级”及与其相关的标签不再出现在社会和工人群体视野中的时候，工人阶级便进入了失语的状态。它表明工人群体需要新的话语体系来表达他们的认识、体验，形成他们自己作为工人的集体认同。阶级分析只有在打工者们自身抵抗资本与市场的日常政治(infrapolitics)中才能发挥作用。②

潘毅试图从农民工宿舍劳动体制的生活中提炼一种“社会抗争的次文体”(minor genre of social resistance)。她认为，由于打工妹需要承受国际资本、居住限制和家庭父权主义三个方面带来的痛苦，这种痛苦在宿舍当中以尖叫和梦魇的形式体现出来。而尖叫和梦魇是一种明显而有限的反抗形式，它借助于肉体的疼痛而发生，是对她们痛苦遭遇的一种谴责和抗争。在阶级失语情况下，虽然女工丧失了抗争的符号资源(话语)，但她们的尖叫作为对符号世界的抗争，表明了其主体性的存在。

她引用巴特勒(Bataille)的说法，认为打工妹的尖叫和梦魇显示了人类忍受痛苦的限度以及获得自由和叛离的可能性，是人类经验的极限。潘毅称之为“身体的政治”和“叛离的文体”，是来自底层的沉默的社会反抗。③被分享的身体的痛苦表明了一种群体性的身体时间的存在，它与工厂时间是相冲突的。身体痛苦不但会拖慢工作的节奏，有时候甚至会直接中断或瘫痪整个生产的过程，降低操作机器的身体，反而是抵抗微观权力的一面盾

---

① Scott, James C. *Weapons of the Weak: Everyday Forms of Peasant Resistance*. New Haven & London: Yale University Press. 1985. pp.xv－xvi.

② 潘毅：《失语与发声：中国打工妹的阶级政治》，香港：香港大学华人社会口述历史工作研讨会，2004 年 11 月 12 日；潘毅：《阶级的失语与发声——中国打工妹研究的一种理论视角》，载《开放时代》2005 年第 2 期，第 95—107 页。

③ Pun, Ngai. *Made in China: Women Factory Workers in a Global Workplace*. Durham and London: Duke University Press. 2005. pp. 19, 197; Pun, Ngai. "Opening a Minor Genre of Resistance in Reform China: Scream, Dream, and Transgression in a Workplace." *Positions: East Asia Cultures Critique*, 2000. 8(2): pp.531－555.

牌，它的群体积累效应可能使工厂时间失效。①

虽然有的学者并不赞同这种提法，认为把痛苦认定为反抗存在过度解释或过高估计的问题。郑广怀认为，如果把打工妹在明知风险存在的情况下仍然进厂工作并产生身体痛苦作为一种抗争，那这种抗争与潜意识的自残没有什么区别，因而不能算真正意义上的抗争。这种身体的痛苦对于工厂体制的损害可能远远小于对于女工自身的伤害。②

不过潘毅的提法实际上有更深刻的含义。社会抗争的次文体来源于极端的个案，而且是完全个人化的反应，但它们实际上是每一个女工不得不面对的悲惨处境的反应，是工人普遍痛苦的终极表现。对极端个体痛苦进行描述的“社会抗争的次文体”，实际上是要表达忍受的终极形式。一旦个体化的极端痛苦成为普遍的现象，反抗自然就会形成普遍的形式。正如潘毅自己所说的，痛苦是一种权力的来源。③

另外一种观点认为，从用工荒中，我们可以看出，农民工不再是失语的群体，而是通过“用脚投票”的理性选择方式实现了日常形式的斗争。吕途指出，“‘用工荒’是企业、政府和打工者进行角力的一种表现。”打工者在和企业的角力中处于弱势，但是打工者的力量在于用脚投票，这也在一定程度上促使企业改善用工环境。打工者也许没有更好的其他选择，但是可以选择离开。④

打工者抵抗的主要形式之一是打工短期化，新生代打工者的平均工期已经从三年一换向一年一换发展。从吕途的调查来看，打工者换工作的比例中，被老板开除的只占少数，大多数打工者是因为工作条件差、劳动保护差、工作无聊和谋求更好的待遇或技术提升而离开的。还有一些工人出于对工作性质的道德判断（如一些造假制假的黑心工厂）而选择离开。李静君也注意到，农民工来往于工厂和田野之间，并在工厂间不断跳槽是为了追求更高的工资和更少压迫性的工作条件。⑤

---

① 郑广怀：《社会转型与个体痛楚——评〈中国制造：全球化工厂下的女工〉》，载《社会学研究》2007年第2期，第211—227页。

② 郑广怀：《社会转型与个体痛楚——评〈中国制造：全球化工厂下的女工〉》，载《社会学研究》2007年第2期，第211—227页。

③ Pun, Ngai. *Made in China: Women Factory Workers in a Global Workplace*. Durham and London: Duke University Press. 2005. p.173.

④ 吕途：《中国新工人：迷失与崛起》，法律出版社2013年版，第225—247页。

⑤ 李静君：《中国工人阶级的转型政治》，载李友梅、孙立平、沈原编：《当代中国社会分层：理论与实证》（转型与发展第1辑），社会科学文献出版社2006年版，第55—88页。

之所以有大量的农民背井离乡到城市打工，不是贫困或农村劳动力剩余所能解释的。潘毅等人指出，那些外出打工的农村女孩渴望离家外出到经济开发区打工，渴望过上工厂的生活。在没有暴力、也没有强迫的情况下，打工妹毅然决定离开自己的家，甚至不惜在工业劳动中将自身“异化”。大部分打工妹在离家之前就已经清楚工厂生活的现状以及可能遭受的剥削。不仅如此，她们也知道工厂老板不会仁慈，不会把她们当成平等的人来对待。

但是，她们知道工厂和农村的生活存在巨大的差异，她们渴望进入现代的城市生活，摆脱家庭的掌控，过上一种自己挣钱自己花的自主生活。到外地去打工不仅可以满足经济的需要和家人的期待，而且还可以给自己一个在现代城市中尝试自我探索和自我成长的机会。①

对这些外出打工者来说，尽管劳动条件恶劣，绝大多数第一代打工者也不会形成一种反叛的社会力量。因为能够得到任何非农职业已是他们人生地位的一大提高，其中还包含着他们的梦想和追求。这也是为什么农民工的劳动抗争更多采取日常形式斗争、斗争的目的往往是最基本的经济要求（包括讨薪、改善工资和工作条件等）的原因。

对于城市国营企业或大集体企业的工人来说，情景大不一样。他们多是第二或第三代工人。他们的收入和福利待遇比农民工要好，受教育程度和信息灵通程度也较高。在继续危及他们职业饭碗和福利供应的改革中，会比农民工产生更强烈的相对被剥夺感。②

但是，国企改制因为是国家行为，被认为是大势所趋，而工人阶级依然保持对国家的信任和依赖；在国企改制之前，国家就已经预先建立起了有效控制工人组织行为和动员方式的劳动体制；长久以来封闭性单位体制在国企工人中形成的影响等都决定了国企工人是改制以来最动荡的群体（不仅是自身工作、生活状况，也包括吁求、争议、抗争等方面的动荡），但却不是有威胁的人群。

---

① Pun，Ngai. *Made in China: Women Factory Workers in a Global Workplace*. Durham and London：Duke University Press. 2005. pp.64－67；Xu，Feng. “*Chinese Migrant Labor and China as the World's Factory*.” *Paper Presented at the Annual Conference of International Studies Association Montreal*. Quebec：International Studies Association Montreal. 2011. pp.154－176.

② Chan，Anita. “Revolution or Corporatism? Workers and Trade Unions in Post-Mao China.” *The Australian Journal of Chinese Affairs*，1993.（29）：pp.31－61.

对国企工人来说，集体抗议活动并不是普遍现象，工人诉求一般不通过集体行动表达。[①] 他们抗争的依据和抗争的行为主要受道义经济学和既定法律制度的影响。

李静君通过对广州国企工人的观察发现，除了偶尔的罢工和抗议，工人主要在工作、生活中存在各种形式的日常政治(quotidian politics)，存在各种形式的“集体不作为”(collective inaction)，它们包括冷漠、不服从、逃避公共责任、积极性低落、缺勤、工作无效率等。[②] 工人们正是通过这些集体不作为来逃避企业管理者的控制、挑战企业管理者的权威，而不是采取公开冲突的形式。

李静君认为，改革时期工人政治的分析中，“集体不作为”和“阶级经历”比那些公开示威、上访信、罢工和静坐抗议或许更清晰地反映了工人政治的模式和本质，在理解工人同国家关系的变化中更具分析性意义，因为它们是由中国的政治经济特征所系统引发的。正如陈峰等人所说，国家社会主义的制度性强制和对社会的严格组织控制能力产生了中国工人集体抗争的特殊逻辑和特殊形式。[③]

三、雇佣工人的合法抗争

法律制度已经成为规范市场经济条件下劳动关系的主要手段，围绕劳动权益展开的国家与工人阶级关系则逐渐从偏重伦理(道义)依据转向偏重

---

① 刘爱玉通过调查发现，国企改制中的集体不作为并不是企业劳动政治的主流，尤其在改制之后，由于工人的工作绩效同个人的收入直接挂钩，工人通常会更加积极地投入生产过程中。面对因制度变革造成的地位受损，国企工人没有因为利益关系组织公开集体行动，广泛存在的回应方式是服从(包括主动服从和消极服从)、退出(包括内退、待岗、下岗等)与个人倾诉(指采取个人抱怨，向管理者、管理者的上级表达不满与利益诉求的行动)。(参见刘爱玉：《选择：国企变革与工人生存行动》，社会科学文献出版社 2005 年版，第 103—115 页；刘爱玉：《国有企业制度变革过程中工人的行动选择——一项关于无集体行动的经验研究》，载《社会学研究》2003 年第 6 期，第 1—2 页。)

② Lee, Ching Kwan. “The Labor Politics of Market Socialism: Collective Inaction and Class Experiences among State Workers in Guangzhou.” *Modern China*, 1998. 24(1): pp.3 - 33.

③ 陈峰：《国家、制度与工人阶级的形成——西方文献及其对中国劳动问题研究的意义》，载《社会学研究》2009 年第 5 期；Zhou, Xueguang. “Unorganized Interests and Collective Action in Communist China.” *American Sociological Review*, 1993. 58(1): pp.54 - 73.

法律依据。[①] 李静君等人认为这是为了将劳动争议规范到行政和法律的渠道来解决，表明中央政府试图将其权力从生产和分配领域转移到制度规范层面。[②]

从国企工人的角度来看，他们对劳动权益的诉求来源于国家原来通过隐性契约的方式所承诺的终身就业和福利保障权利，同时也来源于国家为推动市场经济的发展，在置换工人身份过程中通过法律和社会政策赋予的权利。[③]

这就是说，劳动用工市场化和劳动保障社会化的改革实际上打碎了国企工人过去和现在所拥有的劳动权益。在这个意义上，工人的抗议活动是试图争取他们曾经拥有的东西。正如游正林对某自治区重机厂的个案研究表明的那样，职工群众判断公正与否的依据主要是现行的（或最近实行过的）政策规定、党和政府当前提倡的意识形态以及有关领导所做的承诺。因此，在职工群众看来，他们并没有向政府提出过分的要求。[④]

通过传统意识形态教育获得依据的斗争，被陈峰、于建嵘等人描述为国企工人抗争的"道义经济学"[⑤]倾向、"以理维权"或"以理抗争"。[⑥]

当然，这其中略有区别，道义经济学更加偏重国家对工人生存权的维护，要保障人民有基本的生活保障。以理维权依据的是"政治伦理"，其最直

① Perry, Elizabeth J. "Crime, Corruption, and Contention." In *The Paradox of China's Post-Mao Reforms*. eds. Goldman, Merle, Roderick Macfarquhar. Cambridge, Mass: Harvard University Press 1999. pp.308 - 329.

② Lee, Ching Kwan. "From the Specter of Mao to the Spirit of the Law: Labor Insurgency in China." *Theory and Society*, 2002. 31(2): pp. 189 - 228; Friedman, Eli, Ching Kwan Lee. "Remaking the World of Chinese Labour: A 30 - Year Retrospective." *British Journal of Industrial Relations*, 2010. 48(3): pp.507 - 533.

③ 吴清军：《市场化转型时期国企工人的群体认同与阶级意识》，载《社会学研究》2008 年第 6 期，第 58—79 页。

④ 游正林：《集体行动何以成为可能——对一起集体上访、静坐事件的个案研究》，载《学海》2006 年第 2 期，第 33—43 页。

⑤ Chen, Feng. "Between the State and Labour: The Conflict of Chinese Trade Unions' Double Identity in Market Reform." *The China Quarterly*, 2003. (176): pp.1006 - 1028; Chen, Feng. "Industrial Restructuring and Workers' Resistance in China." *Modern China*, 2003. 29(2): pp.237 - 262.

⑥ 于建嵘：《中国工人阶级状况与社会政治发展》，在北京三味书屋的演讲，2006 年 7 月 15 日；于建嵘：《中国工人阶级状况及其政治发展》，在中国社会科学院文学研究所的演讲，2006 年 10 月 24 日；于建嵘：《中国的骚乱事件与管治危机》，在美国加州大学伯克利分校的演讲，2007 年 10 月 30 日；于建嵘：《安源实录——一个阶级的光荣与梦想》，香港：明镜出版社 2006 年版，第 465 页。

接的精神资源来自执政者长期宣扬的意识形态。由这种意识形态决定的主流话语中，工人阶级是革命的主力军、执政的共产党是工人阶级的先锋队，工人是国家的主人，是社会真正的统治者。这种政治化的话语，一方面制约着工人的独立思考和阶级意识的发育，另一方面又成了工人维权抗争的武器。

它虽然是工人抗争的依据之一，却并不是引发工人抗争的直接原因。国企工人的不满通常来源于改制过程中的腐败、不透明，改制补偿缺失或过低等问题。这些问题同导致他们商品化的市场化改革结果联系在一起，激发了工人的被剥夺感，引发了劳动冲突。

由于工人们具有单位生活的深刻"集体记忆"，认同自身的单位身份，因此他们在抗议中诉诸的权利观念，很大程度上仍然是植根于旧计划经济体制的那种权利观念。① 工人通过抗争的形式试图保护过去通过国家与工人阶级之间隐性社会契约所承诺的终身就业和福利保障权利。即便是社会契约解体，过去的集体生活所形成的意识，对企业本身的感情，也会驱使他们去维护曾经奋斗过的地方、曾经拥有的生活环境。

与此同时，国企工人抗争的依据还来源于国家颁布的法律制度，它是目前在国家与工人阶级之间构建劳动关系的基础。对国企工人来说，国家在推动市场经济发展的过程中，规范劳动关系的法律制度越来越成为他们进行劳动抗争的唯一选择，并逐渐同非国有企业工人劳动抗争的依据一致起来。

国家法律制度是对劳动用工市场化和劳动保障社会化改革的确认，规定了劳动关系构成的新的基础，它同时也使国企工人依据伦理和道义进行的劳动抗争失去了合法性基础。国有企业以提高效益为目标的重构和重组，导致了大量工人的下岗、失业，但企业给他们的补偿并不充分。一系列劳动法律的颁布和实施相对滞后，造成了不同程度的空白。

由于法律制度规定了劳动是需要被市场规范的商品，企业是独立的市场主体，拥有自主经营的权力，所以双方可以自由地缔结和解除契约。在此基础上，国有企业工人下岗、失业的实践被合法化了，它为企业此后解雇上

---

① Burawoy, Michael ,János Lukács. *The Radiant Past: Ideology and Reality in Hungary's Road to Capitalism*. Chicago: University of Chicago Press. 1992.

千万国有企业职工提供了法律基础。[①] 反之，它也就宣告了国企工人追求过去曾经拥有的权利，追求改制过程中的大部分的所谓的公正和道义不再具有合法性。[②]

由于过去单位身份及其所附着的利益逐渐被剥夺，而国家根据公民身份赋予的新的权益因为资本的强势地位而屡遭侵害，这造成了国有企业劳动冲突的主要特点，即国企工人被企业背叛，被市场排斥的感觉。[③]

这些国企工人身体和精神上的痛苦在这种逻辑下不得不独立承担，而不再是国家和企业的责任。因此，一旦工人阶级抗争的道义依据失去了合法性，从公民权的角度争取工人的权利和利益就变得重要起来。

李连江和欧博文(Kevin O'Brien)将在中国农村地区出现的新型农民抗争归结为"基于政策的抗争"(policy-based resistance)，也被称为"依法抗争"，突出了农民在抗争过程中对国家法律和中央政策的运用。[④] 一些学者将其通用于劳工问题和劳工政治的探讨，并认为工人在抗争中发展出了一套法律和福利权力的意识。[⑤]

于建嵘和加拉格尔二人认为，"依法抗争"只是指间接意义上以法律为抗争依据，这种归纳并不准确。他们主张"以法抗争"，则抗争者直接以法律为抗争武器，以直接挑战抗争对象为主。"以法抗争"具有政治性和组织性的显著特点，抗争基本目标由资源性权益抗争向政治性权利抗争方向发展。旨在宣示和确立工人阶级抽象的"合法权益"或"公

---

① Bai, Ruixue. "The Role of the All China Federation of Trade Unions: Implications for Chinese Workers Today." *Working USA*, 2011. 14(1): pp.19 - 39; Clarke, Simon, Tim Pringle, "Labour Activism and the Reform of Trade Unions in Russia, China and Vietnam" (paper presented at the ESRC Non Government Public Action Labour Workshop, 10 December 2007).

② Gallagher, Mary Elizabeth. "'Use the Law as Your Weapon!' Institutional Change and Legal Mobilization in China." In *Engaging the Law in China: State, Society, and Possibilities for Justice*. eds. Diamant, Neil J., Stanley B. Lubman, Kevin J. O. Brien. Stanford: Stanford University Press 2005. pp.54 - 83.

③ Lee, Ching Kwan. *Against the Law: Labor Protests in China's Rustbelt and Sunbelt*. Berkeley and Los Angeles: University of California Press. 2007. p.159.

④ 李连江、欧博文：《当代中国农民的依法抗争》，载吴国光编：《九七效应》，香港：太平洋世纪研究所1997年版，第141—170页；O'Brien, Kevin. "Rightful Resistance." *World Politics*, 1996. 49(1): pp. 32 - 55; O'Brien, Kevin J., Lianjiang Li. *Rightful Resistance in Rural China*. Cambridge: Cambridge University Press. 2006.

⑤ Lee, Ching Kwan. *Against the Law: Labor Protests in China's Rustbelt and Sunbelt*. Berkeley and Los Angeles: University of California Press. 2007.

民权利”。①

无论是“依法抗争”，还是“以法抗争”都是“合法抗争”，是在既定的法律理性的框架下规范工人的抗争行为。在工人的集体行动和独立工人组织受到法律限制、甚至被非法化的情况下，为了能够使自身利益得到保护，越来越多的工人选择合法化的抗争手段。在此过程中，法律及其执行者也常常会成为工人抗争的力量来源。

当既定的法律不够完善或滞后于现实的情况下，法律本身会造成工人的被剥夺感，未被保护的感觉，从而成为抗争的对象。由于劳动冲突已部分地被引入法律制度内部，在地方政府未能落实中央政策的情况下，也往往会成为工人们指责的对象。②

从工人对伦理、道义的认同转变为对公民权的认同，他们与国家的关系也越来越规范。一方面，通过弱化保障工人生产、生活的道义要求，并将工人的政治忠诚转移到对法律制度这种规则的依赖方面。契约化的雇佣劳动关系成为一种应然的选择，工人的生产、生活内化于这种雇佣关系并成为其理所当然的一部分。工人阶级的抗争由此形成了雇佣关系的肯定形式，关注雇佣关系实行的规则，以及由此演生的劳动者和生产者权利，而不关注雇佣关系本身。

另一方面，法治化和公民权要求能够将工人阶级的抗争吸纳到体制内部，通过劳动关系适应国家机器运行的规则来解决劳动冲突。直接进入法律制度的劳动冲突遵循调解、仲裁、诉讼的过程，劳动争议的法庭诉讼是制度内的最后屏障。

1999 年“依法治国”写入宪法，正式成为劳动关系的指导思想和总体要求。在此前后，国务院制定了大量规章，用来规范劳动关系的方方面面。小到工资标准、工伤赔偿，大到医疗覆盖、薪金规则等，同时将所有不符合政党和国家要求的工会和工人阶级活动规定为非法，从法律上明令禁止。这一

---

① 于建嵘：《当前农民维权活动的一个解释框架》，载《社会学研究》2004 年第 2 期，第 49—55 页；Gallagher, Mary Elizabeth. "'Use the Law as Your Weapon!' Institutional Change and Legal Mobilization in China." In *Engaging the Law in China: State, Society, and Possibilities for Justice*. eds. Diamant, Neil J., Stanley B. Lubman, Kevin J. O. Brien. Stanford: Stanford University Press 2005. pp.54 - 83.

② 李静君：《中国工人阶级的转型政治》，载李友梅、孙立平、沈原编：《当代中国社会分层：理论与实证》(转型与发展第 1 辑)，社会科学文献出版社 2006 年版，第 55—88 页。

过程的重要意义在于国家通过依法治国的要求将所有工人的活动，包括日常的权利保护和非常的抗议活动都吸收到司法和行政的体制当中，让行政和司法的途径成为工人唯一合理的维护自身利益的方式。

实际上，当国企工人面对"失序专制主义"对其权益进行剥夺的时候，他们首先想到的是政府（表现于信访、告状等方式），是国家针对国企改制过程赋予工人的基本权利（表现于调节、仲裁以及法院的诉讼）。只有这两个途径被阻塞的情况下，工人才会采取集体行动，才会引发暴力行为。

因此，工人大多是在法律框架内争取他们的权益，通过法院和仲裁机构的途径来解决劳动冲突。① 一些资料显示，1987 年到 2005 底，172 万的劳动冲突通过仲裁解决，包括 532 万的雇工，他们当中的一半参与到了集体冲突中，每年的增幅为 27.3%。2006 年通过仲裁解决的劳动争议的数量，相比 2005 年增长了 42%。②

但是，还有很大一部分工人会寻求法律之外的解决途径，他们或者在生产场所举行罢工、怠工、破坏生产工具等活动，或者走出工厂进入社会公共场所进行游行和抗议。实际上，工作场所之外的工人抗争多数发生在下岗、失业工人群体。正如克洛沃德等人指出的那样，穷人造反，不是靠组织资源，而是靠体制外的抗议活动。因为他们不可能拥有同对手抗争的组织资源，所以，抗议才是他们唯一的选择。③

这时，国家通常会采取两种形式的反应。第一种反应是完善法律制度，预先对工人的抗议活动形成制度性的规定。这包括两个方面：一是覆盖全部所有制形式的劳动争议仲裁体制和劳动合同关系的确定，二是将行政和法律体系之外的劳动冲突非法化。这表明国家对这一类型的劳动冲突有了

---

① Gallagher, Mary Elizabeth. "'Use the Law as Your Weapon!' Institutional Change and Legal Mobilization in China." In *Engaging the Law in China: State, Society, and Possibilities for Justice*. eds. Diamant, Neil J., Stanley B. Lubman, Kevin J. O. Brien. Stanford: Stanford University Press 2005. pp.54 - 83; Lee, Ching Kwan. "From the Specter of Mao to the Spirit of the Law: Labor Insurgency in China." *Theory and Society*, 2002. 31(2): pp.189 - 228; Solinger, Dorothy J. *Contesting Citizenship in Urban China: Peasant Migrants, the State, and the Logic of the Market*. Berkeley: University of California Press. 2000.

② Clarke, Simon, Pringle Tim. "Can Party-Led Trade Unions Represent Their Members?" *Post-Communist Economies*, 2009. 21(1): pp.85 - 101.

③ Cloward, Richard, Frances Fox Piven. *Poor People's Movement: Why They Succeed, How They Fail*. New York: Pantheon Books. 1977.

干预的合理依据。一旦劳动冲突越出限制，司法体制就被启动，而劳动冲突的处理也就自然被纳入这一框架当中。

按照刘爱玉的分法，前者应该被称为"预防性的正式制度"，后者被称为"惩罚性的正式制度"。[①] 由于规范劳动关系的法律制度的设立，受损工人的利益得到了某种程度的补偿，使多数工人的基本生活因此得到保障。这是对行动者服从或退出的正面激励，目的是使工人行动遵循"生存逻辑"，即只要工人基本生活得到保障，集体行动基本上不是工人首要的行动选择。这些基本生活保障措施包括最低工资制度，失业、养老保险和城市居民最低生活保障。

一旦工人在多层面的预防性正式制度下获得了生存保障，采取集体行动的可能性就会相应降低。与此同时，法律制度的设定使工人对可能危及社会稳定的集体行动后果及其成本有清醒的认识，国家则有了干预劳动关系的正当理由，并能够对违反规定的工人行为做出惩罚以迫使其行为限定在法律制度的范围之内。它直接表现为国家暴力机器（军队、警察、监狱、法庭等）对越轨行为的消除和遏制。

第二种反应是依赖工会和 NGO 组织的协调作用，将工人抗议拉回到法律的框架内处理。事实上，工会和 NGO 在平息社会矛盾、实施和修改法律、形成满足工人需求的公共政策，以及实施提高制度适应、制度效率的管理改革方面承担了主要角色。一方面，国家在制度和法律上为工会和一些 NGO 组织发挥统合功能提供了相应的或更大的空间，这些组织能够依赖国家强制推行的法律获得合法性和对劳动关系的协调能力。

另一方面，工会和 NGO 组织的平衡者角色，服务于政治系统的弹性和政体的动态稳定，服务于共产党的持续执政能力。[②] 体制内的工会和 NGO 组织（尤其是前者），能够利用其官方背景在体制内自由活动，通过游说政府等方式，在劳动立法、劳动争议的解决中担当积极而重要的角色。

也就是说，工会和 NGO 组织的活动弥补国家制度、法律的失败之处，

---

① 刘爱玉、王培杰：《下岗、失业工人的行动选择分析：以厦门市调查为例》，载《中共福建省委党校学报》2005 年第 4 期，第 37—42 页；刘爱玉：《国有企业制度变革过程中工人的行动选择——一项关于无集体行动的经验研究》，载《社会学研究》2003 年第 6 期，第 1—12 页；刘爱玉：《选择：国企变革与工人生存行动》，社会科学文献出版社 2005 年版。

② Froissart, Chloé. "'Ngos' Defending Migrant Workers' Rights. Semi-Union Organisations Contribute to the Regime's Dynamic Stability." *China perpectives*, 2011. (2): pp.18 - 25.

同时从内部转变了它。这不但保护了工人的权益，同时也提高了政府的适应能力，从而提高了政府统治的合法性。直到现在，非政府的工人组织活动和官方的工会都对国家利用劳动法律和仲裁机制个人化和制度化解决劳动冲突的努力做出了贡献。①

郑广怀把国家依照法律处理工人抗争的方式形象地称为利用"糖果效应"的安抚。他解释说，"糖果效应"是指在劳动争议处理的法定程序中，对坚持维权的工人逐步给予更多的"糖果"予以安抚。"糖果效应"原是心理学一项实验得出的结论，其方法是，拿糖果给 4 岁的儿童，告诉她如果现在就吃，只能吃到 1 个，但如果等待大人回来后再吃，就可多吃 1 个。有些儿童迫不及待地吃掉了糖果，有的儿童则意志坚定，最终获得应有的奖赏。

现有劳动争议处理体制的实践实质上发挥了糖果效应的作用，即通过逐步释放的"善意"告诉工人：第一，你最大可能会拿到多少糖果(根据法定权益计算的款项)；第二，如果你想快点拿到糖果，那数量就会减少(如在调解过程中出现的法定权益"打折")，如果你想获得更多的糖果，就必须穷尽所有的对工人充满阻挠的法定程序，在付出巨大成本后才有可能获得。如此"利诱"的目的在于将权益保障问题限制在法律框架内解决。②

小 结

从工业关系到雇佣关系的转变是通过劳动用工市场化和劳动保障社会化的改革实现的。在这个过程中，追求绩效表现的发展型国家必然会鼓励、支持企业的投资及其扩大。为了实现地方上的有效治理，国家实行"放权让利"的改革，扩大了地方政府的管理权限，提高了各种所有制企业的活动能力，在一定程度和一定时期形成了"地方即厂商"的经济社会格局。

中央政府通常拥有较强的维持社会稳定、维护分配正义的道义责任，地方政府则更可能因为地方经济发展、压力型政府体制、官员绩效考核等原因

---

① Friedman, Eli, Ching Kwan Lee. "Remaking the World of Chinese Labour: A 30 - Year Retrospective." *British Journal of Industrial Relations*, 2010. 48(3): pp.507 - 533.

② 郑广怀:《劳工权益与安抚型国家——以珠江三角洲农民工为例》，载《开放时代》2010 年第 5 期，第 27—38 页。

而牺牲分配的正义,甚至在一定程度上牺牲社会稳定。他们可能对中央政府制定的规则执行不力,以各种方式服务于本地的经济发展。如此一来,中央政府提高社会资源总量的目标、地方政府压倒性的经济发展要求在企业当中体现为缺乏有效约束的管理者专制。

国有企业进行改制,并最终同私营、外资企业走向类似的市场化、商品化道路,统一纳入国家规范体系的过程必须要放在上述发展型国家的前提下进行思考和解释。工人能够体会到的被剥夺感直接来源于企业的管理者专制,它不仅体现为劳动过程的占有和支配,体现在市场对劳动者的选择与歧视,还体现在政治话语和政治体系中劳动者权益的失语。

外资、私营企业的管理自主来自现代化建设的总体需要,国有企业的改制则来自改革开放的历史选择,同时也在外资、私营经济的发展压力下持续推进和完善。在这种条件下,工人行动的"选择"①空间十分有限,因为总体的目标和结果是确定的、被规定的,而过程本身并不是关键,也不起决定性的作用。工人接受改制,但希望提高改制过程的规范性、透明度和民主化;他们融入商品化体系,但渴望商品化过程公平、正义、合理,并且能够对旧有体制的承诺做出一定的回应。

工人理解企业改制的历史必然性,也对改制后的前景心中有数,但也正是因为这两点,他们对改制过程中出现的问题有自己的看法,对国家的干预和修正充满了期待。毕竟,地方和基层的问题总是"好经被念歪了"。国家计划曾经哺育了几代工人阶级,是工人满足感和幸福感的来源。改制后的国家依然是资源总量积累和分配正义的承担者,是削弱商品化过程最重要的主体,它即使不能改变企业管理者专制的总体性,却总是劳动关系变迁规则与过程的守护者。

因此,劳工抗争的目标虽然指向企业管理者和地方政府,但工人的诉求却最终指向国家,后者包含着工人的全部信任和依赖。无论在什么情况下,工人都需要国家来抵御市场对他们生活的全面侵蚀,他们反对企业对劳动的剥削,反对改制过程的混乱,反对地方政府对厂商的袒护、反对官商勾结的腐败等,但他们极少质疑国家意识形态的统治权威。他们倒是希望国家对劳动关系进行干预,并不惜通过游行、示威等极端的手段争取国家的介

① 刘爱玉:《选择:国企变革与工人生存行动》,社会科学文献出版社 2005 年版。

入，希望国家出面维护规则、主持正义。

对规则和正义的重视既是工人阶级对国家的期望，也是国家独立性、超越性本质的展开形式。劳动用工市场化和劳动保障社会化的改革促成了雇佣劳动关系的最终形成，而雇佣劳动关系本身即建立在抽象人格承认的基础上，以劳动关系的法理化为其本质。也就是说，它是法理上的地位平等，人身自由、财产保护关系，是对自由劳动力占有和支配的确认，是与此相关的一系列规则以及规则实现的过程。

因此，反对规则和过程的不合理、不公正本身是肯定性的，它首先意味着对规则和过程的认同，希望通过国家干预不断修正和完善；其次意味着接受雇佣关系的现实，并且希望以合理化的方式讲雇佣关系固定下来。国家推行劳动关系法制化的目的也在于此，它不但将工人的诉求从单位体制下的国家道义转向对雇佣关系运行的规则方面，还能够将工人的各种抗争纳入国家制度内部进行处理，减少了劳工抗争对国家的危害，也实现了国家制度自身的修复和调节。

第八章　分裂与聚合：工人的重构

很多学者将市场化的工人阶级和传统工人阶级作了区分，称之为“新工人阶级”“工人阶级的再形成”等，这一群体包括被市场化的私营、外资企业工人，和改制之后的国有企业工人。①

“新工人阶级”显然主要作为一种描述性的用法存在，同欧美国家的“新工人阶级”理论的用法及含义有很大的差异。在马里特(Serge Mallet)等人看来，科学技术的进步和生产的自动化改变了工人阶级的结构，由专家、工程师、技术人员和管理人员等组成的“新工人阶级”日益成为新的社会运动主体，并同普通工人有着共同的利益。② 这些学者的论述基本上是在工人阶级去中心化后，对工人阶级的再认识和重新定位。

一般来说，“新工人阶级”研究并不将阶级作为高于认同或社会过程的特权范畴。但是也不是低于种族、性别等问题的边缘范畴。

正像拉索(John Russo)指出的那样，“一些左派学者主张阶级是分析的

---

① 潘毅、陈佩华、蔡禾等：《农民工：未完成的无产阶级化》，载《开放时代》2009年第6期，第4—35页；吴清军：《国企改制与传统产业工人的转型》，清华大学社会学系博士学位论文，2007年；沈原：《社会转型与工人阶级的再形成》，载《社会学研究》2006年第2期，第13—36页；Chan, Chris King-Chi, Ngai Pun. “The Making of a New Working Class? A Study of Collective Actions of Migrant Workers in South China.” *The China Quarterly*, 2009. 198(1): pp.287 - 303.邱林川也提到“新工人阶级”形成的问题，但他用这一概念主要指“网络劳工”(network labor)。他认为劳工群体在以信息、沟通技术为基础的社会网络中越来越组织化了，这是阶级形成过程的开始。(参见 Qiu, Jack Linchuan. *Working-Class Network Society: Communication Technology and the Information Have-Less in Urban China*. Cambridge, Massachusetts: The MIT Press. 2009. pp.5 - 6.)

② Mallet, Serge. *Essays on the New Working Class*. St. Louis: Telos Press. 1975; Gorz, André. *Farewell to the Working Class*. Translated by Sonenscher, Mike. Chadlington: Pluto Press. 1997. pp.66 - 74; Touraine, Alain. *The Post Industiral Society*. Translated by Mayhew, Leonard F. X. New York: Random House. 1971. pp.27 - 85; Gorz, André. *Strategy for Labor: A Radical Proposal*. Boston: Beacon Press. 1967.

最重要范畴，应该成为讨论的中心，取代其他所有分类，提供一种贯穿差异和地域界限的分析单位的来源。相反，新工人阶级研究之所以将阶级放在中心是因为我们认为阶级深深地和其他社会构成因素——种族、性别、职业、权力结构——交织在一起，因为我们认为阶级通常是很少被挖掘并且最难理解的因素”。①

中国劳工问题与劳工政治并没有整体转换到后工业社会的立场，学者所讨论的“新工人阶级”“工人阶级的再形成”是在中国日益卷入市场原则，转变为全球产业工人阶级复兴基地的背景下提出的。

说中国正在变为一座世界工厂，也就是说中国正在形成世界上最庞大的工人阶级。而且，这个自改革开放以来不断壮大的工人阶级从根本上不同于过去计划经济时期由政治权力构建的那个群体。他们不再依附于国家，而是全面转化为商品化原则的对象。

从这个意义上看，出现了市场并公开了商品交易，抽象劳动占有和支配活劳动的结构才摆脱了政治权力的遮蔽，工人作为一个自在阶级浮出水面，显现出他原本的形态。这同时也意味着工人必然会产生去商品化的需求，他们要求国家对劳动关系的干预，也要求自身能够组织起来开展集体行动，即形成自为的工人阶级。

一、非阶级的组织化

正如前文已经提到的那样，经验研究倾向于按照不同的标准将工人阶级分割成不同的条块，并认为同质性的工人群体因地缘、行业、部门或职业等不同而四分五裂，淡化了其阶级认同。或者他们将阶级看做社会分层或利益聚合的构成标准之一，而且通常是被抛弃的标准。这样，阶级就消失在了各种复杂的分类当中，工人则被拆分并属于不同的社会群体。

张静认为，上述利益再组织化现象不同于一般意义上所说的“同质内聚”结构，工人群体被认为不是同质性的自然分层现象，而是利益“再”组织

① Russo, John, Sherry Lee Linkon. “What's New About New Working-Class Studies?” In *New Working-Class Studies*. ed. Russo, John. New York: Cornell University Press 2005. pp.1－19.

化的结果，她将之称为“非同质性内聚”。①

但是，这个概念的内涵比较模糊而且容易产生歧义。尤其是它超出单位体制之外，论述文化因素形成利益聚合的时候。后者形成的社会组织很难说是“不同质”的，很多时候它们不过是有不同的“质”而已。而如果把同质看成是教育、财产、地位、身份等多重因素的同一，那么除非把某些差异看成是不相关的，否则同质又根本不可能存在。

因此，本文认为这些拆分阶级或阶级之外的利益组织化最好被称为“非阶级的组织化”，因为它们无论在内容还是在形式上都已经与阶级不相干了。这不是当代劳工研究的新问题，而是伴随着产业工人产生之日起就存在的问题。共产党执政前，包括同乡、会党、行会等传统社会组织广泛存在于工人中间。② 它们在阶级的意义上（按照一般社会分层的理解）是分裂的力量，在非阶级的意义上则被理解为凝聚的力量。

无论他们身在上海、武汉，还是在天津，无论他们工作在工厂还是码头，他们都从属于工作中和工作之外的不同组织群体。③ 这些群体具有相当大的差异，虽然也有合作的一面，但主要是竞争和冲突的关系。它们之所以能够和工人群体形成交集，很大程度上是因为工人们在离开宗族和成长地区的庇护，缺乏国家权力照顾的情况下，习惯于加入现有的、熟悉的组织以获取生活和工作的保障。④

---

① 张静：《利益组织化结构：非同质性内聚》，北京大学中国与世界研究中心“中国模式”研讨会，2008 年 12 月 20—21 日；张静：《中国跨阶级的利益组织化结构》，载《读书》2009 年第 9 期，第 22—25 页；张静：《阶级政治与单位政治——城市社会的利益组织化结构和社会参与》，载《开放时代》2003 年第 2 期，第 109—119 页。

② 史密斯分析了工人对工厂底层监工的依附关系，并承认很多时候工厂的底层监工是帮会组织成员。他指出，在 1926 年的前半年中，上海市总共发生了 96 起罢工事件，涉及 106 个企业的 91 115 个工人，但是这些罢工中只有 5 起主要是因为工人和底层监工之间的纠纷引起，要求解雇和惩罚监工的有 26 次，后者主要发生在外国企业当中。（参见 Smith，Steve A. “Workers and Supervisors：St Petersburg 1905 - 1917 and Shanghai 1895 - 1927.” *Past & Present*，1993.（139）：pp.131 - 177.）

③ Honig，Emily. *Sisters and Strangers：Women in the Shanghai Cotton Mills，1919 - 1949*. Stanford，CA：Stanford University Press. 1986；［美］韩起澜：《苏北人在上海，1850—1980》，卢明华译，上海古籍出版社 2004 年版；Hershatter，Gail. *The Workers of Tianjin，1900 - 1949*. Stanford，California：Stanford University Press. 1986.；黎霞：《负荷人生：民国时期武汉码头工人研究》，华中师范大学中国近现代史专业博士学位论文，2007 年；蔡少卿：《中国秘密社会》，浙江人民出版社 1989 年版，第 314—315 页。

④ 朱学范：《上海工人运动与帮会二三事》，中国人民政治协商会议上海市委员会文史资料工作委员会编：载《旧上海的帮会》，上海人们出版社 1986 年版，第 1—20、4 页；姜豪：《“和谈密使”回忆录》，上海书店出版社 1998 年版，第 85 页。

与“小团体团结，大团体分裂”[①]现象相联系的工人群体组织形式，在很大程度上构成了近代政治、社会运动的主要动员力量。裴宜理指出，熟练技术工人大多结成行会，拥有长期以斗争争取高工资和保护职业的历史，他们很容易响应共产党的激进号召。[②]

古德曼(Bryna Goodman)发现，五四运动中同乡会馆起到了非常大的组织和动员作用，它们为学生、商人和工人的爱国行动提供了组织形式。[③]包惠僧组织京汉铁路大罢工是首先通过湖北帮介入，进而团结福建帮、江南帮，消除相互之间的隔阂而实现的。[④]

陈明逑(Ming Kou Chan)认为现代中国工人在五四以前的辛亥革命中已积极参与社会运动，这些运动不完全是以现代工厂工人作主导，也不全然由共产党处于垄断领导地位。工人的传统组织如行会、乡亲会馆、地域组织都成为工人运动的支柱。[⑤]

另外，帮会也是工人组织化的重要形式，工业化的早期有大量工人加入帮会组织，或者与帮会有联系，并以帮会为靠山。[⑥] 这使得大规模的工人运动多与帮会有关，或直接来自帮会的组织。邓中夏的记载表明，1913 年汉阳兵工厂罢工是以老君会为中心发动的，而 1915 年安源煤矿的罢工则主要由洪帮主持。[⑦]

早期革命党人要发动工人群众，就必须利用这些组织。最常见的方式是加入这些组织以深入工人阶级内部，获得工人的认同。如此才能够具有

---

① Hershatter, Gail. *The Workers of Tianjin, 1900－1949*. Stanford, California: Stanford University Press. 1986.

② [美] 裴宜理：《上海罢工——中国工人政治研究》，刘平译，江苏人民出版社 2001 年版。

③ Goodman, Bryna. *Native Place, City, and Nation: Regional Networks and Identitiess in Shanghai, 1853－1937*. Berkeley: University of California Press. 1995. pp.260－261.

④ 蔡少卿：《中国秘密社会》，浙江人民出版社 1989 年版，第 317—318 页。

⑤ Chan, Ming Kou, *Labor and Empire: The Chinese Labor Movement in the Canton Delta, 1895－1927*, Ph.D. phdchan1982labor, Stanford University, Department of History, 1982.

⑥ 据 20 世纪 30 年代中共上海市地下党组织对上海的棉纺、丝织、卷烟、电力、市政、交通、邮政、机器等 22 个产业及各业职工的基本情况的调查，除缫丝、煤气、印刷等少数产业部门没有明显的行会组织以外，多数产业部门的工人中有青洪帮的组织，像棉纺系统，男工十分之七八都参加了青洪帮，拜有老头子。其他各行各业，从车站码头到商场企业，从里弄摊贩到澡堂妓院，从娱乐场所到粪便管理所，都被青洪帮控制。(参见蔡少卿：《中国秘密社会》，浙江人民出版社 1989 年版，第 314—315 页。)

⑦ 邓中夏：《中国职工运动简史(1919—1926)》，人民出版社 1953 年版，第 4 页。

号召力和威信，进而才有进行阶级教育的可能。相反，如果工人运动的发动不经过帮会，则很有可能会遭到大量工人的抵制，并导致完全的失败。①

朱学范回忆说，共产党第一次搞工人工作时不理青帮，结果资本家利用青帮使浦东日华纱厂的斗争失败。第二次李启汉加入了青帮，但过于相信青帮，结果被青帮头子出卖，也失败了。李立三研究了上海工运的历史情况，就运用他在安源煤矿对付洪帮的办法来对付青帮，结果五卅运动时，保护他的都是青帮的徒弟。②

计划经济时期，这些传统社会组织已基本消失，其影响基本也相应不存在了。单位从此构成了国家和工人阶级之间的唯一组织，而且以国家正式制度的形式出现。单位体制改变了社会的自然流动，中断了"阶级"的自然分化，形成的是利益的重新组合。它不是伴随实际社会身份和财产拥有关系出现的，不反映社会差别的实际状况，而是根据"阶级理论"，通过政治干预实现的。

由此，单位内部尽管存在事实上的地位差别，但单位的身份识别作用超过个体的识别作用。在国有企业改制之前，企业单位之间的差异大于阶级或阶层群体的差异，一个人和自己单位的利益相关度，远高于和自己阶级的群体利益相关度。单位组织工人个体利益，形成集体意志的重要途径，即作为"利益组织化单位"③而存在。人力资源和经济资源的竞争和分配成为有关部门和单位的事情，而不是雇佣者自身和市场的事情。

张静将其概括为"单位政治"，其中"政治"指的是竞争利益和资源控制权的活动。她认为，与"阶级政治"不同的是，单位政治的利益冲突在单位内部或之间展开，社会个体通过单位成员的身份共享团体利益。在这种情况下，单位利益无论主题和参与范围都是有边界的、特定的、排斥外部人员共

---

① 朱学范：《我的工运生涯》，福建人民出版社 1991 年版，第 33 页；朱学范：《上海工人运动与帮会二三事》，载中国人民政治协商会议上海市委员会文史资料工作委员会编：《旧上海的帮会》，上海人民出版社 1986 年版，第 1—20 页；包惠僧：《包惠僧回忆录》，人民出版社 1983 年版；［美］裴宜理：《上海罢工——中国工人政治研究》，刘平译，江苏人民出版社 2001 年版；Choi，Wai Kit. "Empire，Strategies of Risistance，and the Shanghai Labor Movement，1925 - 1927." In *Labor Versus Empire: Race，Gender，and Migration*. ed. Gonzalez，Gilbert. New York：Routledge 2004. pp.148 - 163.

② 朱学范：《上海工人运动与帮会二三事》，载中国人民政治协商会议上海市委员会文史资料工作委员会编：《旧上海的帮会》，上海人民出版社 1986 年版，第 1—20 页。

③ 张静：《利益组织化单位　企业职代会案例研究》，中国社会科学出版社 2001 年版。

享的。

但如同“阶级”一样，单位也是一个竞争成员整体利益的组织，为成员争取某种利益是单位组织的义务，也是单位成员的共同期待。所以在中国，同外界发生的利益竞争多由单位领导作为代表出面，而不是身份团体。单位的领导往往被其成员要求成为利益表达和竞争的代理人，大家都希望自己单位产生领导，并且希望他晋升不忘原单位，因为他是组织化利益谋取的代言人。①

单位体制瓦解之后，传统的社会联结网络再次萌生出来，成为拆分工人群体的主要因素之一。由于中国社会的私人和公共关系并非各自独立、互不相关，而是功能互用，二者之间的联系和资源互换较少存在障碍。因此，在不同地位和背景的群体之间，通过非正式关系建立桥梁、交换利益相对容易，它们产生着大量的“关系利益”，中和了不同人群之间恒定的阶级对立。

朋友、亲属、同乡等个人社会关系网络在求职过程中十分重要，尤其对处于弱势地位的下岗工人、农民工来说更是如此。正是这种社会联结网络的扩展，把不同社会地位和资源的人联系起来。李静君对深圳和香港的研究表明，在决定工作依附状况方面，地方上的社群结构（communal institutions），如同乡网络、亲缘和家庭比国家更加重要，它们构成了劳动力市场社会组织的基础。②

同乡关系网络在工人当中的作用和影响很长时期以来都是学者比较关注的焦点之一。③ 除了上述共产党执政前的研究之外，裴宜理在单位研究

---

① 张静：《被单位吸纳的阶级》，载《文化纵横》2012 年第 3 期，第 34—38 页；张静：《阶级政治与单位政治——城市社会的利益组织化结构和社会参与》，载《开放时代》2003 年第 2 期，第 109—119 页；张静：《利益组织化结构：非同质性内聚》，北京大学中国与世界研究中心“中国模式”研讨会，2008 年 12 月 20—21 日；张静：《中国跨阶级的利益组织化结构》，载《读书》2009 年第 9 期，第 22—25 页。

② Lee, Ching Kwan. “Engendering the Worlds of Labor: Women Workers, Labor Markets, and Production Politics in the South China Economic Miracle.” *American Sociological Review*, 1995. 60(3): pp.378 - 397; Lee, Ching Kwan. *Gender and the South China Miracle: Two Worlds of Factory Women*. Berkeley: University of California Press. 1998; Lee, Ching Kwan. “Gender and Production Politics on Hong Kong's Electronics Shopfloor.” *Gender and Society*, 1993. 7(4): pp. 529 - 547.

③ O'Leary, Greg. “The Making of the Chinese Working Class.” In *Adjusting to Capitalism: Chinese Workers and the State*. ed. O'leary, Greg. New York: ME Sharpe 1998. pp.48 - 74.

中也贯穿了分化的工人阶级研究思路，分析了单位制中工人的不同籍贯的影响。①

改革开放之后，国家部分退出了对人口流动的管制，形成了权威的缺口，继而这个缺口被多种网络所覆盖。当国家放弃或丧失控制的时候，以籍贯或权力为基础的纽带联系充斥进来。② 以农民工为主体的新工人往往习惯通过家族、亲属、同乡的网络寻找工作，并通过这些关系建立工人内部的网络结构。③

在缺乏完善劳动力市场等情况影响下，农民工走入大城市既没有其他可供利用的社会资源，也没有足够的钞票支付相对昂贵的宾馆住宿。因此他们往往通过同乡关系被介绍到工厂中做工，如果暂时没有找到工作则住在同乡的住处。事实证明，这些错综盘缠的网络，在提供就业资料和介绍进厂工作等方面是特别有效的。同时，由于农民工在城市里受到严重歧视，他们也很难与社会其他群体发生联系，因此同乡网络就成为他们重要的依傍，无论是找工作时，还是在工作过程中。

潘毅在深圳一家制衣厂的研究中发现，相比名字，女工们更认同彼此的籍贯和哪位同乡带她们进工厂的。打工者在工厂中往往会迅速形成亲属—族群的聚群(Kin-ethnic enclaves)，这些聚群形式有时候是蜂窝状的，有时候只是联系松散的网络。④

蜂窝结构(honeycomb pattern)通常从两到三个来自同一个村子的女工开始，她们构成蜂窝结构的核心，然后，处于核心的人会逐渐帮助她们的

---

① Perry, Elizabeth J. "From Native Place to Workplace: Labor Origins and Outcomes of China's Danwei System." In *Danwei: The Changing Chinese Workplace in Historical and Comparative Perspective*. eds. Lü, Xiaobo, Elizabeth Perry. New York: ME Sharpe 1997. pp.42 - 59.

② Solinger, Dorothy J. "Job Categories and Employment Channels among the 'Floating Population'." In *Adjusting to Capitalism: Chinese Workers and the State*. ed. O'leary, Greg. New York: ME Sharpe 1998. pp.3 - 47.

③ Pun, Ngai. *Made in China: Women Factory Workers in a Global Workplace*. Durham and London: Duke University Press. 2005. pp.49 - 76.

④ Pun, Ngai. "Becoming Dagongmei (Working Girls): The Politics of Identity and Difference in Reform China." *The China Journal*, 1999. (42): pp.1 - 18; Pun, Ngai. "Cultural Construction of Labor Politics: Gender, Kinship, and Ethnicity in a Shenzhen Workplace." In *The Chinese Triangle of Mainland China, Taiwan, and Hong Kong: Comparative Institutional Analyses*. eds. So, Alvin Y., Nan Lin, Dudley Poston. Westport, Conn.: Greenwood 2001. pp.103 - 116; Pun, Ngai. *Made in China: Women Factory Workers in a Global Workplace*. Durham and London: Duke University Press. 2005.

家庭成员，以及同村或不同村的亲戚在同一间工厂找到工作。这些后来的人则成了核心的外围，然后这些人又会继续帮助远亲或者同乡介绍工作，于是，这个蜂窝结构的外围人数不断增加。

亲戚之间的义务是相互的，而且彼此关系是平等的，但是当资源稀缺的时候，她们则会向处在核心的成员倾斜。由于打工者的流动频繁，因此并非所有亲族网络都呈现为蜂窝结构，联系松散的网络可能更常见。这些网络随着成员的不断加入或离开而被建构或重构。经过时间的考验，有些群体会比另外一些发展得更加强大稳固。

同乡网络不但使工人以血缘、地缘的方式形成了“非阶级的组织化”，它还成为支持工人抗争的重要力量。丘延亮对香港一家日商手表工厂女工抗争行动的研究表明，工人能够快速形成抗争团队的部分原因来自工厂以外日常生活所形成的关系网络，特别是抗争组织最为坚实的群体是居住在同一村落的客家女工，每天工厂专车接送她们上下班，进而形成成员达 30 人的想象家庭关系，这些默契在抗争过程中充分发挥了团结作用。①

熊易寒的调查表明，当劳动权益受到侵害时，同乡支持网络仍然是外来务工人员的首选，有 23.7%的受访者选择优先向同乡或亲友求助。② 但是，管理者和农民工在社群结构融合到生产车间实践的过程中一起获益，因为同乡网络不仅起着联系工人的作用，同时也是工厂管理者控制工人的手段。

在劳动力市场上，企业管理者利用这种同乡网络进行合理而方便的专制控制。他们利用手中掌握的招聘权力可以自由选择需要雇佣的工人，也可以利用管理权力控制同乡网络的核心成员（或自己成为核心成员）而获得驯服的工人。

潘毅还发现，地域和血缘族群在工厂中成为劳动分工和生产等级的划分标准。流星厂大部分中层管理职位都由客家人或潮州人占据，而几乎所有的外省妹（广东以外的人被统称为外省人）都在生产线上工作。一个生产线的管理职务的获得不仅要看这个工人的工作能力，还要看她的社会网络

---

① Chiu, Fred Y. L. *Colours of Money, Shades of Pride: Hisoricities and Moral Politics in Industrial Conflicts in Hong Kong*. Hong Kong: Hong Kong University Press. 2003.

② 熊易寒：《新生代农民工与公民权政治的兴起》，载《开放时代》2012 年第 11 期。

和在工人中的威信等。①

地方主义也预示了工厂内部的划分和统治的策略——通过引入老乡关系冲淡了雇主和工人之间的阶级对立。尤其在那些小私营企业中,"温情政策"(特殊的批假优待、较好的食宿、高额的年终红包)被有选择地施与一小部分核心工人,他们的技术或管理才能对生产而言至关重要。那些从事非技术性工作的一般工人只能得到劣等待遇。额外年终奖金、额外的病假和工伤补偿、工人住院期间频繁的家庭探访和食物照料等优待,通常能够培育这些享受优待的骨干工人的忠诚。②

几位女性学者特别关注了生产空间中的性别因素,并认为性别构成了资本分化工人、控制工人的手段之一。潘毅指出,毛泽东时代,国家弱化或拒绝性别的差异,所有的人以"同志""工人"相称,而改革时期的中国则强调或要求性别的差异。工厂需要这种性别分化,因为生产机器的生物权力(biopower)只对女性的身体感兴趣。因为女性的身体通常被想象为更加驯服、更加忍耐,更加适合于工厂机器。而女工一旦表现出非女性的特质,她们将会受到惩罚。③

这些非女性特征包括与雅致、教育和权力,这些被认为是与工厂管理不相容的,会影响工厂管理的稳定。结果,性别的分工成了很自然的事情。奥蒂斯(Eileen M. Otis)持有类似的观点。④ 李静君反对布洛维性别中立的国家—企业相互作用的生产体制,认为乡土网络作为招募工人的中介,使得男性之于女性亲属的地方性权威进入工厂等级制。但性别群体的形成也是反抗资本压迫的形式之一。⑤

---

① Pun, Ngai. *Made in China: Women Factory Workers in a Global Workplace*. Durham and London: Duke University Press. 2005. p.121.

② 李静君:《中国工人阶级的转型政治》,载李友梅、孙立平、沈原编:《当代中国社会分层:理论与实证》(转型与发展第1辑),社会科学文献出版社2006年版,第55—88页。

③ Pun, Ngai. *Made in China: Women Factory Workers in a Global Workplace*. Durham and London: Duke University Press. 2005. p.15;潘毅:《失语与发声:中国打工妹的阶级政治》,香港:香港大学华人社会口述历史工作研讨会,2004年11月12日;潘毅:《阶级的失语与发声——中国打工妹研究的一种理论视角》,载《开放时代》2005年第2期,第95—107页。

④ Otis, Eileen M. "Virtual Personalism in Beijing: Learning Deference and Femininity at a Global Luxury Hotel." In *Working in China: Ethnographies of Labor and Workplace Transformation*. ed. Lee, Ching Kwan. London: Routledge 2007. pp.101 - 123.

⑤ Lee, Ching Kwan. *Gender and the South China Miracle: Two Worlds of Factory Women*. Berkeley: University of California Press. 1998.

二、工人阶级的再形成

正如本文反复强调的，如果我们把阶级看做是构建利益结构，形成社会分类的单位，它首先面临的就是解释力的质疑。作为社会分层的标准之一，阶级基本上被认为是一个经济（社会关系结构）现象，但作为经济活动基本形式的制造业已经减少，服务业大幅度增长，它们在公共政策领域迫使工人研究从对利益表达问题的关注转向对普遍价值问题的关注。

分层被认为是文化的而不是社会的，关注生活方式而不是生活机会，关注消费而不是生产，关注价值而不是利益。任何共同体的成员不是要依赖个人在生产或控制体系中的位置，而是依赖地位成就、在价值实现领域获得的社会价值形式、对符号资源的控制、在话语流通中的位置以及节制的行为。①

在欧美国家，人们开始认为自己是拥有共同关注的共同体的成员（如绿色派别人士）、共同习惯的成员（如不吸烟者）、共同趣味的成员（如素食者）或其他一些可归属特征的成员（如黑人、妇女）等。这样的想象的共同体提供了某种认同，鼓励形成具有某种一致性的感觉，而且在较大程度上比过去更加促进了共同行动。②

改革开放以来同乡网络、亲属、性别等利益聚合的现象及其分析，虽然关涉的是共同阶级意识的形成，讨论的是工人的生产、生存状况，但它们实际上已经与阶级无关，是“非阶级的组织化”。它们至多只是工人群体中的文化分层，是脱离阶级而依然存在的组织原则。

一部分仍然坚持阶级分析的学者将阶级看做是基于经济、社会不平等的社会分层结构。考虑到现代社会中存在着不平等的许多根源，包括性别、

---

① Waters, Malcolm. “Succession in the Stratification System: A Contribution to the ‘Death of Class’ debate.” *International sociology*, 1994. 3(9): pp.295 - 312.

② Pakulski, Jan. “The Dying of Class or of Marxist Theory?” *International sociology*, 1993. 8(3): pp.279 - 292; Wieviorka, Michel. “After New Social Movements.” *Social Movement Studies*, 2005. 4(1): pp.1 - 19.

种族和年龄歧视等新的社会分层形式正在逐渐形成,似乎没有什么理由说阶级应该成为一种优先的解释术语。① 随着产业工人群体规模的相对缩减、内部构成的分化、认同的淡化,阶级主体经常被认为从整体上衰落了。②

但是,既然社会的不平等、剥削、冲突依然存在,那么阶级就始终会出现于任何既定的社会中。③ 只不过在此语境中的"阶级"已经同种族、宗教、民族、性别和其他因素一样,是政治认同和行动的资源中的一种罢了。他们认为,那种阶级的作用大不如前的观点,是因为人们过分夸大了它在过去的重要性,同时低估了它在当前的重要性。④

另一部分坚持阶级分析的学者则关注阶级结构、阶级流动性、基于阶级的不平等、基于阶级的行动这些要素之间的相互联系。具体说来,他们要揭示雇佣关系规定的地位之间的相互联系,这些雇佣关系产生于劳动力市场和国民经济不同部门的生产单位;他们要揭示这样一些过程,通过这些过程个人及其家庭在一段时间内被分布和重新分布于这些地位;他们还要揭示由此对工人们的生活机遇、所获得的社会身份及其所追求的社会价值和利益所造成的后果。

按照这种理解,阶级分析只不过是一项研究计划,不对任何特殊的阶级理论做出承诺。它不包含历史理论、劳动价值论,不接受以阶级为基础的集体行动理论。⑤

这样的阶级分析是一种纯粹肯定性的分析,不包含任何否定性的内容。它把劳动关系当做永恒的、抽象的、无历史的对象来处理,就意味着他们"把人变成帽子",⑥将具有生命情感的人抽象为经济收入、生活费用、文化程度等数据符号;它不坚持劳动价值论,不包含阶级剥削理论也就否定了存在于

---

① Clark, Terry Nicholls, Seymour Martin Lipset. "Are Social Classes Dying?" *International sociology*, 1991. 6(4): pp.397 - 410.

② Pakulski, Jan. "The Dying of Class or of Marxist Theory?" *International sociology*, 1993. 8(3): pp.279 - 292.

③ Clark, Terry Nicholls, Seymour Martin Lipset. "Are Social Classes Dying?" *International sociology*, 1991. 6(4): pp.397 - 410; Kirby, Mark. "An Interview with Erik Olin Wright." *Social Science Teacher*, 2001; Westergaard, John. "Class in Britain since 1979: Facts, Theories and Ideologies." *Hitotsubashi journal of social studies*, 1993. 25(1): pp.25 - 62.

④ Hout, Mike, Clem Brooks, Jeff Manza. "The Persistence of Classes in Post-Industrial Societies." *International sociology*, 1993. 8(3): pp.259 - 277.

⑤ Goldthorpe, John H., Gordon Marshall. "The Promising Future of Class Analysis: A Response to Recent Critiques." *Sociology*, 1992. 26(3): pp.381 - 400.

⑥ 卡・马克思:《哲学的贫困》,载《马克思恩格斯全集》第4卷,人民出版社1958年版,第94页。

生产过程中的统治与被统治关系，他们承认了劳动冲突中的相互博弈，却无视博弈产生的根本；它不接受以阶级为基础的集体行动，也就否定了社会交往全面商品化的反向运动，否定了劳动关系自身的辩证过程，而是自觉地、以统合主义的形式为资本的积累开辟道路。

霍尔顿等人作了这样的批判，他们认为这种阶级分析缺乏阶级理论，仅仅追求变量的相关性，将个人生活机会同明确界定的社会位置联系起来。但这些联系变成了数据和符号，变成了纯粹经验和或然性的东西，而不再关涉文化评价和与价值相关的问题。① 我们并不反对对阶级的经验考察，但这些考察不能否定和无视形成那些经验的前提和基础。

无论是利益组织化的结构、基于社会不平等的分层，还是对分层本身的量化处理都还只是在工人阶级内部、在社会当中。对工人阶级自身的研究无非是要探讨他们处于什么样的境况、具有什么样的需求、采取什么样的表达方式，还只是就工人而探讨工人，就现实而谈论现实。

但工人阶级之所以被确定为工人阶级，工人阶级之所以会处于如此的境况、提出这般的要求、采取如是的行动有一个共同的直接前提。这个前提表现为对人身自由的追求、对财产所有的保障、对规则平等的渴望。一句话，他们要求能够同社会其他成员（主要是占有资本的企业管理者）具有相等机会、处于同样的社会地位，要求能够共同分享社会资源（包括已经积累和正在积累的社会资源）。

马歇尔认为这些要求最后表现为对共同体完全成员（full members of a community）身份的主张，所有处于这个身份的人都被承认平等享有该身份所赋予的权利与义务，这一身份被称为公民权（citizenship）。② 而围绕公民

---

① Holton, Robert J., Bryan S. Turner. "Debate and Pseudo-Debate in Class Analysis: Some Unpromising Aspects of Goldthorpe and Marshall's Defence." *Sociology*, 1994. 28(3): pp.799 - 804; Holton, Robert J., Bryan S. Turner. *Max Weber on Economy and Society*. London: Routledge & Kenan Paul. 1989. pp.388. Pahl, Ray E. "Does Class Analysis without Class Theory Have a Promising Future?: A Reply to Goldthorpe and Marshall." *Sociology*, 1993. 27(2): pp.253 - 258; Pahl, Ray E. "Is the Emperor Naked? Some Comments on the Adequacy of Sociological Theory in Urban and Regional Research." *International Journal of Urban and Regional Research*, 1989. 13(4): pp.709 - 720.

② Marshall, Thomas H. "Citizenship and Social Class." In *Inequality and Society: Social Science Perspectives on Social Stratification*. eds. Manza, Jeff, Michael Sauder. New York: W. W. Norton and Co. 2009. pp.148 - 154.

权展开的法律制度实际是对雇佣关系的肯定，是确定自在工人阶级，以及决定现阶段工人阶级自为状况（即工人反对资本所有者专制和全面市场化的诉求和行动）的直接基础。

1978 年以来，劳动用工市场化和劳动保障社会化的改革，形成的一个重大变化是雇佣劳动关系逐渐形成，公民权的保障成为劳动关系规范的最重要依据。市场的出现与不断扩张、价值规律重新发挥作用并成为普遍原则，使得国家和企业都必须做出调整以适应这种变化。

由于改革本身是国家推动的结果，所以，随着改革的深入而对劳动关系做出的调整主要是国家行为，包括国家调控下企业的行为。一旦国家不再承担企业生产及扩大再生产的资本投入，就形成了国有企业生产资金的不足，如果企业的利润不足以弥补这一短缺，于是就有了亏损。亏损也就意味着国有企业必须通过重组来实现资金的补充。这意味着国家把振兴国有企业的任务建立在对私有资本和外国直接投资的期望上。

因此，从私营、合资、外资企业到国有企业，无论其主体是个人、团体还是国家，其生产、经营方式都要实行资本化运作。按照资本的逻辑，形成以利润为导向的工厂体制，其目标从追求社会效益转变为追求经济效益。企业管理拥有充分的经营自主权，按照市场的原则同工人建立雇佣关系。

于是，工人在他们之外、在资本中建立起统一的联系：他们出卖自己活劳动的使用权，使劳动创造的商品外在于自身，同自身相对立。他们对劳动的使用并不是自我的劳动创造，而是观念上作为企业管理者的经营计划、在实践中作为企业管理者的管理权威而存在。一句话，作为他人意志的对象、作为社会权力的服从而存在。

正是在这个意义上，才能说改革开放以来的中国工人经历了一个阶级再形成的过程。资本在生产过程中造就了自在的工人阶级，形成了对工人劳动的否定，占有了他们的劳动过程，以及劳动外化所形成的产品。

这倒不是说他们以前不是一个自在的阶级，只是一个被国家权力构建出来的政治神话，市场化转型和商品化改革之后才有了阶级的出现。它的出现确实是由户籍制度先验地确定下来的，跟财产占有没有直接的关系。但它并不只是一个意识形态的革命概念那么简单，而是实实在在出现于生产过程中的自在形态。

在计划经济体制下，工人的活劳动通过工资和伴随单位身份而享有的社会福利这种形式转让给国家，他们对劳动的使用在观念和实践上都统一表现为国家的经济计划（包括分配和再分配的整个过程），在单位层面则表现为企业管理者对国家计划的执行。

也就是说，工人之间的统一性联系虽然不是形成于资本当中，但却形成于国家计划当中，而国家计划的目的是扩充社会资源总量。但是改制之后，国有企业同私营、合营、外资企业纳入同一资本原则，工人阶级出现于社会权力结构，而不是政治权力结构当中，所以有一个再形成的过程。

改革开放实行的市场化转型，从根本上说需要建立在新的基础上，包括劳动力的自由流动、劳动契约的制度保障、财产所有的明晰和保护，以及竞争的自由与规则平等。也就说，市场上的机会为个人命运所提供的共同条件需要理性担保的法律权利。这也是为什么国有企业的改制要采取保障企业经营自主权，逐渐形成独立的市场主体；要形成雇佣化的劳动关系，使企业具有用工的自由、使工人具有流动的自由；要实行经营权和所有权的分离，建立现代企业制度的原因。

国家在这个过程中退出了对企业经营的直接干预而逐渐转向对市场运行规则（法律制度）的完善、执行和监督。而解决市场原则普遍化所形成的后果，即工人阶级面临的资本所有者专制和“市场社会”的发展趋势依赖的也同样是法律权利。在工作场所，对公民权的保障使工人能够获得对抗企业管理者的规则支持，从而改善生产和生活的条件；在工作场所之外，社会公民权可以使工人尽可能地摆脱对市场的依赖。

实际上，市场化转型以来，工人阶级的阶级状况、利益诉求及其行为选择都在越来越多地受到法律制度的影响。在国有企业工人那里，有一个从依据道义到逐渐转变为依据法律制度进行抗争的过程。当然改制过程中的国企工人大多处于过渡形态，这两种抗争的依据同时存在。私营、合资、外资企业的工人则从完全接受市场决定命运到逐渐依据国家法律制度进行抗争的转变。

当国有企业改制完成，实际上工人阶级就只剩下依照法律制度进行抗争这一种主要形式，其他社会抗争的形式都是不允许的，这主要是国家引导的结果。工人的利益诉求如果要被认可并能够实现，就必须转化为法律制度允许的抗争形式。也就是说，工人阶级的抗争最终转变为争取公民权的斗争，它的目的是使更深层次的公民权（包括工业公民权、社会公民权）得到国家的承认和保护。

在过去几十年中，中国政府试图将法律规范劳动制度化，或说通过一系列的劳动立法来规范劳动关系，并引导劳动冲突通过司法和行政的途径进行解决。“公民权”和“合法权利”的观念逐渐成了官方宣传的“社会主义法律体系”(Socialist Legality)或建设“依法治国”体系的一部分。①

一方面，公民权取代单位身份也就意味着具有集体主义性质和集体责任意义的雇佣关系、福利和住房、医疗、教育的旧劳动体制被劳动合同和福利收益的个体责任取代。② 工人作为个人具有独立选择工作场所、工作类别的机会，但是他们需要独立承担随之而来的社会风险，而不再全部由国家或单位来保障。

另一方面，工人作为公民，国家需要为他们提供一般化的国民待遇，为他们提供部分的劳动力再生产资源。同时，国家出于自身社会治理的需要，正全面通过制度和法律将劳动冲突置于自身可以承受的范围。

由此，劳动的抗争在法律的规范下，体现为一种基于公民权的“法律激进主义”的性质。在市场化背景下，工人的行动是对进步主义的法律框架的回应，他们的抗争表达了在法律框架内争取权益的权利意识。③ 而这种抗争形式与国家在劳工领域的法制建设密切联系在一起，劳动问题成了国家的法律问题，工人阶级成为“体制内”④的社会成分。

由于国家在市场经济出现后较短的时间内主动通过保护型立法规定了工人的各项权利，《劳动法》《劳动合同法》还有其他相关的法律在立法上已

---

① Lee, Ching Kwan. “Revisiting the South China Miracle.” *Labor Studies Journal*, 2002. 27(2): pp.61 - 64.

② O'Leary, Greg. “The Making of the Chinese Working Class.” In *Adjusting to Capitalism: Chinese Workers and the State*. ed. O'leary, Greg. New York: ME Sharpe 1998. pp.48 - 74.

③ 刘春荣：《转型期劳工抗争的性质和动力》，载《探索与争鸣》2009 年第 10 期，第 19—20 页；Gallagher, Mary Elizabeth. “‘Use the Law as Your Weapon!’ Institutional Change and Legal Mobilization in China.” In *Engaging the Law in China: State, Society, and Possibilities for Justice*. eds. Diamant, Neil J., Stanley B. Lubman, Kevin J. O. Brien. Stanford: Stanford University Press 2005. pp.54 - 83; Lee, Ching Kwan. “From the Specter of Mao to the Spirit of the Law: Labor Insurgency in China.” *Theory and Society*, 2002. 31(2): pp.189 - 228; Solinger, Dorothy J. *Contesting Citizenship in Urban China: Peasant Migrants, the State, and the Logic of the Market*. Berkeley: University of California Press. 2000.

④ 许叶萍、石秀印：《工人阶级形成：体制内与体制外的转换》，载《学海》2006 年第 4 期，第 27—39 页。

经对工人权利作了比较的完善规定。

这就是说，中国权利结构的发展是公民权保障先于或同步于工人阶级的抗争。虽然公民权的实施过程存在很多问题，但立法在宏观层面已经消解了资本主义国家发展初期发起工人运动的诱因。与此同时，改革的不断推进也使工人们逐渐接受了市场经济的核心价值，认可了基于市场的劳动关系保障体系。①

在这一前提下，工人阶级的抗争脱离对进步主义法律框架的回应，转变为政治性力量的可能性相对较小。他们虽然仍受一种广泛欣赏“有权造反”情绪的鼓舞，但这种抗议模式是支持体制而不是颠覆体制的。②

而且国家的法律制度实际在有意无意地分化着工人阶级的组织性力量。近年涌现的有关失业、再就业、下岗救济、最低工资、最低生活费、劳动争议法规等，在界定不同工人的就业待遇的同时，也把工人划分成了不同的利益群体。

法律和制度变迁的类型，尤其是新的劳动法是如何书写的，可以部分地解释不同类型工厂中的法律动员的差异。它塑造了工人个体和集体行为的模式。③

而调解、仲裁、诉讼三阶段的劳动争议处理过程也使得劳动冲突碎片化和个人化了。争议主要发生在与个体雇佣关系相关的事务中（包含于个体劳动合同）。任何工人的集体组织（尤其是工会）的角色都被最小化了。④

国家法律也融入了文化的力量和影响。国家政策和法律追求对阶级边界和劳工认同的影响，这种影响包括微妙的意识形态影响和分类影响。新的工人种类（流动、失业、离岗、退休、内退等）由于规则赋予不同的物质待遇

① Blecher, Marc J. “Hegemony and Workers' Politics in China.” *The China Quarterly*, 2002. 170(2): pp.283 - 303.

② O'Brien, Kevin J., Lianjiang Li. *Rightful Resistance in Rural China*. Cambridge: Cambridge University Press. 2006; Lee, Ching Kwan. *Against the Law: Labor Protests in China's Rustbelt and Sunbelt*. Berkeley and Los Angeles: University of California Press. 2007.

③ Gallagher, Mary Elizabeth. “‘Use the Law as Your Weapon!’ Institutional Change and Legal Mobilization in China.” In *Engaging the Law in China: State, Society, and Possibilities for Justice*. eds. Diamant, Neil J., Stanley B. Lubman, Kevin J. O. Brien. Stanford: Stanford University Press 2005. pp.54 - 83.

④ Gallagher, Mary Elizabeth. “Mobilizing the Law in China: ‘Informed Disenchantment’ and the Development of Legal Consciousness.” *Law & Society Review*, 2006. 40(4): p.783 - 816.

和权利得以区分。官方和大众新闻通常将他们划分和定性为具有不同能力乃至无能的群体。①

也就是说，法律化和制度化的劳动关系分化了工人本身，并在一定程度上防止了大面积的劳动抗议的出现。这样就出现了很多学者描述的现象：虽然像病毒一样蔓延(goes viral)的工人暴动发生在国有企业，也发生在私营部门，但是这些暴动是分散的，蜂窝状的。②

对个体公民权的保障并不能改变企业管理者同工人之间的不对等关系，更不会影响到企业内部抽象劳动积累的权力结构；同时它也不能改变地方政府同厂商之间的统合主义关系，当然更不会影响国家对社会资源总量积累的需求。

所以，有关公民权的劳动立法具有进步性质，对工人权利的规定也非常全面，但它很容易受到侵犯，往往形式上的表现大于实质上的意义。它决定了劳动抗争偏向个人行为，主要采取维权(维护法律所规定的权利)的形式来实现自身的劳动保障。维权的诉求通常比较局部，针对的是特定企业和政府部门的作为，主要通过司法途径来解决。所以，对个人权利的立法建立在原子化个人的基础上，事实上对阶级集体权利的表达和诉求起了弱化作用。③

法律首先指认的是个人权利，而以第二位或从属的方式处理集体权利。也就是说它首先是消费性、肯定性的权利，而不是积极性、否定性的权利，通常无关乎一个社会及其形态是否正义的问题。④ 但是，劳动关系问题本质

---

① 李静君：《中国工人阶级的转型政治》，载李友梅、孙立平、沈原编：《当代中国社会分层：理论与实证》(转型与发展第 1 辑)，社会科学文献出版社 2006 年版，第 55—88 页。

② Friedman, Eli, Ching Kwan Lee. "Remaking the World of Chinese Labour: A 30 - Year Retrospective." *British Journal of Industrial Relations*, 2010. 48(3): pp.507 - 533; Chen, Feng. "Legal Mobilization by Trade Unions: The Case of Shanghai." *The China Journal*, 2004. (52): p. 27 - 45; Chen, Feng. "Union Power in China: Source, Operation, and Constraints." *Modern China*, 2009. 35(6): pp.662 - 689.

③ 陈峰：《国家与工业公民权的形成：路径 、模式及对中国的意义》，在上海复旦大学合作治理研究中心和国务学院制度建设研究中心的演讲，2010 年 7 月 7 日。

④ 汪晖：《我有自己的名字》，载吕途编：《中国新工人：迷失与崛起》，法律出版社 2013 年版，序言；[美] 托马斯・帕特森编：《美国政治文化》，顾肃、吕建高译，东方出版社 2007 年版，第 152 页；Marshall, Thomas H. "Citizenship and Social Class." In *Inequality and Society: Social Science Perspectives on Social Stratification*. eds. Manza, Jeff, Michael Sauder. New York: W. W. Norton and Co. 2009. pp.148 - 154.

上不是个人性的，而是集体性的，无法通过个人打官司的方式来解决。

很多国家倾向于采取建立一套制度的方式来解决这一问题，通过建立游戏规则让劳资双方能够按照这个游戏规则来进行活动，而不是通过规定一项一项的个人权利。[①] 所以马歇尔要在工人阶级中对公民权做相应的延伸，提出工业公民权的次级概念，通过法律制度设定工人阶级集体抗争的规则来实现劳动关系不对称的缓和，让工人的生产、生活条件能够得到一定程度的改善。

小　结

作为革命运动主体的工人阶级及其研究，在产业工人群体逐渐萎缩、力量相对边缘化的过程中受到了越来越多的质疑。如果它仅仅是实现利益组织化的一种范畴，我们也许不需要它能出现多大的规模，但它至少能够实现组织化的可能。但是，新社会运动的出现告诉我们，基于性别、年龄、民族、性偏好等文化形式的共同体更具有号召力，他们往往能够超越各自特殊的社会背景而彼此联合在一起。

坚持阶级分析的研究也没有给我们带来太多的希望。把阶级当做基于社会不平等的分层标准或许可以让工人阶级研究一直存在，但却避免不了一直被边缘化的命运。造成社会不平等的因素很多，它们同阶级平行发挥作用。

一个以经济收入、职业分化等内容为标准的分层形式不但比较模糊，而且缺乏代表性。如果它进一步被做成仅仅追求变量相关性的研究，将工人阶级变成了经济收入、生活费用的数据符号，它实际上已经遗忘了人本身，遗忘了他们是有生命情感的社会存在，更遑论阶级之本质和根源。

中国工人阶级面临更大的问题，因为它首先或普遍被认为是构建出来的政治概念，而且这个构建的过程本身与阶级无关。工人被组织起来形成革命的力量，依赖的甚至不是现代性因素，而是诸如行帮、会党等传统社会因素。当阶级是舶来概念的时候，工人同阶级是隔阂的，他们只能通过传统

---

① 于建嵘：《安源实录——一个阶级的光荣与梦想》，香港：明镜出版社 2006 年版；陈峰：《国家与工业公民权的形成：路径 、模式及对中国的意义》，在上海复旦大学合作治理研究中心和国务学院制度建设研究中心的演讲，2010 年 7 月 7 日。

社会因素组织起来。而一旦以这种形态组织起来,它实际只是与阶级无关的组织化过程。

即使它后来再同阶级联系起来,形成的也不是阶级组织化。因为生产关系这个时候被当成了法律意义上的财产关系、科学意义上的经济关系。它只是具有象征意义的符号和政治动员的文化资本,而不反映赤裸裸的权力结构。

由于中国的现代工业尚处于萌芽阶段,这种"非阶级组织化"的状况表现得尤为明显。因为先进生产力尚未展开之前,工人在抽象劳动占有和使用方面的从属地位还十分模糊,也就是说,它甚至还处在阶级自在的初期,处于不明显的支配体系当中。

国家计划经济时期,随着工业化建设的不断展开,工人逐渐呈现出国家计划规定的自在状态。他们的活劳动通过工资和社会福利的形式出卖给国家,劳动的过程表现为异己的国家计划和企业管理者的计划,劳动的成果表现为外化的、国家所有的工业产品。而国家则通过为工人提供低水平的工资和全覆盖的有限保障来交换工人活劳动的使用权,获取工人生产的劳动产品,从而在较短的时间内建立、健全国家的工业化体系,推动整个国家的现代化建设。

所以,计划经济时期,(自在)的工人阶级是逐渐发展并最终形成的,它处在一种国家计划占有和使用工人活劳动的权力结构当中。但是,这一点常常因为封闭性、蜂窝状的单位体制,因为单位的利益组织化跨越了阶级的边界而被忽视。

1978 年以来的改革,使资本从外资、私营企业一路成长起来。它借助市场实现了对劳动力活劳动的购买,实现了劳动产品使用价值的出卖;它借助具有经营自主权的企业实现了劳动力的商品化,占有和使用活劳动,获取工人的劳动成果,并将活劳动创造的增殖当做它自己的增殖。

工人在外在于自身、同自身对立的资本当中建立起了统一的、集体性的联系。而让市场重新出现并发挥作用,让企业重新成为自主经营、实现资本增殖的单位至少需要对个人自由和私有财产加以保护。也就是说,需要以理性担保的法律权利为基础。正是基于以上两点,我们才说私营、合营、外资企业以及改制后国有企业的工人是"新工人阶级",尤其是国企工人,他们经历了阶级再形成的过程。

第九章　工业关系的延续与重建

改革开放以来，劳动用工市场化和劳动保障社会化的改革，让工人重新统一到资本中。他们处于资本无限增殖的从属地位，从而完成了自在阶级的再形成。这种自在工人阶级是由资本在生产过程中造就的，是对工人劳动的否定，即资本占有工人的劳动过程，以及劳动外化为他人的产品。

它的理想状态，是最大可能地实现资本增殖需要的各种条件。这些条件围绕对市场运行规则的设定和保障展开，至少包括对私有财产的保障，否则雇主的生产就会缺乏有效的动力，[①]积累本身也就不存在了；阻碍劳动力自由买卖的因素都要消除，必须尽可能地将工人完全卷入市场当中，否则他们就有了离开市场的生活基础，可以不出卖劳动力或少出卖劳动力，从而导致劳动力的短缺或生产成本的提高。也就是说，市场经济的世界依赖以理性确立的规则体系，形成的是以公民权为基础的法理社会。

中国工人阶级再形成发生于传统单位体制的解体和农业社会的转变过程中，他们要经历脱离组织覆盖和血缘关系支持的过程。市场化的工业社会发展改变了企业单位和工人家庭的一体化，改变了家庭作为社会生产基本单位的格局，形成了以核心家庭为主的小家庭模式。它的个人主义组织原则要求以社会成员及其家庭为经济（和情感）单位，并通过市场劳动或经营活动取得工人的生存所需。

因此，个人和家庭生计的维持，是“理性自主个体”的责任，工人要自己去承担失业、职业伤害的风险。[②] 这是国家重新调整劳动保障和福利体系之前，私营、合营、外资、改制后国有企业工人面临的主要问题。国家对市场

---

① 这种动力不仅是指雇主为自身资本增殖产生的动力，也包括职业经理人为他人资本增殖所具有的动力，但总而言之都是实现资本积累的动力。

② 李志明：《社会保险权的历史发展：从工业公民资格到社会公民资格》，载《社会学研究》2012 年第 4 期，第 221—240 页。

经济的干预将工人的个人性风险转变为社会性风险。通过劳动法律的完善和保障体系的确立，国家不但在生产领域为工人提供了包括最低工资、生产环境等方面的保障，在生产领域之外则为工人提供了各种保险和福利措施。

无论基于传统政治文化，还是基于社会主义理念的需要，共产党和国家都负有扩充社会资源总量，并实现资源公平分配，保障人民基本生活的要求。但国家对劳动关系去商品化的干预建立在其总体建设目标的基础上，并受部门划分和层级关系的影响。改革开放以来的中国工人阶级，由于受国家发展主义导向和地方国家统合主义的影响，法律保障的劳动权益除了自身存在一定的内在局限，还存在法律、政策执行受阻或执行不力的现象。

如果要进一步实现劳动关系的去商品化，实现对工人阶级的逐渐否定，最重要的是工人自身产生否定阶级的力量。自在工人阶级从自身的阶级处境中，感受到在资本积累的社会权力结构里的从属地位，感受到在市场社会中全面商品化的冲击。他们从生命情感当中产生出对社会权力结构和商品化的否定力量，而阶级自为就存在于这个对阶级的否定过程中。

一、单位体制的后续影响

国家既不能离个人太远，也不能直接面对个人，这是政治社会学研究比较关注的问题之一。如果在国家和个人之间没有一系列“次级群体”的存在，那么国家也就不可能存在下去。如果这些次级群体与个人的联系非常紧密，它们就会强劲地把个人吸收进群体活动里，并以此把个人纳入社会生活的主流之中。[①]

考克瑟等人在论述当代英国政治时提到，撒切尔夫人的政策削弱了存在于国家和个人之间的制度，例如工会、压力集团和地方政府。削弱这些制度的结果导致了社群和社会的破裂。由于撒切尔更偏好扩展自由市场空间，由此导致社群空间的削弱，市场力量此后毫无控制而导致社会问题恶化。[②]

---

① ［法］埃米尔·涂尔干：《社会分工论》，渠东译，生活·读书·新知三联书店 2000 年版，序言第 40 页。

② ［英］比尔·考克瑟、林顿·罗宾斯、罗伯特·里奇：《当代英国政治》(第四版)，孔新峰、蒋鲲译，北京大学出版社 2009 年版，第 589 页。

在计划经济时期，工作单位是国家向个体成员输送生存资源的主要或唯一渠道，其他诸如工会、职代会等组织都附属于单位，为实现单位的基本功能而存在。低工资、高福利与岗位继承等具有较强身份属性的特权，也是导致工人在组织上依赖企业单位和国家的重要原因。

改革开放以来，国家开始全面从社会中退出，而企业则转化为纯粹经济性的组织。由于工人所需的物质资源和生活机会更多由市场提供，那些相对应的官僚体系就失去了先前的重要地位。① 国家变得更加专业化了，它进一步放手经济并放松了对社会的直接控制，从而国家和工人阶级之间开始出现权力的空地，并凸显出工人阶级组织化的重要性。在这个过程中，无论是改制后的国企工人，还是下岗、失业工人，对单位的依赖程度都骤然下降，甚至仅在名义上与所属单位有所牵连。

劳动用工市场化和劳动保障社会化的改革让工人重新统一到资本中。他们处于资本无限增殖的从属地位，从而完成了自在阶级再形成的过程。自为的工人阶级实际上是对自在阶级状况的否定和反向运动，它显然不是国家通过主动制定政策和颁布法律能够实现的。

退一步讲，如果说我们要在国家法律的框架内改善工人的自在阶级状况，至少需要赋予工人相应的集体性权利，即马歇尔所说的工业公民权。他们拥有这种权利才能够起码地获得与企业管理者相平衡的力量，抵制国家发展主义和地方国家统合主义导致的、变本加厉的管理者专制；才能促使国家修正政策和法律以切实保障工人权益，自己去争取国家针对市场社会的积极干预，否则工人就只能依赖体制外的抗争来实现这一目的。

在这个意义上，工人阶级的抗争是要获得与企业管理者对等谈判的力量，并依赖这种力量争取更多的公民权。虽然这个过程并不能改变工人的阶级状况，不能改变工人在资本增殖中的从属地位，不能改变市场原则对工人生产、生活的根本性渗透。但它是否定自在工人阶级的过程和环节，也就是说，它是工人正在进行的、阶级自为的、充满活力的状态。

作为国家设定和引导劳动关系的单位体制和法律制度，它们在一定程度上削弱了抽象劳动积累的社会权力，阻止了市场原则的无限扩张，但同时

① McMillan, John, Barry Naughton. "How to Reform a Planned Economy: Lessons from China." *Oxford Review of Economic Policy*, 1992. 18(1): pp.30 - 43.

也钙化为肯定性的力量，从根本上维持着工人的阶级自在性，谨慎地规范着阶级自为性。

单位体制首先是一种再分配体系，是对市场原则的反动。在计划时期，工人生产出的产品不是通过市场原则，而是按照国家计划统一分配。各个企业单位是国家计划的具体执行主体，是国家同工人之间的联结纽带，主要任务是协调和监督劳动者，以完成政府下达的生产计划而非经营决策。

单位体制中的工人生活在市场之外，生活在国家计划当中。他们服从国家的统一就业安置和分配，将自己的活劳动出卖给固定的对象，换取的主要不是工资收入，而是一种全面覆盖的生活保障。他们以单位组织起来，以一种集体的形式同国家建立劳动关系。国家计划决定了工人到什么企业工作、拿多少工资、享受什么样的待遇。实际上，企业只负责对活劳动的使用，既不购买它们，也不偿付它们。

单位体制限制了企业管理者对工人的专制，也限制了市场社会形成的个体化风险。劳动者进入某个单位成为工人就意味着他获取了一份稳定的工作，同时意味着加入了一个几乎免费提供生活各方面服务的共同体。

工人摆脱了纯粹以占有和使用活劳动，实现资本不断积累为目的的企业管理者。他们在企业单位的领导面前是有生命情感的、活的个人，而不是履行某项机器功能的、死的零件，不是效率与产值、时间和数字的抽象客体。① 工人摆脱了生活的不确定性，不用担心哪一天丢掉作为生活主要来源的工作，从而身处市场原则之中，而又排斥于市场之外，失去生活的所有支撑和保障。

企业管理者是他们的衣食父母，照顾他们的工作、生活，也照顾他们的情感需要，处理各种家庭、社会矛盾。“车间既是工作的地方，也是课堂，还是家”，②将他们生活的负担转变为整个国家的责任，而不是个体自理的事务。

单位体制的解体、工会等工人集体组织的形式化，使得国企工人不但跌

---

① 蒋子龙笔下的乔光朴到重型电机厂后厉行改革，一心提高企业的效率，增加企业的产值。作家在小说开头就引了乔厂长的几条发言记录，主要意思包含在第一句中。他说“时间和数字是冷酷无情的，像两条鞭子，悬在我们的背上。”(参见蒋子龙：《乔厂长上任记》，载《人民文学》1979 年第 7 期，第 3—26 页。)

② 蒋子龙：《自豪与悲情：一个老工人的述说》，载《同舟共进》2010 年第 8 期，第 14—17 页。

入严重的企业管理者专制中，还被抛入市场经济的商品化风险之中。当国有企业试图摆脱社会责任，进行减少成本、提高效率的市场化改革时，工人的权利和利益成了被牺牲的对象。① 在没有足够组织和法制因素保障工人，使他们能够同企业有效博弈的情况下，改制的不断深入会导致不满的升级。②

由此，国企工人经历了被企业抛弃、被市场排斥的痛苦。依赖单位体制的道义性资源和组织资源，依赖重塑劳动关系的法律制度，他们为改善自身的处境做出了不懈的努力。同时，他们的诉求和行动也受制于这些可资利用的资源。单位体制在改制过程中，发挥了和在过去类似的作用，从这些影响来看具有一定的延续性。不仅为工人抗争提供意识形态、群体组织上的支持，也决定了他们抗争依托于单位、局限于单位的特点。③

长时间单位体制下的生活经历为工人提供了关于阶级及其斗争的话语，也形成了国家保障工人生活的道义认识。毛泽东时代的共产主义意识形态，使他们难以接受工人下降的社会地位，因而产生不满与抗争。④ 但他们并不是产生了新的社会需求，要求国家为他们的劳动保障开辟新的领域。他们只是防御性、怀旧性地追求过去曾经拥有的工作、生活条件。后者在国企改制的过程中逐渐受到市场机制的破坏。

劳动用工市场化和劳动保障社会化的改革，每一步都直接影响工人在

---

① 通化钢铁改制后的第一次工人集体抗争发生于 2008 年的冬季，直接起源于市场化企业同社会责任的脱离。当时，受金融风暴影响，通钢全部停产。由于所在二道江区的取暖是依靠工业余热，通钢人整个冬天没有暖气供应，在室内结冰中度过了新年。而在以往纯国有时期，工厂会为供热特地开一两座高炉。一位退休职工这样说："挣钱就开，赔钱就关，他们不对社会承担责任。"（参见周政华、张鹭：《工人为什么愤怒》，载《中国新闻周刊》2009 年第 29 期，第 31—36 页。）

② 汪晖：《改制与中国工人阶级的历史命运——江苏通裕集团公司改制的调查报告》，载《经济管理文摘》2006 年第 7 期，第 30—43 页；刘春荣：《转型期劳工抗争的性质和动力》，载《探索与争鸣》2009 年第 10 期，第 19—20 页。

③ 韩博天注意到，在反对"文化大革命"激进暴行的"四五运动"中，工作单位对工人的协调与自我组织发挥了中心作用，但同时也显露出这种基于单位的"蜂窝式抗议"的两难处境。单位内部便捷的联系固然有利于实施动员，但是想要建立起更加全面的组织形式时在很大程度上就会受到其孤立于社会这种情况的阻碍。（参见 Heilmann，Sebstian. "The Social Context of Mobilization in China：Factions，Work Units and Activists During the 1976 April Fifth Movement." *China Information*，1993 - 1994. 8(3)：pp.1 - 19.）

④ Lee，Ching Kwan. "Pathways of Labor Activism." In *Chinese Society*，*Change*，*Conflict and Resistance*. eds. Perry，Elizabeth J，Mark Selden，3 ed. London and New York：Routledge 2010. pp.57 - 79.

单位体制下所享有的权利。国企工人的生活在这个过程中受到极大影响，甚至大量沦为城市贫困人口。在国企工人看来，企业单方退出社会契约的行为，既对他们的正义感造成了颠覆，也对他们的生存状况形成了威胁。①

因为大多数工人毕生在同一个工厂当中工作，通过低工资为国有资产的积累做出贡献。他们很强烈地感受到工厂不单是管理者的，同时也是工人自己的。② 以单位为基础的社会服务的残余仍然是牢固联系工人阶级和工人国家（worker's state）纽带的一部分。③

虽然国企工人希望继续得到国家的保护，并由于没有得到有效补偿而采取抗争的方式来维护这些权益。但实际上，他们或多或少都意识到，那些附着在过去单位身份基础上的一部分权益的失去，在当前阶段看来是不可避免的。他们并不是要求回到过去，也不可能回到过去。他们只是希望通过这一意识形态的符号来表达自身的不满，希望国家能够对市场经济做进一步的干预，以改善他们的处境。④

在改制后的国有企业中，工人不再把单位看做一种朝夕相处的"生活共同体"，而仅仅看做一个工作场所。在这样的组织中，人们的参与行为已经不再以对这种组织的全面依赖为基础，而是更多地把参与作为一种利益驱动的行为，并以此为基础来构建自己对组织的认同。⑤

过去单位体制组织生活的资源依然在工人的抗议活动中发挥着作用，

---

① Hurst, William Kevin O'brien. "China's Contentious Petitioners." *The China Quarterly*, 2002. (170): pp.345 - 360.

② 罗伯特·威尔在与郑州工人的讨论中对他们的主人翁意识印象深刻。他写道：虽然在国有企业工人的社会所有权和参与权局限性明显，在市场化转型中也不能用来保护他们的。但他们强烈感受到这些工厂从根本上说是"他们的"。正如一个工人所说，电子传输设备厂是"工人们用血汗建成的"，他们不愿意眼睁睁看着工厂被资本家拿走，被私有化。它属于整个国家，是工人阶级集体经济的积累。在毛泽东时代，工人们对工厂有一定程度的控制权，他们"可以提出意见，而且往往被采纳。"这个现象在"文化大革命"的时候达到高潮。（参见 Weil, Robert. "Conditions of the Working Classes in China." *Monthly Review*, 2006. 58(2): pp.25 - 48.）

③ Solinger, Dorothy J. *Contesting Citizenship in Urban China: Peasant Migrants, the State, and the Logic of the Market*. Berkeley: University of California Press. 2000; Ding, Daniel Z., Keith Goodall, Malcolm Warner. "The End of the 'Iron Rice-Bowl': Whither Chinese Human Resource Management?" *The International Journal of Human Resource Management*, 2000. pp. 217 - 236.

④ 佟新：《社会变迁与工人社会身份的重构——"失业危机"对工人的意义》，载《社会学研究》2002 年第 6 期，第 1—12 页。

⑤ 李汉林：《 改革与单位制度的变迁》，载李强编：《中国社会变迁 30 年(1978—2008)》，社会科学文献出版社 2008 年版，第 341—373 页。

特别是具有较长历史的老工业地区。那些庞大而悠久的企业即便在停产之后仍然拥有完整的居住区。居民区内的工人相对密集而同质，他们统一住在与工作地点比邻的生活区内，具有非常相近的生活方式和生活机会。[①] 关于请愿、集会和资金筹集的信息往往伴随着日常互动的口头流传和在聚集区内公共场所的标语悬挂。

由于大多数职工很少跨部门流动，一个部门的职工长期工作在一起，很容易形成稠密的人际关系。为了避免遭到周围同事的排斥，职工们很容易随大流，和本部门的职工一起去上访、静坐。那些上访职工尽管看上去人数众多，可实际上他们是由许多具有稠密人际关系的小群体聚集而成的"联邦集团"。[②] 此外，由于工人及其家庭成员在同一单位的现象非常多见。"组织依赖"形成了放大的家族依赖形式。所以当工人们如今发起抗议的时候，家庭成员轮流参加游行、请愿，而其他成员则承担起各种临时性工作以维持家庭收入。[③]

单位体制的延续还表现在国家治理体系的分割与工人阶级的分裂方面。作为一种"蜂窝状"(cellular)、[④]"封闭性"(exclusive)、[⑤]"组织马铃薯"[⑥]结构的城市社会组织形式，单位首先将国家权力分隔在不同的"条""块"当中，通过各个不同的途径和渠道分散下去。同时由于单位自身的独立性，它们还有可能从不同程度上消解国家权力的影响，或形成权力控制的单位差异。这样一种单位体制也就同时将工人分隔在不同的区域、领域当中。

---

① Lee, Ching Kwan. "From Organized Dependence to Disorganized Despotism: Changing Labour Regimes in Chinese Factories." *The China Quarterly*, 1999. (157): pp.44 - 71.

② 游正林：《集体行动何以成为可能——对一起集体上访、静坐事件的个案研究》，载《学海》2006 年第 2 期，第 33—43 页。

③ 李静君：《中国工人阶级的转型政治》，载李友梅、孙立平、沈原编：《当代中国社会分层：理论与实证》(转型与发展第 1 辑)，社会科学文献出版社 2006 年版，第 55—88 页。

④ White, Gordon. "Chinese Trade Unions in the Transition from Socialism: Towards Corporatism or Civil Society?" *British Joumal of Industrial Relations*, 1996. 34(3): pp.433 - 457; Lee, Ching Kwan. *Against the Law: Labor Protests in China's Rustbelt and Sunbelt*. Berkeley and Los Angeles: University of California Press. 2007.

⑤ Naughton, Barry. "Danwei: The Economic Foundations of a Unique Institution." In *Danwei: The Changing Chinese Workplace in Historical and Comparative Perspective*. eds. Lu, Xiaobo, Elizabeth J. Perry. Armonk, N.Y. & London: ME Sharpe 1997. pp.169 - 194.

⑥ 刘建军：《权力、仪式与差异：人类学视野中的单位政治》，载《中国社会科学辑刊》2010 年第 33 期，第 10—25 页。

正如许慧文等人指出的那样，单位体制把工人阶级分解到各个分离的组织当中，使他们成了不同单位中的成员。这种自我封闭的单位分割了工人的社会生活，并限制了工人接触社会生活的范围。客观上降低了工人抗争面向国家层面或社会公共领域的政治压力，能够阻止他们依据更宽广的阶级观念进行抗争。①

封闭性的单位组织决定了工人抗争的诉求内容、组织方式、规模大小和目标选择等。陈峰的研究表明，由于工人长期以来同企业单位存在依附关系，因此他们认为自己的利益是与企业联系在一起的，企业要保护他们的利益。几乎所有的工人抗议活动，都以单位为基础。他们提出的要求都是对企业的要求，极少有总体性的社会诉求。一家企业的工人针对他们所在的企业提出的要求得到满足以后，只有这家企业的工人从中受益，其他具有类似问题的企业不会因此而发生同样的改变。如果企业损害或不能有效保护工人的利益，工人最先将企业作为目标，寻求企业内部的解决途径。②

但是，当这一行动由于改制的不透明、不公正而得不到有效结果的时候，工人会采取上访、告状的方式来寻求解决的办法，其内容依然针对单位本身。当这些道路全部都被堵塞的时候，工人才会采取激进的集体行动。

受长久以来单位身份的影响，"护厂"作为一种特色的抗议形式经常被使用，它包括占领工厂、阻止搬运设备、实行工人控制。从操作上阻止重组计划。这是因为改制企业普遍存在生产不足、效率低下等问题，罢工被排除在工人抗议的方式之列。当获知重组计划（改制）对他们有害，愤怒的工人只能堵在工厂的门口，阻挠新的资产所有者接手企业的财产，或者占领工厂以迫使地方政府或管理者回应他们的要求。③

---

① Shue, Vivienne. "State Power and Social Organization in China." In *State Power Amd Social Forces: Domination and Transformation in the Third World*. eds. Migdal, Joel, Atul Kohli, Vivienne Shue. Cambridge: Cambridge UniversityPress 1994. pp. 65 – 88.；张静：《利益组织化单位——企业职代会案例研究》，中国社会科学出版社 2001 年版，第 7 页。

② Chen, Feng. "Subsistence Crises, Managerial Corruption and Labour Protests in China." *The China Journal*, 2000. 44: pp.41 – 63; Chen, Feng. "Worker Leaders and Framing Factory-Based Resistance." In *Popular Protest in China*. ed. J., O'brien Kevin. Cambridge, Massachusetts & London, England: Harvard University Press 2008. pp.88 – 107.

③ Chen, Feng. "Industrial Restructuring and Workers' Resistance in China." *Modern China*, 2003. 29(2): pp.237 – 262; Weil, Robert. "Conditions of the Working Classes in China." *Monthly Review*, 2006. 58(2): pp.25 – 48.

即便是工人不得不通过单位之外的手段来维护自身的权益，他们走上街头或者到政府部门示威，这种抗争形式似乎已经超出了企业单位之外，脱离了与单位的联系，但它实际上仍然是单位化的。工人上街游行或到政府门前示威时，通常以单位组织，提出针对工作单位的要求，而不直接对国家政策提出挑战。①

单位终究是服务国家利益的机构，②即使已经脱离单位关系的工人，当他们的对抗行为造成社会的混乱，国家就会出面进行干预。这时候，为了社会的稳定，同时也为了弥补工人在改制中的损失，国家会许诺给予工人部分补偿以化解危机。地方政府对工人抗争的这些让步使工人认识到，在所属单位范围内，更激烈与活跃的抗争可以争取到更有利的结果。

二、转变中的工人集体组织

计划经济时期，单位作为城市社会资源的唯一分配主体，沟通着国家与工人阶级，成为二者之间的联系纽带。劳动用工市场化和劳动保障社会化的改革，瓦解了单位体制，并将国家与工人阶级之间的劳动关系推向市场。

尽管单位体制的工业关系在改革过程中具有一定的延续性，但是随着改革的不断深入，国企工人由计划经济下的"国家职工""主人翁"变成了市场经济下的"工薪阶层""劳动者"。③ 也就是说，他们作为国企工人的抗争过程是短暂的，是历史性的。不可能持久并形成统一、强大的力量，也很难形成跨单位的集体认同感和团结意识的支撑。

市场化转型将集体性工业关系转变为个体化雇佣关系，工人被从国家计划的全面覆盖当中卷入市场原则。

首先，国有企业转变为单一经济性的结构形式，并逐渐同私营、合营、外

---

① Chen, Feng. "Subsistence Crises, Managerial Corruption and Labour Protests in China." *The China Journal*, 2000. 44: pp.41 - 63.

② Chan, Anita. "Chinese Danwei Reforms: Convergence with the Japanese Model." In *Danwei: The Changing Chinese Workplace in Historical and Comparative Perspective*. eds. Lu, Xiaobo, Elizabeth J. Perry. Armonk, N. Y. & London: M. E. Sharpe 1997. pp.91 - 113.

③ 倪端明：《我国国有企业劳动关系30年改革与实践》，《中国经济时报》，2009年3月19日；谈歌：《大厂》，载《人民文学》1996年第1期，第4—28页。

资企业的经营模式汇流，这意味着被剥离的企业社会功能需要新的组织来承担，工人需要承担劳动用工市场化和劳动保障社会化的改革成本；其次，经济性的结构形式是以资本为轴心的，而资本又同国家形成了某种程度的联合，处于弱势地位的工人失去了他们过去拥有的权益，但是并没有可以用来讨回部分合理权益的集体力量；第三，维护市场经济运行、规范劳动关系的国家法律制度主要指向一种个体性权利，在运行的实践中更要避免工人自发集体组织的产生和对集体权利的追求。

这表明：工人要形成阶级的自为力量，反对严重的资本所有者专制和生产、生活的商品化趋势就必须依赖自身的组织化力量，至少要争取到合适的工业公民权利。这是在市场化改革中逐渐凸显的问题。

一方面，在“庇护”“依附”关系的国家与工人阶级结构中，处在单位之中，工人就拥有了全部；而离开单位，他们就会失去全部。国家、国有企业管理者和工人被统一整合到公有制计划体制当中，相互之间的对立和冲突是隐性的。工业公民权的争取既没有必要，也几乎不可行。

另一方面，职代会和工会被赋予的促进企业生产、协助企业管理的功能本身是单位体制的附庸，其应有的代表功能则基本上为“家长主义”的国家所吸纳。① 也就是说，职代会和工会在“维权”功能实际并不存在的情况下，事实上只是企业一个没有实质性功能的管理部门，是企业组织生产和所谓“民主管理”过程中的多余角色。

劳动关系向市场化的转变激化了国家、企业和工人之间的利益分化，使劳动关系的权力结构变得显明起来。受资本盈利的驱使，企业尽可能利用工人群众的劳动力，降低生产成本，从而牺牲工人的休息时间和舒适的工作环境。工人群众处于普遍的资本压迫当中，他们期待他们的权利和利益能够得到保护，使之免受企业管理者的侵害。

与此同时，在向市场体系的转变过程中，由于社会功能的分化，国家和社会之间出现了权力的空隙，存在弥补这些空隙的必要性。② 国家需要工

---

① 冯钢：《企业工会的“制度性弱势”及其形成背景》，载《社会》2006 年第 3 期，第 81—98 页。

② Chan, Anita. “Revolution or Corporatism? Workers and Trade Unions in Post-Mao China.” *The Australian Journal of Chinese Affairs*, 1993. (29): pp.31 - 61; Unger, Jonathan, Anita Chan. “China, Corporatism, and the East Asian Model.” *The Australian Journal of Chinese Affairs*, 1995. 33: pp.29 - 53; Zhang, Yunqiu. “An Intermediary: The Chinese Perception of Trade Unions since the 1980s.” *Journal of Contemporary China*, 1997. 6(14): pp.139 - 152.

会减轻来自工人群众和企业管理者之间冲突引起的社会压力，需要工会和职代会在解决劳动争议方面发挥更多的作用。

就工会而言，服从国家的制度安排和建设目标，同时又代表工人、保障工人利益的双重属性之间的内在冲突是在单位体制解体的过程中被释放出来的。从实践来看，工会职能的转变尽管有其自身的积极主动的一方面，在很多时候，工会也试图寻求朝向代表工人群众的方向努力，但最终不得不作为国家总体战略的一部分而存在。

游正林考察了中国工会的三次大改革，其中两次发生在改革开放之后。改革的目标都是要求工会尽量降低其官办的色彩，能够成为政党密切联系工人群众的组织，要求工会能够代表工人群众，为工人群众服务。但是，无论工会需要代表政党、国家，还是需要密切联系群众，都是政党出于实际的需要，为了改善和工人群众的关系而对工会提出的要求。①

安戈和陈佩华认为，改革开放后的工会获得了毛泽东时代从未有过的代表性权威。同其他东亚国家的新工业经济不同，中国不是通过统合主义进一步加强国家对经济和社会的控制，相反，国家在这个过程当中由于有中介的上传下达组织而能够放松对经济和社会的直接控制。还原工会和职代会本来具有的主要功能，充分发挥它的统合主义组织功能，组织和规范劳动关系，是国家从社会直接控制中退出的一种策略。②

同时，作为形式上、法律规定的工人集体组织，工会面临着寻求自身存在合理性、合法性的难题。它在服务国家的前提下，被迫开始考虑如何从事实上进一步代表工人的问题。

但是，工会具有较强的国家属性，其处理劳动关系的权力主要来源于国家。因此工会权力不得不受到国家总体策略的影响，尤其在地方和生产场所层面的。工会要配合国家发展经济的政策，支持国有企业的改制和非公

---

① 游正林：《60 年来中国工会的三次大改革》，载《社会学研究》2010 年第 4 期，第 76—105 页。

② Chan, Anita. "Some Hope for Optimism for Chinese Labor." *New Labor Forum*, 2004. 3 (13): pp.67 - 75; Chan, Anita. "Revolution or Corporatism? Workers and Trade Unions in Post-Mao China." *The Australian Journal of Chinese Affairs*, 1993. (29): pp. 31 - 61; Unger, Jonathan, Anita Chan. "China, Corporatism, and the East Asian Model." *The Australian Journal of Chinese Affairs*, 1995. 33: pp. 29 - 53; Chan, Anita. "China's Trade Unions in Corporatist Transition." In *Associations and the Chinese State: Contested Spaces*. ed. Unger, Jonathan. New York: ME Sharpe 2008. pp.69 - 85.

有制经济的发展，这意味着要提高企业效率、加强劳动控制、降低生产成本和工人福利、让很多工人下岗，而这是同保护工人的利益相冲突的。①

梅特卡夫等人认为，工会更多是自上而下传达的组织，主要维护国家的利益。当个人利益与国家利益冲突的时候，国家利益优先，而不是相反。

工会的国家统合主义性质决定了它对劳动关系的干预主要采取两种方式。一种是尽量配合企业管理者的生产任务，同时避免激烈劳动者与管理者冲突的出现。它致力于消除企业内部管理者和工人之间的矛盾，积极促进二者之间的合作关系。另一种是平息劳动冲突，调解企业管理者和工人已经之间已经出现的对抗关系。②

也就是说，当工人个人或群体同管理者发生争议的时候，工会在这些争议中的角色是协调而不是代表工人同企业管理者进行谈判。即便是在类似代表工人履行工人团体职责的时候，工会也更像一个第三方的角色，而不是工人的代表。③

地方国家统合主义使得地方和生产场所层面的工会组织，更经常性地屈从于企业的管理需要。由于地方政府直接承担增加社会资源总量的任务，不得不营造良好的投资环境以吸引国内外资本的流入。这决定了地方政府在劳动冲突中的基本态度，而工会权力通常是政府行为的协作者。

虽然从组织结构上看，企业工会形式上隶属于上一级工会，但它们实际上从属于企业的管理层。在管理者侵犯工人权益时，工会不得不经常保持沉默甚至同企业管理者走到一起。④ 同时工会作用的发挥还被高层工会对

---

① Ng, Sek Hong, Malcolm Warner. *China's Trade Unions and Management*. New York: St. Martin's Press. 1998.

② Chen, Feng. "Trade Unions and the Quadripartite Interactions in Strike Settlement in China." *The China Quarterly*, 2010. 201(1): pp.104 - 124; Chen, Feng. "Between the State and Labour: The Conflict of Chinese Trade Unions' Double Identity in Market Reform." *The China Quarterly*, 2003. (176): pp.1006 - 1028.

③ Clarke, Simon. "Post-Socialist Trade Unions: China and Russia." *Industrial Relations Journal*, 2005. 36(1): pp.2 - 18; Clarke, Simon, Pringle Tim. "Can Party-Led Trade Unions Represent Their Members?" *Post-Communist Economies*, 2009. 21(1): pp.85 - 101; Clarke, Simon, Tim Pringle, "Labour Activism and the Reform of Trade Unions in Russia, China and Vietnam" (paper presented at the ESRC Non Government Public Action Labour Workshop, 10 December 2007).

④ Chen, Feng. "Between the State and Labour: The Conflict of Chinese Trade Unions' Double Identity in Market Reform." *The China Quarterly*, 2003. (176): pp.1006 - 1028.

基层工会的有限影响所限制。[①] 这种有限影响也使得高层工会不愿意冒险刺激他们的基层组织，不会赋予其基层组织发动底层工人支持和发挥其影响的权力。因为他们害怕失去对这些基层组织的控制，他们只好采取两害相权取其轻的管理控制方法。

从工会的建制和劳动冲突中实际发挥的作用来看，基层工会大多无力起到劳动争议调解的作用，甚至建制都比较困难。全国总工会及其所属的省、市、区工会，实际上是政府架构的一部分，对于它们管辖范围的企业中出现的侵犯工人权益事件，它们有能力干预，并为之寻求一个有利于工人的解决办法。

企业里的工会则不然，它们虽然从属官方工会，但是它们不属于政府机关。相反，它在组织上直接受制于企业管理层，在具体行动上常常要屈从于企业管理者。这是企业工会难以发挥工人代表作用的一个重要原因。[②]

尽管工会试图在合资企业和外资企业中得到承认，建立分支工会。但大多数外国投资者反对工会组织进入他们的企业。统合主义体制或许能够在大的公有、私营、外资部门起到作用，但是小公司，由于其劳动体制的性质十分不同，远不会服从国家对工业关系体系的定位和推行。[③]

即便是在成立基层工会的私营、外资部门，情况也不容乐观，这些工会中很多是为了博得地方官员好感，由管理者操纵专门雇员成立的"企业工会"，作为管理阶层的附属机构而存在。

最重要的是，工会越来越显示出作为工人阶级的集体性组织、作为争取工业公民权组织的力量的不足。由于独立的工会一直被认为是对国家稳定的威胁，所以国家从法律法规上限制了其他独立工人阶级组织出现的可能，并赋予工会作为唯一的工人权益代表组织的特权地位。同时，工会自身也

---

① Clarke, Simon & Pringle, Tim, "Can Party-led Trade Unions Represent Their Members?" *Post-Communist Economies*. 21(1). 2009. Chen, Feng. "Union Power in China: Source, Operation, and Constraints." *Modern China*, 2009. 35(6): pp.662 - 689.

② Chen, Feng. "Between the State and Labour: The Conflict of Chinese Trade Unions' Double Identity in Market Reform." *The China Quarterly*, 2003. (176): pp.1006 - 1028; Bai, Ruixue. "The Role of the All China Federation of Trade Unions: Implications for Chinese Workers Today." *Working USA*, 2011. 14(1): pp.19 - 39.

③ White, Gordon. "Chinese Trade Unions in the Transition from Socialism: Towards Corporatism or Civil Society?" *British Joumal of Industrial Relations*, 1996. 34(3): pp.433 - 457; 吴同:《以法治劳？——中国工人行动空间与企业中工会的角色》，华东师范大学政治学原理专业博士学位论文，2010年，第5页。

会运用自己的权力来维护自身的特权地位。

正像郝秋迪(Jude Howell)等人指出的那样，全国总工会仍然坚决反对工人动员或为工人阶级提供组织化集体权力的自治基础，仍然排他性地对工人的集体行动做出反应。① 而因为现行法律的限制，工会本来也缺乏对工人自发性集体行动支持的法律基础。在这种情况下，工会主要起权利保障和维护的作用。②

总体而言，由于工会和工人阶级自身意识形态合法化能力的有限性，工会选择了现实主义的行动策略：主要由对国家权力的诉求，转向对工人经济权利和生活福利的追求。彭恒军认为这是工会行动从工人阶级和国家(权力)的关系(市民社会与国家的关系)领域向生产过程中的“劳动关系”领域的退缩，工人阶级谋求国家权力以保障自己阶级利益的合理性，演变为劳动关系中在劳资双方单纯博弈基础上对“劳权”追求的合理性。③

尽管工会在集体谈判方面扩大了它的法定责任，但是由于存在加强工会角色的结构和意识形态障碍，所以这种责任的发挥受到了很大限制。④ 工会实际放弃了对工人工业公民权合法化的诉求，转而致力于完善个人主义的雇佣关系。

虽然如此，改革开放以来工会在保护工人权益、平息劳动冲突、维护经济秩序、提高政权稳定性等方面发挥了重要的作用。⑤ 这倒不是因为它的

---

① Howell, Jude. “Trade Unions in China: The Challenge of Foreign Capital.” In *Adjusting to Capitalism: Chinese Workers and the State*. ed. O'leary, Greg. New York: ME Sharpe 1998. pp. 150 - 172; Howell, Jude. “Trade Unionism in China: Sinking or Swimming?” *Journal of Communist Studies & Transition Politics*, 2003. 19(1): pp.102 - 122; Howell, Jude. “All-China Federation of Trades Unions Beyond Reform? The Slow March of Direct Elections.” *The China Quarterly*, 2008. 196(December): pp. 845 - 863; Chan, Anita. “Revolution or Corporatism? Workers and Trade Unions in Post-Mao China.” *The Australian Journal of Chinese Affairs*, 1993. (29): pp.31 - 61.

② Yang, Dali L. “State Capacity on the Rebound.” *Journal of Democracy*, 2003. 14(1): pp. 43 - 50.

③ 彭恒军：《重建“阶级话语”：工会维权的合法化和正义论基础研究》，载《中国劳动关系学院学报》2007 年第 6 期，第 4—9 页。

④ Chan, Anita. “Labour Relations in Foreign-Funded Ventures, Chinese Trade Unions, and the Prospects for Collective Bargaining.” In *Adjusting to Capitalism: Chinese Workers and the State*. ed. O'leary, Greg. New York: ME Sharpe 1998. pp.122 - 149.

⑤ 吴同：《以法治劳？——中国工人行动空间与企业中工会的角色》，华东师范大学政治学原理专业博士学位论文，2010 年，第 6 页。

社团属性，而是因为它的官方背景。工会之所以能发挥作用是由三个因素决定的：法律赋予的权力，作为官方组织的公共权威，以及作为体制内结构的决策参与。

就第一个方面而言，随着 20 世纪 90 年代中期以来一系列劳动法律的颁布实施，国家在制度和法律上为工会发挥其统合功能提供了相应的或更大的空间。依赖国家强制推行的法律，工会获得了协调劳动关系的合法性，提高了处理劳动冲突的制度性权力。①

就第二个方面而言，全国总工会及其地方总工会能够在劳动立法、工会化和劳动争议的解决中担当积极的角色，原因在于工会官僚体制的权力，以及工会活动所依赖的正式官方地位。当官方地位限制了工会管理体系自主性的同时，它也解释了工会在劳动争议中的影响力，而这些活动是政府期望和允许工会担当的角色。②

由于工会的活动不但得到国家的支持，同时还具有法律法规的制度规定。因此它能够具有处理劳动冲突的权威，获得企业管理者和工人群众两方面的配合。③ 在实践中，工会的组织结构是党政工的高度重合，正是凭借党组织在企业中的影响力，工会能够较为有利地实现其权力。

就第三个方面而言，工会的官方背景为其提供了在体制内自由活动的广泛空间。依据工会合法的地位，它能够在劳动立法、劳动争议的解决中担当积极而重要的角色。为了能够缓解劳动冲突造成的社会压力、稳定社会秩序，政府愿意吸收工会参与政策的制定和实施过程。

这就是说，工会能够通过他们的传统渠道，运用传统方法履行其代表工人法定权利和利益的新角色。即通过游说国家的方法和渠道不但使自

---

① Friedman, Eli, Ching Kwan Lee. "Remaking the World of Chinese Labour: A 30 - Year Retrospective." *British Journal of Industrial Relations*, 2010. 48(3): pp.507 - 533; Metcalf, David, Jianwei Li, "Chinese Unions: Nugatory or Transforming? — an Alice Analysis" (paper presented at the Centre for Economic Performance, London School of Economics and Political Science, London, 2005); Ng, Sek Hong, Malcolm Warner. *China's Trade Unions and Management*. New York: St. Martin's Press. 1998.

② Chen, Feng. "Union Power in China: Source, Operation, and Constraints." *Modern China*, 2009. 35(6): pp.662 - 689; Chen, Feng. "Between the State and Labour: The Conflict of Chinese Trade Unions' Double Identity in Market Reform." *The China Quarterly*, 2003. (176): pp. 1006 - 1028.

③ 佟新：《企业工会：能动的行动者——以北京中外合资企业 b 有限公司工会实践为例》，载《江苏行政学院学报》2005 年第 5 期，第 63—68 页。

身的行动得到合法性的依据，还推动劳动保护法律的产生，并监督法律的实施过程。工会的干部可以继续以传统的方式同管理者一起管理企业社会福利建设，同国家立法、司法、政府部门合作，扩大集体合同的人数和覆盖面。

相比具有高度组织化和制度化，具有从上到下完整行政系统的工会，仅限于生产场所的职工代表大会则要单薄得多，而且仅仅在改制过程中时不时地回光返照，转瞬就被遗忘在了历史的角落里。

陈峰在研究国企改制中的工人抗争时发现，当专断的改制造成了他们权益受到制度性侵蚀的时候，工人开始主张他们在工厂所有制转换中的民主权利。一些事例表明工人反对改制的抗议最终会通过职代会进行讨论，并寻求解决的办法。职代会成了工人抗争的权力资源之一，也成了对改制方案进行辩论的地方。①

就是说，国家放开对企业的全面管理，允许并推进国有企业进行改制的行为，造成了工人阶级权益的损害，同时也凸显了所有制变迁中的工人民主权利问题。这个时候，原先被“完全性组织制度”边缘化，主要处于管理辅助地位的职代会突然变得重要起来。它一方面是工人维护集体权益的要求使然，另一方面也是组织隐性缺位的必然结果。

焕发出短暂生机的职代会，从基本上在企业内职工的经济、福利或保障问题上提供有限参与的制度化渠道，转向讨论企业工人之间利益问题、协调内部纠纷的机制。② 正如朱晓阳总结的那样，国有企业职代会的实际权力地位并不是“给定”的，它是在反兼并行动过程中，政府、企业、工人三方纠纷、冲突和谈判的结果。③

不过，尽管职代会是一种官方认可的、合法的工人监督企业管理者的制度化途径，但职代会要发挥作用，从隐性的组织转变为显性的组织有时离不开政府部门的介入和干预，只有在政府部门的干预下，国有企业工人针对企

---

① Chen, Feng. “Industrial Restructuring and Workers’ Resistance in China.” *Modern China*, 2003. 29(2): pp.237 - 262.

② 张静：《利益组织化单位——企业职代会案例研究》，中国社会科学出版社 2001 年版，第 5—6、64 页；冯同庆：《国家、企业、职工、工会之间的良性调整》，载冯同庆编：《中国经验：转型社会的企业治理与职工民主参与》，社会科学文献出版社 2005 年版，第 90—146 页。

③ 朱晓阳：《“误读”法律与秩序建成：国有企业改制的案例研究》，载《社会科学战线》2005 年第 3 期，第 197—206 页。

业改制措施进行的抗议活动才可能有妥善的结果。①

但是以资本为轴心的国家与工人阶级的关系显然弱化了这一政府功效，在实际的操作当中，有些地方对改制过程中侵犯工人权益的现象视而不见、表示默认，或者协助参与，同企业的管理者站在一起，而不是处于保持相对独立性和中立的立场。

就国有企业日常的运行过程而言，工会明显比职代会更为关键。虽然在理论上，企业工会应该对职代会负责，两个组织具有不同的工作侧重点。②但在现实中工会却是负责组织职代会、处理职代会日常事务的机关。朱晓阳因此认为，职代会是否能够发挥其功能，完成诸如讨论、反馈对工厂政策的意见，选举职工代表，收集合理化建议和准备大会提案等职能，其决定性的因素是工会的积极性和能力。③

在很少有工会和职代会介入的私营、外资企业，非政府组织（NGO）是明确以工人的阶级性为内容的组织。它们的出现有两个方面的原因：首先是国家促进市场经济产生、发展；其次是这些生产部门的工人，在很长一段时间里完全被排斥在国有企业、集体企业工人所享有的劳动保障和社会福利之外。

随着市场的发展，越来越多的农民工受到企业管理者专制和生产、生活商品化的影响。受劳动保护运动和劳动积极分子行为的影响，从 20 世纪 90 年代中期开始，大量的劳工 NGO 在珠三角的广东省出现。它们旨在帮助工人保护他们的权利。④

这些组织并不全部由农民工自发成立（尤其是在珠三角地区），还由一些关注农民工状况的城市精英（律师、知识分子等）组织成立。弗里德曼和

---

① Chen, Feng. "Industrial Restructuring and Workers' Resistance in China." *Modern China*, 2003. 29(2): pp.237 - 262.

② 职代会更多地被认为是关于企业内部工人的自主权问题，是企业民主管理的权力机构。工会则是工人利益的代表组织，是联合工人平衡企业管理者权力的组织。

③ 朱晓阳、陈佩华：《职工代表大会职工利益的制度化表达渠道？》，载《开放时代》2003 年第 2 期，第 120—132 页；张静：《个体与权威：如何建立二者的联系？》，载张静编：《国家与社会》，浙江人民出版社 1998 年版，第 155—188 页。

④ Snape, Holly. "Women Migrant Workers in China: Grassroots Ngos Facilitating Empowerment?" *International Journal of Green Economics*, 2009. 3(2): pp.175 - 183. Chan, Jenny Wai-ling. "Chinese Women Workers Organize in the Export Zone." *New Labor Forum*, 2006. 1(14): pp.19 - 27.

李静君强调了这些 NGO 活动突出的两点：第一，它们或多或少试图积极参与国家的法治计划，并将工人的苦难引导到仲裁和司法体制解决；第二，它们服从国家的管束和监控，但它们的活动范围仍然十分狭窄。多数的劳工 NGO 的关注点在为工人提供事后的建议（关于如何通过官方行政化的调解、仲裁和司法途径来解决他们的困难）。①

对体制内的 NGO 来说，这是必然出现的结果。中国的 NGO 面对的是阻碍自主性组织产生的法律和政治框架。控制、吸收、协作是管理社会组织的法律的核心。为了到民政部门或地方政府注册，NGO 不得不首先寻找挂靠组织（国家的或党的），以做保证人。保证人没有认可组织的法律义务，但是它有责任指导和监督 NGO 的项目、资金和支出。

即便是体制外的 NGO 也基本上在国家鼓励的“参与”框架（关注弱势群体，尤其是保护工人权利）内活动。这些非政府组织帮助工人组织材料通过劳动仲裁委员会或法院控诉雇主，有时候替他们辩护、组织法律培训、同雇主进行谈判，并向政府递交工人的材料。

弗鲁瓦萨（Chloé Froissart）认为，中国的 NGO 事实上是一些试图保护农民工权利和利益的半工会组织（semi-union organizations）。它们像官方工会的替代机构一样活动，而工会长期以来排斥农民工（严重脱离农民工），并被认为越来越没有效率，甚至被认为不是代表工人的合法形式。②

小　结

计划经济时期，国家通过将工人的劳动统一到经济计划当中，创造了社会主义的工人阶级。利用对工人阶级劳动成果的吸收和计划分配，国家在短时期内建立起了相对完整的工业化体系，实现了国家扩充社会资源总量的目标。劳动用工市场化和劳动保障社会化的改革，让抽象劳动积累的一般性原则占据了社会主导地位，并统治了工人生产和生活的各个领域。

---

① Friedman, Eli, Ching Kwan Lee. “Remaking the World of Chinese Labour: A 30 - Year Retrospective.” *British Journal of Industrial Relations*, 2010. 48(3): pp.507 - 533.

② Froissart, Chloé. “‘Ngos’ Defending Migrant Workers’ Rights.” *China Perspectives*, 2011. (2): pp.18 - 25.

工人被统一到资本中，处于同等的资本增殖的从属地位，具有了共同的处境和利害关系，从而完成了自在阶级再形成的过程。在市场社会下，工人的阶级自在和最大限度地满足资本增殖的需要是同一个意思。就目前来看，资本增殖形成的工人阶级状况、形成的对工人及其劳动的否定是明显的，突出表现在严重的资本所有者专制和工人生产、生活的商品化方面。

国家社会主义的单位体制正是通过经济计划形成了反市场化的运动，弱化了这两个方面的影响。由于国企工人具有终身就业的保障并由国家分配工作，完全性组织则为他们提供了相对充裕的工厂生产之外的生活保障。实际上企业只是国家计划的执行者，主要起着规范、而不是决定劳动关系的作用。

工人的确仍然需要依附于企业，服从企业的管理，但这些依附大多表现在住房安排、奖金发放等方面。相对来说，单位体制下的工人并不是效率与产值、时间与数字的奴隶，他们反倒同企业管理者之间保持着类似家庭、邻里交往的联系。终身的就业和低水平但全面的社会福利让他们完全摆脱了市场经济的朝不保夕、充满偶然和不确定的生活，工人的生活较少是个人的责任，而是国家的负担。

单位体制的解体意味着市场原则的不断拓展，而依据道义和意识形态进行的工人抗争则意味着工人阶级自为性的出现，它是对阶级自在状况的否定和反向运动。与其说这是一场钟摆式的运动，倒不如说这是一场拉锯战。劳动用工市场化、劳动保障社会化的改革显然将工人重新抛到了市场当中，他们开始面对日益加深的管理者专制和全面商品化过程，而这些恰恰是单位体制尽力削弱的问题。

工人为了改变自己的工作、生活状况进行的抗争则是要求重新限制市场原则的无限扩张，至少要保障工人能够在下岗、失业的时候能够继续生存。尽管单位体制在市场经济条件下的延续更多地表现为国家的主动，它将工人的抗争限制在一定单位和一定区域内，避免了大规模、联合性的抗议，实现了稳定国家经济发展秩序的要求。

国家政治权力试图通过制定政策、颁布法律的方式来规范劳动关系，限制企业管理者的专制、削弱市场形成的个体风险，同时规范工人抗争，使之服从政治体系运行的要求。当然，对自在阶级状况的否定和反向运动，并不是国家通过主动制定政策和颁布法律就能够实现的。但它至少能够缓和工人在资本增殖运动中的从属地位，化解市场原则对工人生产、生活无情的规定性。

从这个意义上说，反对工人阶级自在状态的每一步都是令人欢欣鼓舞的，都是对市场原则的不断否定，是阶级自为的不断胜利。在工人阶级的自在状态没有发展到极致的、崩溃的边缘之前，工人阶级的抗争还不能突破制度和体系的限制。但它需要获得与企业管理者对等谈判的工业公民权利，尤其在国家发展主义导向与地方国家统合主义继续存在的前提下。

正因为如此，在国家政治权力逐渐退出社会，减少负担工人个体风险的情况下，工会和职代会这些工人阶级的集体组织才变得重要起来。一方面，国家要求他们重新规范劳动关系，理顺企业内部的矛盾，减少工人抗争的可能。另一方面，工人也需要具有代表性的组织来达成他们减轻企业改制造成的影响，维护他们基本生存权的需要。

这些原本的国家统合主义组织，依赖其官方背景、法律权力继续为平息劳动冲突、调和企业管理者和工人之间的矛盾发挥作用。同时它们还依赖其制度内的影响力，通过游说国家等方式为工人争取劳动保障立法、监督法律实施过程、促进企业社会福利建设。

不过，因为工会、职代会等组织（甚至包括注册成立的很多非政府组织）的活动需要得到国家的承认，它们必须加入“依法治国”的制度体系，或者服务于国家建设、经济发展的需要，所以这些活动的效果依然是有限的。

第十章　结　论

工业社会的最高权力是由资本属性决定的。这不只是说，市场关于商品的定价，以及按照定价形成的商品交换占据了社会的主导。也不只是说，对资本积累理性论证形成的权利观念、对私有财产保护形成的法权结构最终使人类社会步入了法理共同体的阶段。问题的根本在于，社会资源总量的增长依附于资本的形态，并以货币的形式进行计算和量化，变成了交换价值的不断增殖；交换渗入人类生活的每一个领域，物质的以及精神的东西都被明码标价，统一到一般交换价值，形成了抽象劳动对社会的统治。

对资本家而言，占有人类劳动之一般（社会必要劳动时间）的数量决定了他们能够分享多大的社会权力。① 也就是说，基于商品经济，资本成为社会权力分配的计量工具。谁获得资本多，谁就拥有控股权，拥有生产的控制权，成为企业的决策者。资本家以资本来量化权力，以公司或国家的形式共同支配整个社会。

因此，工人参与生产过程、出卖自己的活劳动，创造的就不仅是可以用于市场交换的一般劳动（资本及其积累）、不仅是增加社会的物质财富（社会资源总量），而是生产着资本支配社会的原则、生产着一部分人对另一部分人的控制关系，即生产着社会权力。自在的工人阶级就是工人处于这样一种支配与被支配的社会权力结构中，它的程度取决于市场原则对社会的渗透能力和国家、社会对市场原则反向运动的能力。

自在工人阶级自觉地反对企业生产过程中劳动占有与支配的关系，反对市场原则对生产、生活的统一化、普遍化的过程是工人阶级的阶级自为过程。它不指向某一个时刻，也不指向某一个事件，而是一个否定性的运动，是一个历史过程。资本这种社会权力在创造着自在工人阶级，形成对工人

---

① 《马克思恩格斯全集》第 25 卷，人民出版社 1974 年版，第 218 页。

劳动否定的过程中,也创造着否定工人阶级自在状态的社会力量,创造着工人阶级自为的力量。

一、市场化转型与工人的重构

按照马克斯·韦伯的理解,阶级是这样一个概念:市场上的机会是决定性的时刻,它为个人命运提供了共同的条件。人们为了自身要使用货物或服务,而能够获得这些货物或服务的机会决定了他们的命运。①

因此,与其说资本对应的是具体商品,不如说是社会权力。一个人拥有多少资本,就代表着他能够通过市场的方式,实现多大范围的生产和消费活动。人们在市场上的买卖关系,实际上是兑现他们分享的社会权力,它的前提是市场社会的存在,市场原则作为社会普遍原则得到承认和执行。

这就是说,工人被统一到市场状况当中,从而形成一个阶级,阶级状况最终就是市场状况。赤裸裸的财产占有只是阶级形成的前兆,它的实现要在市场当中。这确实解释了阶级形成的整个过程是如何实现的,同时也解释了抽象劳动积累的原则是如何通过市场的方式实现普遍化的。

但是,自在工人阶级不仅形成于市场当中,更根本地形成于生产过程当中。就其本性而言,资本的生命在于不断增殖,而增殖的根源在于生产过程。它需要占有和使用工人的活劳动,并把活劳动创造的增殖当做资本自身的增殖。资本的拥有者通过市场交换将分享的社会权力展现出来,按照市场的原则调动劳动力,组织劳动者进行社会生产。其他与之相关的各方面资源(诸如机器设备、原料等)都围绕着劳动力从事生产活动展开。

正是在生产过程中,抽象劳动实现了对活劳动的占有和使用,将工人的活劳动外化为他者的商品,生产出同工人相对立的社会权力。生产过程或许只是生产可供交换的具体商品,而不直接产生资本的积累。但它却是资本所有者分享社会权力,并将商品化原则普遍化的基础和前提。

当然,自在工人阶级的形成不只是生产过程中活劳动的资本使用,也是

---

① Max, Weber. *Economy and Society*. 2 vols. Edited by Roth, Guenther, Wittich Claus. Berkeley: University of California Press. 1978. p.928.

资本在劳动力市场上的购买活动，更是劳动一般对一切具体劳动特殊性的否定和抽象。正是后者将阶级这种社会权力结构从生产领域、从劳动者群体扩展到整个人类社会。资本本来只是一个尺度，是商品价值的度量。现在这个尺度上升为主体，它要完成自身的不断增殖，并在一切事物中找寻增殖的空间和力量。资本要不断刺激我们产生各种各样的物欲需求，它才不断产生增殖的空间。

资本的原则不仅统治我们的劳动时间、生命情感，也统治我们的闲暇和消费欲求。我们的欲求按照资本的逻辑被制造出来，并转化为市场上的实际交换过程。一旦没有这种欲求，资本将停止增殖。而资本一旦停止增殖，作为资本它就失去了自身的生命力。资本的不断增殖实际上不仅要求增殖本身，同时还要求保持一定的高速进行增殖。消费本身并不是目的，它只是实现增殖的手段，而刺激消费、维持高消费率则不过是资本高速增殖的需要。

因此，在资本的时代，经济生活的基础不是消费基金，而是增殖，而且是保持一定速度的增殖。它不停地表现为各种形式的市场竞争，是抽象劳动对具体劳动统治的普遍化和深化。

正如马克思描绘的那样，资本的扩张发展到了这样一个时期：它让那些人们一向不认为能够出让的东西，都转变成了交换和买卖的对象，甚至包括德行、爱情、信仰、知识和良心。而在以前，这些东西只传授不交换，只赠送不出卖，只取得不收买。这是一个普遍贿赂、普遍买卖的时期。或者用政治经济学的术语来说，似乎一切精神的或物质的东西都变成交换价值。它们统统被拿到市场上售卖，寻找最符合其真正价值的评价。①

政治权力从根本上是社会权力的派生物，是国家化的社会权力。它经过一系列观念的论证，具有了合法使用暴力、掌握支配地位的权力。它同时还确认和维护了以人类理性做担保的法律权利。

当社会权力萌生于市民社会，通过抽象劳动的原始积累，使社会资源总量达到一定程度之后。资本所有者的意志通过国家这种形态，转变为普遍意识，并固定在一定的空间、疆域结构里。国家作为社会之外的共同体不过

---

① 卡·马克思：《哲学的贫困》，载《马克思恩格斯全集》第 4 卷，人民出版社 1958 年版，第 80 页。

是对市民社会中各项规则的确认与保护而已。社会资源总量的丰富使国家无需为秩序的构建花费巨额成本，它只是需要充分肯定和利用市民社会为其提供的各项规则与程序。[①] 也就是说，政治权力实际是以国家的形态确认了社会权力的各项规定和精神面貌。而当社会权力以政治权力的面貌出现，它就藏匿了自身原有的形态。

正是从这个意义上说，中国经济的全面市场化再造了工人阶级、深化了工人自在的阶级状况。它是国家政治权力和社会权力并行运动的结果，表现为国家依赖和控制市场的力量完成资本的积累过程。

前者从单位体制，从对工人生产、生活的全面规定中不断退出，让市场的原则重新占据了这些空间。社会资源总量扩张的需要不再是国家的政治行为、行政活动，而变成了市场的自觉，从外部规定转变为内在驱动。后者则重新活跃在私营、外资经济中，并逐渐将国有企业也统一进来。它虽然是政治权力的母体，但也受制于国家政治统治的总体需要。确认劳动关系双方权利、义务的法制体系既限制了工人抗争不致超越国家体制的控制范围，也限制了市场原则的无限扩张，成了工人阶级自在状况的反向运动。

但是，要探讨改革开放以来的国家与工人阶级，探讨工人阶级在市场化转型中的再形成过程，我们不得不回到计划经济时期，甚至回到工人阶级最初的政治化运动。这是因为，中国“工人阶级”一直以来作为一个利益组织化的概念被使用。不仅用来进行政治动员、发动工人运动，也被用来构建社会主义国家体系、合理化国家的政治统治，还被用来组织生产活动、进行劳动动员。经验研究认为他们摆脱了意识形态的建构主义，认为他们研究的是生活经历中的工人阶级，但大多数并没有超出于利益组织化工具的范畴态度。

这就是说，政治意识形态对工人阶级的建构、社会分层理论把工人阶级作为社会不平等的标尺，实际都是在概念的规定中探讨社会组织化的方式和途径。

历史的和生活的过程要求国家与工人阶级研究一开始就要澄清这个前提，揭示和批判工人阶级如何通过政治意识形态变成了组织职业群体的力

---

① ［法］费尔南·布罗代尔：《15至18世纪的物质文明、经济和资本主义》（第一卷），顾良、施康强译，生活·读书·新知三联书店1992年版，第610页。

量，如何作为社会分层的标准而陷入内部分化和“非同质内聚”的窘境。如此这般的工人阶级面临着必然的被边缘化命运，并在无数人努力拯救的过程中不可避免地衰落下去。

实际上，围绕工人这个职业群体进行的阶级拆分和利益组织化现象，无论在内容，还是在形式上都已经与阶级无关，是一种“非阶级的组织化”。既然社会分层越来越趋向文化的而不是社会的，关注生活方式而不是生活机会，关注消费而不是生产，关注价值而不是利益。那么，我们就没有什么理由保持和维护阶级的强势地位，如果它只是一个分析性、甚至描述性概念。

当工人阶级以概念的形式出现，我们发现的是一个通过政治力量组织起来，并为政治活动服务的革命、生产主体，是一个因为地缘、行业、部门差异而四分五裂的职业群体。而且这是一个工人阶级始终面临的组织化难题，不是一个伴随市场化改革而出现的新趋向。

中国工人阶级经常被理解为政治建构的产物，内部存在多种组织化的社会力量。在其形成的初期，就迷失在传统社会权力结构和政治意识形态影响之中。帮口、会党、行会等社会组织不仅形成了“非阶级”的利益组织化形式，在一定程度上保护了工人的利益，也形成了控制劳动过程的网络体系。同时，它们也构成了政治力量发动工人进行革命的主要依傍，革命党人通过这些组织渗入工人群体，然后以工人政治的理念重新阐释革命的理想和意义。

帮口、会党、行会等社会组织在共产党国家成立之后基本不存在了，但地缘和血缘的联系仍然广泛存在于工人阶级当中。①

更为重要的是，单位体制彻底重构了社会结构，形成了典型的“非同质内聚”模式。工人同企业管理者被一起组织在各个单位当中，相比群体内部，工人对身处的单位具有很深的认同，同单位的领导具有更密切的联系。同时，单位内部的工人还区分为全民所有制工人、集体所有制工人、临时工等。由于单位是计划经济体制城市社会唯一的、具体的社会资源分配主体，因此，这一工人的内部区分就有了更深刻的意义。它代表着完全不同的资源所得、社会地位和生活保障。

---

① Perry, Elizabeth J. “From Native Place to Workplace: Labor Origins and Outcomes of China’s Danwei System.” In *Danwei: The Changing Chinese Workplace in Historical and Comparative Perspective*. eds. Lü, Xiaobo, Elizabeth Perry. New York: ME Sharpe 1997. pp.42－59.

在市场化转型的变动中，本来已经四分五裂的工人群体面临着差异外显化的趋势。[①] 技术工人、低技术工人（low-skilled workers）、缺乏技术的工人被调配到不同的公司部门，或者面临不同在业、下岗的不同命运。[②] 国有企业的退休职工、全民所有制固定工、国企合同工以及国企内部的集体企业职工，在同样的体制环境下，选择了不同的行动策略。[③] 城市工人和农民工群体在劳动力市场上相互竞争，充满了斗争和矛盾。[④]

法律体系将劳动者的权利同企业管理者的权利作了区分，但也同时界定了不同工人的不同待遇，把工人划分成了不同的利益群体。调解、仲裁、诉讼的劳动争议处理过程则将劳动冲突碎片化和个人化了。

所有的这些关于工人阶级分裂、分化的研究都有一个共同的前提：它们首先是把工人阶级当做一种社会组织形态、一种团体的利益聚合、一种社会分层机制。在此基础上才有必要谈论组织化的可能性，以及组织化面临的诸多问题。

但是，工人自在为一个阶级，并不是因为他们相互之间依赖血缘、地缘、性别等建立的关系网络，也不在于他们是否被不同的技术、岗位要求、法律规定等划分为不同的部分。

工人自在为一个阶级，不是说工人个人或群体加入某个组织、组织成某个团体，而是说他们被抛入了这个阶级。之所以说工人构成一个阶级，形成阶级的自在状态，是因为他们被统一到了对活劳动的占有和使用、抽象劳动对活劳动的统治、劳动一般对所有具体劳动特殊性的抽象中，被统一到一部

---

① 冯同庆、许晓军：《中国职工状况——内部结构及相互关系》，中国社会科学出版社 1993 年版；于建嵘：《安源实录——一个阶级的光荣与梦想》，香港：明镜出版社 2006 年版，第 56、128 页；Eyal, Gil, Iván Szelényi, Eleanor Townsley. "The Utopia of Postsocialist Theory and the Ironic View of History in Neoclassical Sociology." *American Journal of Sociology*, 2001. 106(4): pp.1121 - 1128.

② 佟新：《社会变迁与工人社会身份的重构——"失业危机"对工人的意义》，载《社会学研究》2002 年第 6 期，第 1—12 页；Freund, Elizabeth M. "Downsizing China's State Industrial Enterprises: The Case of Baoshan Steel Works." In *Adjusting to Capitalism: Chinese Workers and the State*. ed. O'leary, Greg. New York: M E Sharpe 1998. pp.101 - 121; Dahrendorf, Ralf. *Class and Class Conflict in Industrial Society*. Stanford California: Stanford University Press. 1959. pp. 157 - 206.

③ 吴清军：《国企改制中工人的内部分化及其行动策略》，载《社会》2010 年第 6 期，第 65—89 页。

④ 全国总工会政策研究室编：《1997 年中国职工状况调查·综合卷》，西苑出版社 1999 年版，第 128 页；Weil, Robert. "Conditions of the Working Classes in China." *Monthly Review*, 2006. 58(2): pp.25 - 48.

分人支配另一部分人的社会权力结构中。这是一个饱含着泪水和情感的生活过程，不是概念对工人活动的组织，甚至不是范畴对工人活动的把握。

所以，市场化转型以来工人阶级的再形成，并不是对工人内部构成的重新界定。结构性的变化确实出现于市场化转型的过程，并以一种全面变革的形态展现出来。劳动关系主体从抽象的国家、具体的单位和工人，转变为独立自主的企业和工人；劳动关系的规范从行政调拨为主转变为市场原则的普遍化；①大量“半无产阶级化”的农民工逐渐构成城市工人的主体，正在从农业社会转变成工业社会的生产、生活模式。

但是，这还不是工人阶级能够再形成的根本，不能够表达出工人在生产中、在市场中的生存状况。与其说这些因素使得工人再形成为一个阶级，倒不如说这些都是工人阶级再形成的表现。

计划经济时期的工人阶级是政治权力构建的结果，②但也确实构成一个自在的阶级。政治革命后建立起的年轻共和国面临着内忧外患的紧张局势，它要么通过政治权力快速实现资本的原始积累，要么继续落后于殖民主义者承受着随之灭亡的担忧。执政的共产党人当然要选择前者，他们首先要摆脱社会资源总量严重匮乏的窘境，要在最短的时间内实现国家的工业化和现代化。这个任务需要依赖国家统购统销的计划经济体制，同时也依赖一个强大的、同机器紧密相连的工人阶级。

在计划经济体制下，国家政治权力直接代替了社会权力来完成和实现社会资源总量的扩充，将工人的生产和生活统一到经济计划当中。工人对劳动的使用在观念上表现为国家的经济计划，在实践上表现为企业管理者对国家计划的执行。也就说，工人的生产、生活是国家意志的对象，他们的活动必须以服从这个意识为目的。

不过，社会主义体系形成的是一种弱化的工人阶级自在形态，或者说构成了否定自在工人阶级的一种力量。因为国家计划本身反对市场原则，削弱了全面商品化对工人阶级的生产、生活压力。社会主义的工人们虽然自在为一个阶级，但他们是工人里的“贵族”。国家为了在短时期内实现工业

① ［美］德怀特·H.伯金斯：《中国的改革能继续下去吗？》，俞晓秋、尹铁刚译，中国华侨出版公司1989年版，第70页。

② Walder, Andrew G. “Factoryand Manager in an Era of Reform.” *The China Quarterly*, 1989.（118）：pp.242－264.

化、现代化建设，虽然直接提取了企业生产的利润，直接占有和使用了工人的活劳动及其成果。但是，国家也为工人提供了衣食无忧的生活，他们不必承担过了今天没有明天的焦虑。

与中华人民共和国成立前相比，城市居民的消费水平并未改善，消费商品的种类并未增加。而且国家为了支持工业化，城市工人收入维持生活的是最低工资标准。低工资能够维持工人家庭的生活，得益于低廉的食品价格和直接提供的非工资福利（住房、医疗、托儿服务和养老金）。①

市场化转型的改革是国家权力对社会权力的让渡，是市场原则的重新浮现，同时也是去商品化过程的再造。国家权力从劳动生产和商品交换的领域退了出来，把工人的生产、生活交由市场的原则进行打理。后者在短时期内迅速占领了国家权力退出形成的权力空间，重新塑造了工人阶级的生存状况。

此后，工人之间的相互联系变成了资本同时使用他们的结果。他们在资本的无限积累当中深化了阶级的自在状态，在现实当中遭受着严重的企业管理者专制和全面市场化的风险，成为“没落的贵族”。②

而市场社会的反向运动、去商品化的过程，即否定自在工人阶级状态的过程不再实现于国家直接的行政干预，而是实现于规定劳动关系的法律制

① 汪晖：《改制与中国工人阶级的历史命运——江苏通裕集团公司改制的调查报告》，载《经济管理文摘》2006 年第 7 期，第 30—43 页。

② 从统一到国家计划到统一到资本积累，工人阶级不但处于企业管理中活劳动使用的被支配地位，还处于市场原则的从属地位。也就说，工人阶级的阶级状况实质上恶化了，被称为“没落的贵族”是有道理的。方方在小说《出门寻死》中这样描述长期工作于国营工厂的工人，他们“骨头多半都比较疏懒，眼光还挑剔的不行，架子更是比农民工要拿得大”。蒋子龙在《赤橙黄绿青蓝紫》《国企情结》中描写国企工人为了营生而摆摊卖煎饼、开出租车的现象，这在工人们看来是一件“丢人”“现眼”的事情。于建嵘在安源煤矿调查发现，正式工人即使下岗、在家赋闲也不下矿井，干这些活的基本上是外来的农民工。类似的研究发现还出现于张祺的毕业论文中：国企工人虽然下岗以后他们收入微薄，生活已处于相对贫困的状态，但也不愿意从事脏活、累活等贴有农民标签的工作。他们还是有意将自己的身份与农民这一群体身份进行区分。时寒冰在对夫妻做豆腐串生意的报道中这样写道“对他们来说，体力上的劳累还可以忍受，最怕碰见熟人，见到熟人的时候，只好远远地把头低下来。曾经有一个朋友对他（徐秋丰）说：‘你怎么能干这样贱的工作？’”（参见方方：《出门寻死》，载《人民文学》2004 年第 12 期，第 2—44 页；蒋子龙：《赤橙黄绿青蓝紫》，载《当代》1981 年第 4 期，第 4—43 页；蒋子龙：《国营情结》，载《经营与管理》1998 年第 5 期，第 4—5 页；于建嵘：《安源实录——一个阶级的光荣与梦想》，香港：明镜出版社 2006 年版；张祺：《原国企工人身份认同转变与重构：一个工人文化生活的视角——以西部原国企工厂 GR 厂为例》，华东师范大学社会学系硕士学位论文，2010 年，第 51—54 页；时寒冰：《穿在豆腐串上的希望——与下岗职工一起生活的日子》，载《百姓》2002 年第 7 期，第 26—27 页。）

度和工人阶级自身的自为行动中。

工人阶级再形成的过程是社会权力的扩张使然，是工人劳动作为他人意志对象的结果。国家权力在形式上表现为主动适应社会权力，适应资本无限积累的需要，实际上是被动卷入了世界性资本积累竞争的洪流。

坚持全面否定市场、维系同其工人阶级之间的社会契约，意味着国家可能继续被动、落后的命运。要摆脱被满世界搜寻可能的、最高回报的投资者完全抛弃的危险，参与全球经济竞争中的国家就不得不“向下竞争”(race to the bottom)。市场原则扩张、世界性资本积累的竞争使得国家不得不向资本的原则做出一定的妥协和让步。尤其是地方政府更倾向于改善市场环境以吸引投资，否则就可能面临资本外流的后果。①

二、雇佣关系及其反向运动

当市场原则成为公认的社会权力，资本积累的效率成为强迫的时候，舍弃它们就等于国家的自我放逐和自我孤立。铁幕不是出现于政治意识形态的角逐中，而是出现于社会权力的处理中。

国家权力虽然具有相对独立性，但它归根结底是社会权力的派生物，从属于社会权力的内在要求，即资本的积累和集聚。后者在生产过程中表现为资本占有和使用工人的活劳动；在市场交换中表现为劳动一般对具体劳动特殊性的否定。正如席尔瓦所言：市场原则的扩张、世界性资本积累的竞争使得各国政府(尤其是地方政府)竞相压低劳动成本和降低环保标准，缺乏提升居民福利与服务的动力。其结果是各个国家被迫废除各项公共福利与服务的提供，废除其他束缚资本在其境内追求利润最大化的政策法规。②

---

① Yang, Dali L. “State Capacity on the Rebound.” *Journal of Democracy*, 2003. 14(1): pp. 43 - 50; Yang, Dali L. *Beyond Beijing: Liberalization and the Regions in China*. New York: Routledge. 1997; Wang, Yijiang, Chang Chun. “Economic Transition under a Semifederalist Government: The Experience of China.” *China Economic Review*, 1998. 9(1): pp. 1 - 23; Montinola, Gabriella, Qian Yingyi, Barry Weingast. “Federalism, Chinese Style: The Political Basis for Economic Success.” *World Politics*, 1995. 48(1): pp.50 - 81.

② Silver, Beverly J. *Forces of Labor: Workers' Movements and Globalization since 1870*. Cambridge: Cambridge University Press. 2003. p.4.

1978年以来，中国劳动用工市场化和劳动保障社会化的改革，是为了实现进一步的资本积累，增加社会资源总量。它在宏观上表现为国家的发展主义导向及其与资本逻辑的重合，形成政治权力和社会权力并行、合作的局面。它在微观上表现为市场活动实现活劳动和劳动产品的买卖，以及具有经营自主权的企业对活劳动的占有和使用。

同政治权力实现资本积累不同的是，社会权力实现资本的积累必须要有理性担保的规则做保障。如果资本所有者的所有权是不确定的、不受保护的，他就会缺乏实现资本不断积累的欲望和动力。甚至可以说，在存在掠夺行为的前提下，资本积累本身就难以实现。同时，资本积累还需要能够自由出卖自身活劳动的劳动者，为其提供增殖的酵母。

对自由劳动的要求，对财产所有的保障、对规则平等的渴望是产生市场经济的基础，也是市场经济运行的要求。它们实际上是资本积累这种社会权力的运行基础和保障，是共同体成员要求完全成员身份的主张。所有获得这种身份的人都被承认具有平等的权利和义务。

一方面，公民的权利和义务在本质上是个人主义的，建立在具有独立意识、自主理性的个人基础上，以对个体抽象人格的承认为前提。“每个人在自己的位置上发扬良好的意志与自愿合作，是使整体运转正常的根本条件。”①

另一方面，构建公民的权利和义务体系主要服务于资本积累的需要，这决定了它必然是个人主义的。因为资本积累是一部分人对另一部分人进行支配的社会权力，工人阶级处于这种权力结构的从属地位。那么，对工人阶级的公民权利保障就不大可能以集体权利的形式出现，后者不但会干预市场原则，还会导致资本积累步伐的放缓。

按照劳动关系理论的讲法，前者形成的是雇佣关系(个体劳动关系)，后者形成的是工业关系(集体劳动关系)。

市场化转型之前的计划经济体制是对世界劳工运动成果的继承，围绕工业化不断深入展开的大规模工人抗争则是对个体劳动关系的反动。工人试图通过结社、游行、罢工等行为获得同企业管理者相抗衡的力量，改善甚

① [德]卡尔·雅斯贝斯：《时代的精神状况》，王德峰译，上海译文出版社2003年版，第37页。

至改变在资本积累权力结构中的从属地位。社会主义国家通过经济计划体制否定了市场原则，以国家为主体同工人阶级建立了集体性的劳动关系。在单位体制当中具体表现为统一的国家就业分配，统一的生活、工作待遇，以及职代会、工会等工人阶级的集体活动形式。

由于工人的身份在1949年之后是由户籍制度先验确定的，凡是城市人口，就有可能成为工人，而跟生产资料或生活资料的占有没有直接的关系。以单位为基本单元的集体性就业分配、生活和工作过程，主要是国家行政安排的结果。职代会、工会等工人集体组织的功能大部分已经由企业单位行使和限制，并服务于生产的需要。所以它主要是一种"结构性的工业关系"，共产党政权继承和采用了工业关系的形式，但是抽空了它的许多内容。这些内容缺失造成的工业关系不足，国家通过单位体制对此作了一定程度的弥补。

单位作为社会资源分配的唯一主体，满足了工人生产、生活各方面的需要，使工人阶级不必要或较少可能采取结社、罢工等集体性的行动和权利。

正是由于计划经济体制工业关系的结构性特征，工人阶级必然是自在的阶级，而且是一种弱化的自在状态。国家政治权力在将工人统一到国家经济计划的同时，也让他们摆脱了市场原则的从属地位。因为这是与阶级自为同一个方向的过程，所以它在一定程度上降低了阶级自为的必要性。越是在工人阶级自在状况弱化的地方，也是越少产生阶级自为的地方。相反，工人阶级的自在状况越是明显，工人的从属地位越是强烈，反抗工人阶级状况的力量也就越强大。

当社会权力从政治权力退出的地方重新生长出来，或者干脆说社会权力去除了政治权力的外衣，以自身真实的面目再次出现。它就变换了主体，从国家经济计划转型为抽象劳动积累(资本)，同时还深化了工人的自在状况，为之增添了市场化原则的维度。

具体来说，抽象劳动积累的社会权力首先造就了自在的工人阶级，形成了对工人劳动的否定，占有了他们的劳动过程，以及劳动外化所形成的产品；并进一步规定着市场交易的原则(社会必要劳动时间，即抽象劳动价值作为一般的衡量标准)，统治和否定着所有一般原则之外的、所有特殊形式的使用价值。在这一过程中，社会权力同时造就着自为的工人阶级，造就着否定工人阶级自身的抵抗力量。

以生产劳动（为资本占有和使用，并外化为他人产品的劳动）方式深化工人阶级自在状况，形成同阶级自为相反的运动，最早来源于国家经济权力的下放。地方政府获得了行政许可、确定企业规模、财政自主等权力。国家经济发展的要求和地方政府之间的竞争促使其保护资本所有者，提供基础设施、市场机会和良好的制度环境。这被一些学者概括为"地方国家统合主义"，地方行为以市场为导向，同经营企业形成共谋，造成"政府即厂商"的局面。① 它的直接后果是生产过程中严重的、缺乏约束的企业管理者专制和市场原则在工人生产、生活中的全面扩张。

需要指出的是，资本同政府结盟，甚至反捕的现象具有行政层级上的差异。通常层级越低的政府受到的影响越大，层级越高的则越弱。作为国家总体而言，其行为更受传统政治文化、长期执政策略、政治体制性质等影响。

中国传统儒家思想始终认为政治是手段，实现伦理价值才是目的，所以我们称之为伦理政治。人民生活的保障、家庭的安全和兴旺是国家政治的目的，是最高的政治原则。"民为贵，君为轻"并不是蛊人的幌子，而是中国伦理政治的实践，是国家存在和巩固在天道上的要求。

同时，作为一个共产党执政的国家，它本身还肩负着保障人民生活免遭全面商品化侵蚀、抵制市场原则无限扩张的历史使命。市场转型形成的并不是完全市场化的经济体制，而是社会主义市场经济，是一种计划与市场并存的混合。②

地方国家统合主义同国家伦理的、体制的责任要求显然是冲突的，尽管我们说国家也依赖发展主义导向，需要实现资本积累、扩充社会资源总量。一般来说，地方国家统合主义同国家工业化、现代化建设的总体规划是一致

① Walder, Andrew G. "Local Governments as Industrial Firms: An Organizational Analysis of China's Transitional Economy." *American Journal of Sociology*, 1995. 101(2): pp.263 – 301; Nee, Victor. "Organizational Dynamics of Market Transition: Hybrid Forms, Property Rights and Mixed Economy in China." *Administrative Science Quarterly*, 1992. 37(1): pp.1 – 27; Oi, Jean C. "The Role of the Local State in China's Transitional Economy." *The China Quarterly*, 1995. 144 (1): pp.1132 – 1149; Oi, Jean C. *Rural China Takes Off: Institutional Foundations of Economic Reform*. Berkeley: University of California Press. 1999. p.95 – 138; Lv, Xiaobo. "Booty Socialism, Bureau-Preneurs, and the State in Transition: Organizational Corruption in China." *Comparative Politics*, 2000. 32(3): pp.273 – 294.

② Ma, Shuyun. "Understanding China's Reforms: Looking Beyond Neoclassical Explanations." *World Politics*, 2000. 52(4): pp.586 – 603.

的，但却同中国特色社会主义国家肩负的社会责任相悖。

由于地方政府同生产企业更加贴近工人的生活，往往直接同工人处于劳动冲突和对立当中。所以，同国家对工人生产、生活条件改善的努力，对市场原则无限扩张的抵制相比，工人们感受到的企业管理者专制和全面商品化侵蚀更加强烈。同时，由于过去的工业关系是结构性的，工业公民权是虚设的，所以工人并不能利用已有的工业公民权来争取他们的利益。而且，改革的初期，工人追求个人福利保障并不为国家支持，工业公民权在法理上被改革非法化了。

这源于以下两个方面，首先，以理性担保的劳动法律在本质上是对雇佣劳动的确认和规范，是为资本积累的社会权力开辟道路。它规定了用人单位同劳动者之间只存在单一的雇佣与被雇佣的关系，是劳动力的买卖关系。其他所有的法规条例都以此为准则。对企业管理者专制的削弱、对全面商品化侵蚀的抵制是在这一基础上做出的努力，它在根本上是有限的。这一根本上有限的劳动法律改变了传统的"劳动行政关系"，①将工人彻底抛到了越来越严重的阶级自在状态。

劳动关系双方在法理上存在权利与义务关系，这种关系主要按照市场机制，由双方自行发挥。劳动力的供需、流动、就业条件和工资标准等，有关劳动关系的各个环节，主要通过劳动力市场来调节。工人的生老病死、福利待遇则直接同他们的工作相联系，必须依照个人和企业的收入状况购买或分享。②

而且，以个人主义为基础（或偏向个人主义）的社会契约，并不能为工人阶级提供同企业管理者专制、同全面商品化侵蚀相抗争的社会力量。

正如涂尔干所言：除了普通道德规定了他们的某些行为以外，雇主和工人的关系就像两个自治国家的关系一样，在实力上是不平等的。他们双方可以签订协约，就像两国人民借政府的名义来缔结协约一样。然而，这些协约只是双方现有经济实力的体现，如同两个敌对国家所缔结的和约只不过是双方军事实力的体现。他们只确证了一个事实，而没有确证一种法律。

① 常凯编：《劳动关系・劳动者・劳权——当代中国的劳动问题》，中国劳动出版社1995年版，序言第43页。

② 王绍光：《1980年代以来中国的双向运动》，载《中国社会科学》2008年第1期，第129—148页。

如果我们想在各种各样的经济职业中确立一种职业道德和法律准则来代替支离破碎、混乱一团的法人团体的话，就得建立一种更加完善的组织群体。①

其次，中央政府对地方放权让利的同时，地方政府开始逐渐适应并遵循资本的社会权力运转规则。一方面，地方政府不再是纯粹政治权力的执行者，不再是单纯利益分配的接受者。另一方面它却不自觉地卷入支配与被支配的社会权力结构，完成招商引资的任务。相对劳动力来说，资本对社会总收益和发展目标的贡献更大，因而也会受到更多青睐。

在此基础上，国家削弱全面商品化侵蚀，抵制市场原则无限扩张的具体措施，在地方被选择性地执行了。一方面，地方政府根据当地具体情况，拥有一定程度的自由裁量权，可以对国家要求的目标做地方性的适应，而最终导致的结果则同地方偏好相联系；另一方面是地方政府的自利性考虑，包括地方政府各部门和官员两个部分。经济利益和职业升迁是其中重要的组成。②

所以，总体来看，工人阶级是在向阶级自在标尺更严重的一端移动。国家权力虽然能够同工人阶级的自为状态、同自在工人阶级的否定行为站在同一方向上运动，但并不能代替自为的工人阶级本身。尤其是执政党为了扩大阶级基础，逐渐代表最广大人民群众根本利益的时候，工人阶级就从国家的“结构性工业关系”中脱出了。

这是因为国家无论在形式上、还是在理论上都转变为一个更具代表性的组织，需要具有相对的独立性和自主性。它不再是单纯以工人阶级为基础的庇护型国家，而是一个超越劳动关系本身，处于企业管理者和工人阶级之上的组织。在这种情况下，工人对活劳动占有和使用、对商品化原则普遍化的抵制主要依赖自身的力量。

也就说，工人阶级的阶级自为变得重要起来，它需要产生新的感性意识，从自我出发抵制劳动异化，不断否定阶级自在状态，趋向阶级自为。

在当前的工人研究中，阶级自为可以分为两个层次。一个被赖特称为结构力量(structural power)。工人具有在市场和工作场所讨价还价的能

① ［法］埃米尔·涂尔干：《社会分工论》，渠东译，生活·读书·新知三联书店 2000 年版，序言第 19 页。

② O'Brien, Kevin J., Lianjiang Li. "Selective Policy Implementation in Rural China." *Comparative Politics*, 1999. 31(2): pp.167 - 186.

力，前者建立在拥有稀缺技术、低失业率和去商品化的劳动保障基础上；后者建立在严密整合的生产过程基础上（关键部位、节点上工作的中断，可以引起比该节点本身更为大规模的生产解体）。①

这一理论在根本上依然是个人主义的，主要以个体经济利益的满足为目标，较少涉及集体劳动关系的探讨。而且，它显然需要劳动者个体成为技术工人，需要整体劳动力市场环境和工作环境有利于工人阶级，同时还需要国家对劳动保障社会体系的完善。

另一个是有关工业公民权、经济公民权（economic civil rights）、结社力量（associational power）的抗争理论。工人阶级被认为需要形成集体的组织、通过各种集体行动表达自己的诉求。

一般来说，法律制度规定、诉讼程序保障的劳动权利只关涉最低劳动标准，包括最低工资、加班费底线、工作条件约束等。维护法律规定的权力赋予个人依据程序公正的原则，要求国家强制保证这些措施得到推行。但这只是实现资本不断积累期间可容忍的反市场措施，只能保障工人阶级的基本生产生活要求。在这些救济性的法律规定之上，工人阶级还有更多的利益要求，即法定权利以外的利益，例如增加工资、提高待遇。既然工人的利益诉求不涉及法定权利，就不可能通过司法途径解决，只能通过适当的制度安排由劳动关系双方谈判获得共识。②

这些制度安排即一系列集体权利保障，是工人阶级利益追求、集体行动的合法性基础。制度化的工人集体权利是国家、工人和资本关系平衡、稳定的基础。工人抗争的最终目的限于改善自身的经济状况。

在当前中国劳动关系中，企业违法现象的普遍存在本身就说明，没有工人集体权利制约的情况下，资本滥权难以避免，工人的法定个人权利随时可能受到破坏。而职代会、工会等工人的集体性组织，不是面临被替代，就是继续充当国家统合主义组织的命运。后者的根本目的在于承担合作性“功能团体的角色”，③不是代表工人阶级进行利益抗争，而是同国家合作平息

---

① Wright, Erik Olin. “Working-Class Power, Capitalist-Class Interests, and Class Compromise.” *The American Journal of Sociology*, 2000. 105(4): pp.957 - 1002.

② 陈峰：《罢工潮与工人集体权利的建构》，载《二十一世纪》2011 年总第 124 期，第 15—24 页。

③ [德] 克劳斯·冯·柏伊姆：《当代政治理论》，李黎译，商务印书馆 1990 年版，第 199 页。

劳动冲突。尤其在国家发展主义导向下,它往往要服从企业的生产需要,受制于企业管理者。尽管它在改善国家劳动法律、稳定社会秩序等方面起到了至关重要的作用。

工业公民权虽然是突破个体劳动关系形成工业关系的基础,但它根本上是改善工人和资本之间力量失衡的格局,确认和肯定社会权力关系的制度形式。为法定权利以外的利益进行抗争,追求改善经济状况更多地或主要地以提高工资的形式表现出来。在商品原则普遍化的社会,只要工资提高了,其他问题就迎刃而解。正像韦伯所说的那样,古代及中世纪的无财产者反对的是垄断权、抢购权,今天的核心问题则是劳动力价格的确定。①

所以说,工业公民权、"用工荒"和提高工人工资实际是一回事,它不过是工人被资本原则同化,自觉成为工资人格化的表现而已。它不可能改变工人在社会权力中的从属地位。

马克思在《1844年经济学哲学手稿》中对工资问题作了这样的经典概括:"工资和私有财产是同一的,因为用劳动产品、劳动对象来偿付劳动本身的工资,不过是劳动异化的必然的后果,因为在工资中,劳动本身不表现为目的本身,而表现为工资的奴仆。""强制提高工资(不谈其他一切困难,也不谈这种强制提高工资作为一种反常情况,也只有靠强制才能维持),无非是给奴隶以较多的报酬,而且既不会使工人也不会使劳动获得人的身分和尊严。"②

尽管如此,我们必须肯定国家权力和工人阶级自为在削弱劳动占有和使用、抵制全面商品化过程中的作用。正是国家权力对资本积累的干预,使得保障工人基本生产、生活标准的法律制度成为可能。由国家主持的劳动保障,使得工人阶级有能力在商品市场和生产领域同企业管理者讨价还价。

正是工人阶级的自为使得进一步调整劳动关系成为可能,使得他们逐步获得集体劳动权利。工人阶级在这个过程中弱化了自在阶级状态,改善了同资本之间的紧张关系。但是,工人阶级产生新的感性意识,认识到理性法权、劳动关系对工人全面而自由发展的否定和阻碍,推翻阶级这个社会权

---

① Max, Weber. *Economy and Society*. 2 vols. Edited by Roth, Guenther, Wittich Claus. Berkeley: University of California Press. 1978. p.931.

② 卡·马克思:《1844年经济学哲学手稿》,载《马克思恩格斯全集》第42卷,人民出版社1979年版,第101页。

力结构本身，还任重而道远。

商品化的普遍性、资本原则的全面渗透已经使积累起来的抽象劳动成为一切价值的衡量尺度。以至于离开它，我们就没办法生存。它将所有一切具体的、感性的事物和活动都以抽象的形式呈现出来，并将所有不能以理性抽象，或不符合理性抽象的、普遍性之外的个性和特殊性都归为反常，归为怪癖。所以，“工人的解放还包含着普遍的人的解放”。

这一目标的实现依赖于新的感性意识的形成，正如马尔库塞所言：“替代现实的与其说是与之不同的社会主义道路，倒不如说是群体的不同目标、价值和愿望的出现，他们反对和拒绝企业资本主义的巨大剥削力量，即使这种剥削以最舒服和最自由的方式实现。”①

小　结

工人自在为一个阶级，根本原因在于他们处于抽象劳动占有和使用活劳动这一社会权力结构当中。货币作为物化的社会权力是商品市场一切价值的衡量尺度，同时它还能够否定劳动一般之外的所有具体、特殊的劳动。这就是说自在工人阶级主要产生于生产过程，而加深于市场交换。

资本为了实现自身无限、高效的增殖，它将世间所有可能的事物都作了抽象化处理，变成了可以用货币这种一般交换价值进行衡量的商品，它让人类生活普遍性地商品化了。拥有资本不但意味着它可以继续占有和使用活劳动，还意味着它能够支配其他一切可以交换的商品，意味着它能够实现人与物的重新组合，构建一个可供统治的王国。

计划经济国家大大弱化了工人阶级的自为状态，限制了抽象劳动对活劳动的统治。再分配体系代替了市场原则，国家政治权力构成了对市场社会的反动。它不但将所有人从全面商品化中解放出来，同时也解放了工人阶级。

不过，他们仍然是工人阶级，因为活劳动的占有和使用依然发生在单位体制当中。工人们在国家计划推行、在单位计划实施中统一为一个阶级。

---

① Marcuse, Herbert. *A Essay on Liberation*. Beacon Press: Beacon Press. 1969. p.vii.

通过工人阶级的最低工资保障、低水平全覆盖的社会福利，国家权力利用没有市场的工人阶级、利用结构性的工业关系在短时期内完成了资本的原始积累，实现了工业化和现代化建设。国家计划经济体制在短短几十年时间，在没有对外掠夺的情况下，完成了资本主义几百年才能够实现的目标。

市场化转型是国家权力更强烈卷入抽象劳动积累的过程，也是工人阶级自在状况加深的过程。只不过活劳动的占有和使用换了新的主人，工人此后在资本当中建立起统一的联系。

工人在生产过程之外的生活也被抽象劳动支配了，需要服从市场的原则。后者的无限扩张，将人类生活的一切都纳入时间和数字的计算当中。劳动的异化由此发展到人的普遍异化，表现为社会权力全面渗透的阶级状况。在这一过程中，工人阶级承受着最严重的自在状态，因为后者对工人来说不仅包括市场状况，还包括工作状况。一般劳动关系理论将这两个方面的工人阶级自在状况描述为严重的管理者专制和商品化原则的侵蚀。

国家是削弱工人阶级自在状态的重要力量之一，它不但限制了资本无限积累的逻辑，还重新划定了市场原则的边界。通过制定规范劳动关系的法律制度，国家在形式上对阶级做出了部分的否定，对管理者专制和普遍商品化做出了抵制。与此同时，建立在法律理性基础上的工业公民权的抗争，在一定程度上将个人主义的雇佣关系转变为集体主义的工业关系。工人阶级获得了集体性权力，也就意味着他们能够在同企业管理者的谈判中处于相对平等的地位。

从法律理性看来，这种劳动关系是平等的，而且是纯粹偶然的，是“可以随意建立或不建立的关系，它们的内容完全取决于缔约双方的个人意愿”。[①] 但它们不过是对现实生活中社会权力的遮蔽而已。工人可以炒掉自己的老板，但是他却不得不到另一个老板那里，重新订立一份契约。

工人阶级从自在状态中解放出来无法依赖国家权力对市场的反向运动。因为国家权力终归是社会权力的派生物，是合法化了的暴力机器。它确认了个体化雇佣关系，肯定了抽象劳动对活劳动的支配。工人阶级的解放必须要靠他们自身的阶级自为，它从劳动力市场和生产场所的讨价还价

① 《马克思恩格斯全集》第 3 卷，人民出版社 1960 年版，第 72 页。

开始，在斗争中逐渐强化起来。①

任何一次工人自己组织的反对自在工人阶级状态的努力都是值得肯定的，它还蕴含着或多或少的、工人阶级的“否定立场”。② 我们当然承认革命是激进的过程，“大拒绝”也是激进的过程。但是，阶级自为对阶级自在过程的否定、对一切社会交往形式商品化的抵抗同样是革命的力量，同样具有实质上的激进意义。

---

① Chiu，Fred Y. L. *Colours of Money*，*Shades of Pride: Hisoricities and Moral Politics in Industrial Conflicts in Hong Kong*. Hong Kong：Hong Kong University Press. 2003. p.220.

② Marcuse，Herbert. *One-Dimensional Man: Studies in the Ideology of Advanced Industrial Society*. London and New York：Routledge. 2002. p.35.